W0197496

BASTEI
LÜBBE
TASCHENBUCH

INGA LIEBIG
MIT ERIK RIEMENSCHNEIDER

Ich kann,
Du kannst,
Erkan

MIT FLÜCHTLINGEN
IM KLASSENZIMMER

BASTEI
LÜBBE
TASCHENBUCH

BASTEI LÜBBE TASCHENBUCH
Band 60914

Die Urheberin oder den Urheber des Zungenbrechers auf S. 188–189
konnten wir trotz sorgfältiger Recherche nicht ausfindig machen.
Wir freuen uns, wenn sie oder er sich beim Verlag meldet.

Dieser Titel ist auch als E-Book erschienen.

Originalausgabe

Copyright © 2016 by Bastei Lübbe AG, Köln

Titelillustration: © www.buerosued.de
Umschlaggestaltung: www.buerosued.de
Satz: hanseatenSatz-bremen, Bremen
Gesetzt aus der Adobe Garamond Pro
Druck und Verarbeitung: CPI books GmbH, Leck – Germany
Printed in Germany
ISBN 978-3-404-60914-7

1   3   5   4   2

Sie finden uns im Internet unter
www.luebbe.de
Bitte beachten Sie auch: www.lesejury.de

Inhaltsverzeichnis

Einleitung
Das fliehende Klassenzimmer

Wenn ich abends von der Arbeit nach Hause komme, bin ich einmal um die Welt gereist und habe dabei nur Deutsch gesprochen. In meinen Integrationskursen sitzen Menschen aus Syrien, Indien, China, Brasilien, Äthiopien, Polen und anderswo, die nach sechs Monaten als möglichst voll integrierte Zuwanderer von der Schule abgehen sollen. In dieser Zeit bringe ich ihnen die deutsche Sprache bei, und sie bekommen einen Crashkurs in deutscher Geschichte und gesellschaftlichen Normen.

Manchmal habe ich das Gefühl, bei null anfangen zu müssen. Als ich einmal eine Klasse Pakistanis unterrichtete, sprang ein Schüler am dritten Tag zornig auf und machte mir radebrechend klar, dass ich doch hätte sagen müssen, dass sie mitschreiben sollen. Jetzt wären sie bei den Hausaufgaben aufgeschmissen. Ich war perplex. Manche, das wurde mir schnell klar, hatten noch nie in ihrem Leben eine Schule besucht, geschweige denn systematisch eine Fremdsprache erlernt. Inzwischen habe aber auch ich kapiert, dass ich meine Schüler behandeln muss wie am ersten Schultag in der Grundschule. Ich lobe und kontrolliere, lasse sie Verhaltensregeln aufstellen, schlichte Streits. »Bitte schreiben Sie das jetzt auf!« ist ein Standardsatz von mir geworden.

Die Integrationskurse werden vom Bundesamt für Migration und Flüchtlinge (BAMF) finanziert. Es gibt sie überall in Deutschland, denn alle Empfänger von Sozialleistungen, die zu schlecht Deutsch sprechen für den Arbeitsmarkt, müssen teilnehmen. Derzeit sitzen viele Kriegsflüchtlinge in solchen Kursen, zu einem großen Teil bestehen sie aber auch aus EU-Bürgern, Spätaussiedlern oder Menschen aus Südamerika, Afrika oder Asien, die wegen des Studiums, der Arbeit oder der Liebe nach Deutschland gekommen sind. Einige meiner Schüler sind auch *Selbstzahler*, zahlen also einen Anteil des Kursentgelts aus eigener Tasche, weil sie Deutsch lernen wollen. Bis vor Kurzem mussten Flüchtlinge oft mehrere Jahre darauf warten, einen Deutschkurs belegen zu dürfen, weil abgewartet werden musste, wie der Asylbescheid ausfällt. Inzwischen hat man eingesehen, dass die Behörden mit der Abarbeitung dieser Entscheidungen hoffnungslos überlastet sind, weshalb beispielsweise Flüchtlinge aus Syrien – solche mit hoher Bleibewahrscheinlichkeit – relativ rasch nach ihrer Ankunft eine Eingliederungsvereinbarung unterschreiben und dann in meinen Kursen landen.

Das Interessante an meinem Job ist, dass ich mit Menschen zu tun habe, die oft ganz andere Biografien haben als jemand, der in Deutschland aufgewachsen ist, und die unser Land daher auch ganz anders wahrnehmen. Neue Eindrücke verlangen danach, dass man über sie spricht. Das geht jedem von uns so, wenn etwas Unvorhergesehenes passiert, und das geht insbesondere den Menschen so, die vor einem Krieg ohne absehbares Ende aus ihrer Heimat geflüchtet sind und sich nun in einer unbekannten Gesellschaft wiederfinden, die sofortige Assimilierung verlangt, aber kaum bereit ist, über diesen Prozess zu diskutieren.

In einer Zeit, in der lieber übereinander als miteinander gesprochen wird, halte ich es für nützlich, einen kleinen Einblick in meine und die Welt vieler Neuangekommener in Deutschland zu geben. Mit »Ich kann, du kannst, Erkan« soll der sehr dogmatischen Debatte über *Integration* ein bisschen Humor hinzugefügt werden.

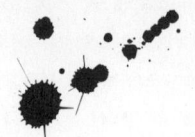

Lektion 1
»Ist das was Sexuelles?«

»Ich gehe in die Museum!« Hameds dunkle Augen strahlen mich an. Ein Lächeln von Ohr zu Ohr.

Kaum merklich ziehe ich die Augenbrauen hoch. Das ist schon so eine Art Code, den alle meine Schüler verstehen: der Artikel!

»Ich gehe in den Museum!?«, schiebt Hamed hinterher, noch genauso laut und bestimmt, aber doch mit einem Anflug von Unsicherheit in der Stimme.

»Hamed«, sage ich und gehe rückwärts zur Tafel. »Mu-se-um«, dabei betone ich langsam jede einzelne Silbe. »Zu welcher Gruppe gehört das Nomen?«

An der Tafel stehen drei Wörter:

Das Tumchenmamentumlein
Die Heitungkeiteischafttionitätik
Der Iglingorismus

Was wohl kaum ein deutscher Muttersprachler ohne Stottern über die Lippen bekommen würde, können die Ausländer, die ich unterrichte, auswendig. Diese sogenannten Quasiwörter haben sich inzwischen genauso in ihren Wortschatz eingebrannt wie »Aufenthaltserlaubnis« oder »Sehenswürdigkeit«. Wenn man sie auseinandernimmt, bestehen Tum-chen-ma-ment-um-lein, Heit-ung-keit-ei-schaft-tion-ität-ik und Ig-ling-or-ismus aus lauter Suffixen, also Endsilben, anhand derer man sich zumindest ein bisschen im Dschungel der deutschen Artikel orientieren kann. Mu-se-um zum Beispiel, sage ich und tippe dabei auf die Tafel, genau auf die Silbe -um im Tumchenmamentumlein, gehört zur neutralen Gruppe. *Das* Tumchenmamentumlein eben.

»Ah ja«, sagt Hamed. »Also einfach, ich gehe in das Museum!«

Nachdem Hamed begriffen hat, welcher Artikel zu Museum passt, und es zur Pause geklingelt hat, kommt Yasmin, eine junge Türkin, zu mir und fragt mich mit roten Wangen und niedergeschlagenem Blick, ob sie kurz unter vier Augen mit mir sprechen könne.

»Na klar«, antworte ich. »Was gibt es denn?«

»Mein Mann …« Sie druckst herum. »Er hat eine SMS von einer Arbeitskollegin bekommen. Sie startet mit: ›Mein lieber Deniz …‹«

»Ja?«, frage ich unsicher nach, weil sie schweigt und ich nicht verstehe, worauf sie hinauswill.

»Mein lieber Deniz«, flüstert sie, und ich merke, dass es ihr sichtbar unangenehm ist. »Ist das … ist das was Sexuelles?«

»Nein, was denkst du?« Ich lache auf, fange mich aber gleich wieder. »Im Ernst, das ist eine ganz normale, freundschaftliche Anrede in Deutschland.«

Integrationskurse sind nicht einfach Sprachkurse. Das Verhältnis zwischen Lehrern und Schülern ist ein anderes als an »normalen« Schulen. Wir verbringen viel Zeit miteinander, fast jeden Tag bis zu fünf Stunden, und sprechen nicht nur über die

Sprache, sondern über alle möglichen Dinge, über Beziehungen, Probleme mit Behörden oder mit der Familie. Daher erfahre ich oft Dinge über meine Schüler, die viele Deutsche nur ihren engsten Freunden anvertrauen würden.

Mein Klassenraum ist ein kultureller Schmelztiegel. Hier belehrt der Tunesier die Bulgarin darüber, dass Nicken in Deutschland »Ja« bedeutet, und eine Brasilianerin diskutiert mit einer Türkin die Angebote der aktuellen Unterwäschekollektionen in den KiK- und C&A-Prospekten.

Nachdem ich Yasmin beruhigt habe und nach der Pause die Artikel von Haltung, Eigenschaft, Aktion, Lehrling und Eigentum abgefragt habe, schlägt das Lehrbuch »Joghurt« vor.

»Ich esse hmhmhm Joghurt«, rufe ich, wobei »hmhmhm« oder auch wahlweise ein singendes »lalala« den Schülern verdeutlichen soll, dass sie an dieser Stelle ein Wort einsetzen sollen. »Wer will? Igor?« Igor ist gut bei Artikeln, da kann ich mir relativ sicher sein, dass es ohne Probleme abläuft und ich schnell weitermachen kann.

»Ich esse den Joghurt«, antwortet er dann auch, aber zu früh gefreut. Ich glaube, Yasmin hat nur darauf gewartet, denn kaum hat Igor seinen Satz beendet, schreit sie: »Aber mein Nachbar sagt immer *das Joghurt*!«

»Stimmt«, antworte ich. »Man kann beides sagen. Aber *der* Joghurt ist richtiger.«

Warum sich Yasmin mit ihrem Nachbarn *immer* über Joghurt unterhält, würde mich allerdings auch mal interessieren.

Die vielen Regionen in Deutschland mit ihren Dialekten sind beim Erlernen der Sprache ein Fluch.

Wir Muttersprachler können eventuell diese zwei Varianten noch akzeptieren, für Deutschlernende sind sie unverständlich und verwirrend. Früher habe ich bei solchen Problemen oft gesagt: »Deutsch ist nicht immer logisch. Aber keine Panik, wir schaffen das schon.« Bis mir Hamed, der kluge syrische Kommunikationsingenieur aus meinem Kurs, nahelegte, auf diesen Spruch besser zu verzichten, womit er total recht hat. »Deutsch ist nicht immer logisch« mag zwar richtig sein, sendet aber eine negative Botschaft aus. »Keine Panik« verstärkt noch die Verwirrung, denn was kommt von diesem Satz an, was bleibt hängen? Panik! Viele unbedarfte Aussagen können die Schüler regelrecht verschrecken. Dabei gefiel mir das Wort *Panik* so gut, weil es ein internationales Wort ist und deshalb leicht verständlich, auch auf A1-Niveau.

Als ich nun mit Dutzenden Beispielen erklärt hatte, wie nützlich es sei, sich das Tumchenmamentumlein zu merken, guckt Yasmin einige Minuten sinnend auf die Tafel und sagt: »Und was ist mit Irrtum?«

Ja, was ist mit dem Irrtum? Da ist den Machern des Tumchenmamentumleins beim Erdenken dieses schönen Wortes natürlich kein *Irrtum* unterlaufen. Nicht jede Abweichung findet Platz in solchen Regeln. »Deutsch hat immer Ausnahme«, grummelt Igor, womit alle anderen Schüler offenbar augenblicklich ruhiggestellt sind. Keiner fragt mehr nach, keiner stellt meine Lehrmethoden aufgrund Yasmins Einwurf infrage. Es ist, als hätten sie alle innerlich genickt und sich gesagt: »Ja, Deutschlehrerin zu sein, das ist auch wirklich nicht einfach!«

Wenn man korrekt ist, bin ich allerdings gar keine Deutschlehrerin. Zumindest nicht so eine Lehrerin, wie man sie aus der Schule kennt. Ich bin DaF-Lehrerin, das heißt, ich habe Deutsch nicht auf Lehramt studiert, um dann später Kinder zu unterrichten, sondern Deutsch als Fremdsprache (DaF), eine Qualifikation, um erwachsenen Ausländern Deutsch beizubringen. Damit kann man beim BAMF einen Antrag einreichen, um zur Integrationskursleiterin ernannt zu werden, eine »wichtige Aufgabe«, die, wie das Ministerium nicht müde wird zu betonen, »eine Schlüsselrolle bei der Integration von Zuwanderern« darstellt.

Ich zitiere diese Stellen aus meinem Zulassungsschreiben nicht aus Eitelkeit, sondern um zu verdeutlichen, wie weit Anspruch und Wirklichkeit für uns Lehrer auseinanderklaffen. Viel davon hängt mit der gefühlten Geringschätzung unserer Arbeit zusammen, aber auch inhaltlich hat uns kein Studium auf das vorbereitet, was auf uns zukommt. Ich weiß noch, wie ich vor etwa fünf Jahren voller Enthusiasmus meinen Uni-Abschluss in den Händen hielt. Ich würde keinen 08/15-Job machen, dachte ich mir. Ich würde Flüchtlingen helfen, ihnen bei der Eingliederung zur Seite stehen und dazu noch das machen, was ich liebte: Deutsch unterrichten. Dafür fühlte ich mich gut ausgebildet. Heute glaube ich nicht mehr, dass das Studium so besonders hilfreich war.

Ich erinnere mich noch gut, wie ich ein Referat über die Stellung des Verbs in der deutschen Sprache ausarbeiten musste. Ich ging zur Tafel und sprach in einem irren Tempo, ohne Luft zu holen, folgende Worte: »Das Verb steht immer an Position zwei, außer wenn das Verb trennbar ist, dann kommt das Präfix ganz an den Schluss des Satzes, sollte der zu bildende Satz jedoch ein Nebensatz sein, kommt das ganze Verb ans Satzende, dann bleiben trennbare Verben natürlich auch zusammen, allerdings gibt es auch Nebensätze, bei denen das Verb doch an Position zwei kommt, etwa wenn die Sätze mit Konnektoren und Konjunktionen beginnen, dann rückt das Verb eine Stelle nach hinten, weshalb man diesen einfach die Position null gibt, dann steht das Verb wieder an zwei, wo es hingehört, das geht aber nicht mit allen Konnektoren, manche müssen einfach an Position eins, dann ist das Verb eh auf Position zwei ...«

Dabei tippte ich mit dem Zeigestab hektisch nacheinander auf die vorbereiteten Sätze an der Tafel:

Ich trinke Rotwein.
Ich trinke den Rotwein aus.
Ich bin froh, wenn ich Rotwein trinke.
Ich bin traurig, weil meine Freundin den
    Rotwein alleine austrinkt.
Ich bin unglücklich, denn sie trinkt den
    Rotwein viel zu oft alleine.
Trotzdem trinke ich mehr Rotwein als sie.

In der letzten Reihe kicherte Julia vor sich hin, mit der ich mir am Abend zuvor leicht angetrunken diese Beispielsätze ausgedacht hatte.

»... beim Imperativ und Ja/Nein-Fragen steht das Verb zudem immer am Satzanfang, und zu guter Letzt gibt es auch noch die Modalverben, die zwar auch an Position zwei stehen, aber noch einen Infinitiv am Satzende brauchen.«

Wieder tippte ich rasch auf die vorbereiteten Sätze, in der Hoffnung, dass ich diesen peinlichen Auftritt bald hinter mir haben würde.

Trink den Wein alleine!
Trinkst du den Wein alleine?
Sie muss den Wein alleine trinken.

Inzwischen bin ich mitten im wirklichen Lehrerinnendasein angekommen, in dem sich diese und andere akademische Weisheiten nur als zeitfressende Farce herausgestellt haben. Was mir damals im wissenschaftlichen Kontext so klar und einleuchtend erschien, führt im Alltag zu den größten Schwierigkeiten. Natürlich kann ich meiner Klasse diese Verbstellungen nicht alle auf einmal beibringen. Selbst wenn ich das Stück für Stück, Tag für Tag mache, stöhnen sie und fühlen sich an der Nase herumgeführt, was ich auch irgendwie verstehen kann. Es gibt einige wissbegierige Schüler in meinem Kurs, die wirklich alles ganz genau wissen wollen – was die Sache nicht immer einfacher macht.

In meinem Vormittagskurs, den ich drei Mal die Woche von 8.30 Uhr bis 13 Uhr unterrichte, sitzen Menschen jeden Alters und aller möglichen Nationalitäten. Vorne rechts neben meinem Pult sitzt Igor, der Russe. Nach seinen eigenen Worten ist er Soldat gewesen und außerdem Psychologe. Sein Oberkörper ist muskulös, die Haut kalkweiß, geradezu transparent, und auf der Stirn seines Glatzkopfs sehe ich jeden Morgen den Abdruck der Wollmütze. Igor ist ein Überkorrekter, was man unter anderem daran merkt, dass er die Fehler, die ich manchmal in seinem Heft anstreiche, so ausradiert oder mit dem Tintenkiller löscht, dass man weder den Fehler ahnen noch meinen Kommentar erkennen kann. Wenn ich in den Unterricht komme, sitzt er da und schaut auf seine Uhr. Ich erklärte nämlich einmal im Unterricht, zu welcher Uhrzeit man welche Begrüßung benutzt.

»Morgens sagt man ›Guten Morgen‹«, dozierte ich und schrieb dabei die Grußformel an die Tafel.

»Tagsüber sagt man ›Guten Tag‹«, fuhr ich fort, »und abends dann ›Guten Abend‹.«

»Was sage ich um 17 Uhr?«, wollte Igor daraufhin mit seinem schweren russischen Akzent wissen.

Ich überlegte ein bisschen und sagte dann: »Guten Tag.« Es war schließlich zu dem Zeitpunkt auch Sommer, draußen war es heiß und vor allem um 17 Uhr noch sehr hell. Außerdem schreibt mein Lehrbuch es so vor. Für die ganz Genauen liefert es die exakten Zeiten mit. Ab 11 Uhr ist es vorbei mit dem Guten-Morgen-Gruß, und ab 18 Uhr sagt man laut Buch »Guten Abend«. Eigentlich sind wir Deutschen da flexibel. Man sagt, wonach man sich fühlt, im Norden kann auch um 18 Uhr gern noch mit »Moin Moin« gegrüßt werden, und wenn es nach meiner lieben Oma geht, sagt man ab 15 Uhr schon »Guten Abend«. Das wird im Buch natürlich nicht so klar, aber Igor war glücklich – er hatte ein Schema, an das er sich halten konnte.

Zwei Wochen später kam die Polin Beata wie so oft zu spät in den Unterricht.

»Guten Morgen, Beata«, grüßte ich sie. Es war an diesem Tag dunkel und ungemütlich draußen, und Beata sah aus, als wäre sie eben erst aus ihrem Bett gekrochen.

Igor schaute auf seine Armbanduhr, fixierte mich und korrigierte bestimmt: »Guten Tag!« Es war schon nach 11 Uhr.

Seitdem guckt Igor immer demonstrativ auf die Uhr, wenn jemand zu spät in die Klasse kommt und von mir begrüßt wird, als würde er nur darauf warten, dass ich wieder einen Fehler mache. Denn mich in Verlegenheit bringen, das kann er wirklich gut. Einmal nahm mich Frau Lemberg, die Sekretärin der Schule, zur Seite und sagte:

»Frau Liebig, gerade komme ich mit Igor aus dem Aufzug.« Sie hat so einen meckernden Tonfall, wie ihn Menschen leicht bekommen, die ihr ganzes Leben alleine in einem Büro sitzen und die es im Grunde nur mit Beschwerden und unzufriedenen Schülern und Lehrern zu tun haben.

»Ja?«, fragte ich interessiert zurück, weil ich mir Igor und Frau Lemberg wirklich sehr gut zusammen im Aufzug vorstellen konnte. Miss Piefig und Rambo, ein Traumpaar.

»›Wie geht es Ihnen, Igor?‹, habe ich ihn gefragt. Und wissen Sie, was er geantwortet hat?«

»Nein?«

»›Alles in Butter!‹, hat er gesagt«, dabei machte Frau Lemberg Igors Akzent so perfekt nach, dass wir beide darüber lachen mussten. »Was bringen Sie Ihren Schülern überhaupt bei?«

Von mir hatte er das zwar nicht, aber das überschritt Frau Lembergs Vorstellungskraft. Später fand ich heraus, dass sich Igor eine App heruntergeladen hat, die ihn stets mit Redewendungen füttert. Dank der modernen Kommunikationstechnik antwortet mein Musterschüler also fast nur noch in Floskeln.

Neben Igor, größer könnte der physische Unterschied gar nicht sein, sitzt Sami, ein etwa einen Meter fünfzig großer Tunesier, der immer ein frisch gebügeltes Hemd anhat und sich die Haare scheitelt, sodass er trotz seiner nicht einmal dreißig Jahre aussieht wie ein veritabler Bankberater. Jeden Tag baut er auf seinem Tisch geradezu eine Festung aus seinem Rucksack auf, aus der er mich mit seinem breiten Lächeln anschaut. Mit Igor hat er gemein, dass er immer alles ganz genau wissen will. Lange wusste ich über sein Privatleben nur, dass er eine Freundin hatte, die Deutsche war und von Zeit zu Zeit in seinen Erzählungen vorkam. Weil er immer so bestimmt von seiner »Freundin« sprach, war ich ziemlich überrascht, als er eines Tages gewissermaßen zugab, verheiratet zu sein, als das Thema mal wieder darauf kam, dass ich noch keinen Ehemann habe. Es ist der Klasse generell ein großes Anliegen, mich endlich unter die Haube zu bringen, ich bin ja auch schon knapp über dreißig. In den Gesellschaften, aus denen meine Schüler zumeist kommen, also schon eine steinalte Jungfer.

»Sie sind schön. Warum haben Sie kein Mann? Ich würde Sie heiraten«, kräht Yasmin von rechts hinten mal wieder ohne jeden Anlass. Das macht sie öfter, wenn sie Zeit schinden will oder schlicht keine Lust auf den Unterricht hat und sich lieber über Interessanteres, Privateres unterhalten will.

»Ich heirate nie«, antworte ich, »allein schon, weil ich kein Geld ausgeben will, wenn ich mich scheiden lassen sollte.«

Augenblicklich stehen in meiner Klasse alle Münder offen. Nur Igor sitzt versteinert da und brummelt »Wo sie hat recht, sie hat recht«.

Über den Anlass der Verwunderung habe ich mich allerdings getäuscht.

»Scheidung kostet Geld?«, schaltet sich Beata entsetzt ein. »Ich dachte, in Deutschland kann sich jeder scheiden lassen.«

Bevor ich antworten kann, ergreift Sami das Wort.

»Man muss in Deutschland ungefährlich 2000 Euro zahlen, wenn man sich scheiden lassen will. Gericht, Anwälte ...«, dabei dreht er sich zur Klasse um und hebt seinen Zeigefinger. »Normalerweise teilen sich beide das, oder, Frau Inga?« Statt zu warten, stellt er dann aber schnell die Frage, die ihn anscheinend schon länger beschäftigt hat: »Aber was ist, wenn sich nur einer scheiden lassen will?«

Ich bin baff, wie präzise sich Sami plötzlich ausdrücken kann, und antworte, so gut ich es weiß. Bei den vielen Themen, die im Unterricht angesprochen werden, kann ich unmöglich alles wissen. Ich müsste mehrere Leben gleichzeitig führen, um im Detail zu wissen, wie genau eine Scheidung abläuft, wo man in Deutschland eine traditionell bengalische Hochzeit organisieren kann, welcher Telefonseelsorger Farsi spricht oder bei welchem Professor an der Uni man am ehesten einen HiWi-Job bekommt. Um die Beantwortung all dieser Fragen musste ich mich tatsächlich schon kümmern.

»Ich glaube, das mit den zweitausend Euro stimmt«, schließe ich, woraufhin ein lautes Buhen durchs Klassenzimmer geht.

»Und oft«, setzt Sami nach, »verliert man dann Aufenthaltserlaubnis.« Dabei senkt er seine Augen. In der Klasse setzt nun eine allgemeine Diskussion ein, die in allen möglichen Sprachen zeitgleich geführt wird.

»Moment mal«, rufe ich mit meiner lauten Lehrerinnenstimme. »Was Sami sagt, stimmt natürlich nur, wenn man einen deutschen Partner hat und weniger als zwei Jahre verheiratet ist.«

Wieder einmal bin ich, ohne es zu wollen, in eine unglückliche Beziehung eingeweiht worden: Sami legt los und plaudert aus dem Nähkästchen, dass er seine Frau während ihres Urlaubs in Tunesien kennengelernt hat und beide sehr verliebt waren und am Anfang auch noch alles prima gelaufen ist. Jedenfalls so halb prima, denn seine Schwiegermutter lernte er ebenfalls während des Urlaubs kennen, und die war wenig begeistert von der Liebelei, wollte sie doch in erster Linie ein paar schöne Tage mit ihrer Tochter verbringen. Damit er keine Probleme mit dem Visum bekam, heirateten die beiden Verliebten sofort, und Sami zog nach Deutschland, wo die Probleme dann losgingen: Die böse deutsche Schwiegermutter, die von Anfang an gegen die Heirat gewesen war und nicht mal zur Hochzeit kam, obwohl sie laut Sami »so viel Geld hat«, die fehlenden Freunde, die westliche Kultur, das Fleischverbot zu Hause, da seine Frau Vegetarierin ist, ihre Aufforderung, er solle doch auch während des Ramadan etwas essen, weil sie nicht allein essen wolle und man hier doch schließlich in Deutschland sei.

Einmal in Fahrt, kann Sami so leicht nichts mehr stoppen, er will das alles mal loswerden. Viele andere Gesprächspartner hat er nicht. Auch seine Familie will nichts mehr von ihm wissen, seit er eine Christin geheiratet hat. So kommt er vom Hundertsten ins Tausendste, und die Mitschüler stacheln ihn durch gezielte Nachfragen an, immer weiterzuerzählen, weil sie auf keinen Fall mehr Grammatik büffeln wollen. Also erläutert Sami, dass das junge Paar schließlich zu einer »Therapistinnenfrau« ging, was ihm zuerst gar nicht passte.

»Aber jetzt«, erklärt er, »ich finde es gut. Wenn Probleme in Tunesien, niemand ist da. Hier spricht Therapistinnenfrau. Und die sagt, dass meine Freundin schuld ist.«

In der Pause kann ich selten ungestört meinen Kaffee trinken. Oft kommt Beata zu mir, die lebenslustige, hübsche Polin, die mit ihren hauptsächlich roten Kleidern immer für einen Farbklecks in der ansonsten recht einfarbig-beigen Klasse sorgt, oder Kelly, die Brasilianerin, die aussieht, als würde sie direkt von der Copacabana kommen, und meist auch in etwa so viel anhat, heult, weil ihr neuer deutscher Freund doch nicht so toll ist wie erwartet: »Zu wenig Passione ... äh, wie sagt man auf Deutsch? Leidenschaft!« Kelly hat blonde Haare und große Brüste und ist nicht unbedingt die Klügste im Kurs. Auch nach zwei Wochen im A1-Kurs sagte sie noch »Ich heiBe Kelly«, weil ihr der Buchstabe ß vollkommen unverständlich war. Oft versucht sie, portugiesische Wörter einfach deutsch auszusprechen, in der Hoffnung, dass es schon so passen wird.

Das genaue Gegenteil ist Ipek Günes, die gerne hinten im allerletzten Eck sitzt und über die ich einfach überhaupt nichts in Erfahrung bringen kann. Ipek spricht nämlich auch nach drei Monaten kein Wort Deutsch, und damit meine ich wirklich kein Wort. Ipek hat ein kleines Baby, das sie ursprünglich mit in den Kurs nehmen wollte, was aber verboten ist. Daher nimmt sie zu jedem Unterricht ihre Cousine mit, die dann die ganze Zeit über mit dem Baby vor der Tür warten muss. Wenn das Kind anfängt zu schreien, rennt Ipek schnell raus und kümmert sich darum.

Peinlicherweise habe ich sie in der Anfangszeit des Kurses mit Günes angesprochen, weil ich irgendwie dachte, dass auf meiner Liste Vor- und Nachname vertauscht sind. Bis nach ein paar Wochen, pünktlich zum neuen Modul, Erkan zum Kurs stößt. Es kommt oft vor, dass ich mitten im Kurs neue Schüler bekomme. Arbeitslosigkeit, Asylantrag und Krankheit richten sich nun einmal nicht nach den offiziellen Schulzeiten. Die Neuankömmlinge machen dann einen Einstufungstest und werden von der Sekretärin Frau Lemberg in den entsprechenden Kurs gesetzt.

Nachdem ich Erkan begrüßt und etwas ausgefragt habe, wende ich mich kurz Günes zu.

»Günes«, sage ich zu ihr, »wie geht es Ihnen?«

Immer wenn ich sie etwas frage, lächelt sie mich mit ihren rehbraunen Augen nur an und sagt: »Baby!« Das ist ungelogen das einzige Wort, das ich je aus Günes' Mund gehört habe, egal was ich sie auch frage. Einmal traf ich sie in der Pause vor der Schule und fragte: »Günes, warum sind Sie so spät?«

Als Antwort kam nur: »Baby!«

Aber diesmal kommt Günes gar nicht dazu, »Baby!« zu sagen, weil Erkan laut losprustet.

»Was ist so komisch?«, frage ich ihn.

»Sie heißt nicht Günes«, antwortet er. »Günes ist kein Name.«

Es dauert einen kurzen Moment, bis ich verstehe, dass sich Erkan nicht über mich lustig machen will.

»Heißt sie etwa Ipek?«, frage ich, und Erkan nickt. Also habe ich sie bislang immer falsch angesprochen, ohne dass jemand etwas gesagt hat. Nicht einmal Yasmin, die ja ebenfalls Türkin ist und es eigentlich hätte wissen müssen! Ich merke, dass ich knallrot werde, aber Günes scheint es nicht zu interessieren. Als ich sie um Verzeihung bitte, sagt sie nur: »Baby!«

Der Kurs mit Yasmin, Erkan und Sami ist mein erster im Wedding. Nach meinem Umzug nach Berlin hatte ich nur im beschaulich-bürgerlichen Wilmersdorf unterrichtet, aber da ich dort keine Festanstellung bekam, musste ich mir noch einen zweiten Auftraggeber suchen, damit mir das Finanzamt nicht wegen Scheinselbstständigkeit auf die Pelle rücken konnte. Dabei träume ich oft davon, wie viel einfacher alles wäre, wenn sich meine ganze Lehrtätigkeit nur an einer Schule abspielen würde.

Die Schule im von Migranten geprägten Arbeiterbezirk Wedding befindet sich im selben Haus mit einer Moschee, einer Physiotherapiepraxis, einem Frauenladen und einem Kindergarten. Treppenhaus und Klassenzimmer machen einen verlebten Eindruck. An meinem ersten Tag eröffnet mir die Sekretärin gleich, dass es so viele Anmeldungen gibt, dass sich die Schule entschieden hat, zwei Kurse zu bilden. Dadurch ändern sich allerdings die vorher abgesprochenen Zeiten für mich.

Mist, denke ich, hoffentlich kann ich mit meiner Kollegin in Wilmersdorf Kurse tauschen, sonst habe ich ein Problem, weil ich zur selben Zeit an zwei verschiedenen Schulen eingeteilt bin. Die ständige Planerei der Woche zehrt manchmal schon an den Nerven. Einen Kurs unterrichtet man hier in Berlin nicht allein, wie ich es vorher an einer kleinen Schule in Bayern machte. Hier teilen sich zwei Lehrer einen Kurs, was eine Übergabe an den Kollegen bzw. die Kollegin erforderlich macht: Welche Aufgaben wurden erledigt, wie ist man vorangekommen, was waren die Hausaufgaben? Das ist Zeit, die man irgendwie noch in seinen Arbeitstag einplanen muss und die einem niemand bezahlt. Aber das Zwei-Lehrer-Prinzip halte ich für gut, schließlich sollen sich die Schüler an verschiedene Stimmen und Sprechgeschwindigkeiten gewöhnen. Auch für die Lehrer ist ein bisschen Abwechslung wirklich ganz gut, und man hat nicht das Gefühl, die Verantwortung allein zu tragen, wenn man den Schülern mit den Briefen des Jobcenters hilft oder sie auf die Prüfungen vorbereitet.

Bei gleich zwei A1-Kursen an einer Schule schwant mir jedoch bereits im Vornherein nichts Gutes. Und so ist es schließlich auch: Ich sitze vor fünfzehn Schülern, meine Kollegin vor neun. Dabei wurden fast fünfzig angemeldet. So etwas passiert manchmal. Manche haben in der Zwischenzeit Arbeit gefunden, andere sind umgezogen, ein paar sind krank, wieder andere haben keinen Bock, und viele kommen erst am nächsten oder übernächsten Tag. Das allerdings ist ein Problem, denn wer am ersten Tag nicht unterschreibt, der braucht gar nicht wiederzukommen, das hat das BAMF entschieden. Nur eine Krankmeldung kann helfen. Sollte man tatsächlich am ersten Tag krank sein und aus Unwissen kein ärztliches Attest vorweisen können, muss man also gleich sechs Wochen warten, bis ein neuer Kurs anfängt. Das ist nicht nur für die Schüler blöd, vor allem ist es auch für die Schule nachteilig: Denn je weniger Schüler im Kurs sind, desto weniger Geld gibt es vom BAMF. Um dem vorzubeugen, sind einige der privatwirtschaftlich arbeitenden Schulen dazu übergegangen, Kurse – ähnlich wie Airlines ihre Flugzeuge – zu überbuchen oder es mit dem ersten Fehltag nicht ganz so genau zu nehmen. Bis vor ein paar Jahren war es noch so, dass die Integrationskursleiter selbst eintrugen, welche

Schüler anwesend waren, was sie aus Rücksicht auf die Schüler und die zu erwartenden Leistungskürzungen wohl manchmal auch taten, wenn diese gar nicht da waren. Inzwischen ist es so, dass die Schüler selbst jedes Mal auf einer Anwesenheitsliste unterschreiben müssen, was die Situation aber nicht unbedingt verbessert hat. Oft verrutschen sie in der Zeile, oder vergessen es, die Liste weiterzugeben, sodass ich nach dem Kurs eine leere Liste habe, wenn ich nicht aufpasse. Das ist mir allerdings nur anfangs passiert, inzwischen bin ich wachsam wie ein Fuchs. Auch kommt es vor, dass sich Schüler im Lauf des Kurses eine neue Unterschrift überlegen, was man dem BAMF dann irgendwie erklären muss. Denn gerade Personen, die sich die lateinische Schrift als zweite Schrift angeeignet haben, oder Analphabeten entwickeln erst nach und nach eine Unterschrift, weil sie sich erst einmal in der neuen Schrift zurechtfinden müssen. Das BAMF vergleicht tatsächlich alle Unterschriften miteinander und geht bei kleinsten Unregelmäßigkeiten gegen die Schulen vor. Es ist nämlich so, dass der Träger für jeden Teilnehmer pro Unterrichtseinheit 3,10 Euro bekommt. Das rechnet sich für die Schule nur bei zwanzig Unterschriften pro Klasse pro Tag. Wer krank ist und folglich nicht unterschreiben kann, für den zahlt das BAMF keinen Stundensatz, außer er legt ein Attest vor. Diesem Attest muss die Schule dann hinterherrennen, weil es dem Schüler wenig wichtig ist, es ordnungsgemäß vorzulegen. Manchmal fehlen die Schüler auch unentschuldigt, etwa wenn die Kita streikt oder wenn sie Behördengänge erledigen müssen. Zudem bin ich angewiesen, Fehlzeiten minutengenau anzugeben, etwa, wenn jemand zu spät kommt oder etwas früher geht.

An diesem Tag habe ich Glück: Die beiden Kurse werden zusammengelegt, und ich und mein Kollege Christian bekommen ihn zugeteilt. Die Kollegen aus dem Parallelkurs schauen in die Röhre und sind ein für sicher gehaltenes Einkommen wieder los. Freiberufliche DaF-Lehrkraft zu sein ist so gesehen auch immer ein Risiko. Bekommt man keinen Kurs, verdient man auch nichts. Hat man aber zu viele Kurse und verdient »zu viel«, sind die Abgaben so hoch, dass sich der Mehraufwand nicht rechnet und der Steuerberater einem empfiehlt, weniger zu arbeiten. Man muss also immer einige Asse im Ärmel haben und alles gut planen – inklusive Plan B und C. Selbst wenn man eine Schule verlässt, weil es hinten und vorne hakt und der Unterricht darunter leidet, sollte man es sich mit der Leitung nicht verscherzen.

Im Wedding geht es deutlich lauter zu als bei meinen Abendkursen in Wilmersdorf. Hier sind alle sehr aufgeregt, Stimmen schwirren umher, man versucht, sich untereinander die fremden Wörter zu übersetzen, kaum einer meldet sich, bevor er etwas sagt. Dass sich viele einbringen wollen, ist tendenziell ein gutes Zeichen und sicherlich viel besser als Kurse, in denen man es mit Schülern zu tun hat, die überhaupt keinen Bock haben. Dafür muss ich hier damit kämpfen, alles in geordneten Bahnen zu halten und eine gute Balance zu erreichen zwischen Redenlassen und Korrigieren, zwischen den vorgegebenen Unterrichtszielen und einer kreativen Atmosphäre, die die Schüler in ihren persönlichen Bedürfnissen ernst nimmt.

Gerade, wenn ich das Gefühl habe, vor einer lebhaften Klasse zu stehen, versuche ich am Anfang immer, ganz besonders ruhig zu wirken. Ich spreche dann immer sehr langsam und übertrieben artikuliert:

»Guten Tag, mein Name ist Inga Liebig, ich bin Ihre Lehrerin. Herzlich willkommen im Integrationskurs!«

Das Ganze wiederhole ich gleich noch einmal und schreibe es dabei an die Tafel. Meist kann man schon an den Reaktionen sehen, wer bereits Grundkenntnisse hat. Das sympathisch wirkende junge Mädchen mit dem schwarz-weiß gemusterten Kopftuch vorne links antwortet direkt mit »Guten Morgen, Frau Lehrerin«. Das nenne ich gut vorbereitet. Der Großteil der anderen Schüler nickt nur stumm oder grüßt verhalten mit »Hallo«. In anderen Gesichtern meine ich gar so etwas wie Angst oder zumindest großen Respekt vor der kommenden Aufgabe zu erkennen.

»Wie heißen Sie?«, frage ich das Mädchen, das tatsächlich noch sehr jung wirkt.

»Ich heiße Aaliyah al-Alwani«, antwortet sie.

So gehe ich dann langsam durch die Reihen. Durch das ständige Wiederholen ergibt sich die Bedeutung und Aussprache des Satzes ganz von selbst. Manchmal stößt man dabei natürlich auch auf einen Namen, der sehr ungewöhnlich klingt.

Ich gehe zu einem jungen Mann mit einem stylishen Undercut. Er trägt eine große, rote Kastenbrille und einen grob gestrickten Pullover. Seine Beine stecken in Röhrenjeans. Schon ganz wie ein Berliner Hipster, denke ich und frage ihn nach seinem Namen.

»Ich heiße Mohannad Kalasi«, antwortet er lächelnd.

»Wie bitte?«, frage ich nach, weil ich glaube, ihn nicht verstanden zu haben.

»Ich heiße Mohannad Kalasi«, wiederholt er.

Ich bin etwas irritiert. Gibt es wirklich einen solchen Namen, Mohannad? Zusätzlich zu den mir bereits bekannten Mohammads und Mohammeds?

»Mohannad«, frage ich nach, er nickt.

»Das habe ich noch nie gehört«, erkläre ich entschuldigend. »Ist das ein verbreiteter Name? Heißen viele Menschen Mohannad?«

»In Syrien, ja, natürlich«, antwortet er. Aus der Klasse kommen in etwa genauso viele Jas wie Neins von den syrischen Schülern. Es scheint also zumindest ein bekannter Name zu sein. Später lerne ich, dass Hipster-Mohannad in Deutschland studieren will und den Integrationskurs braucht, um seinen Sprachnachweis zu erbringen.

Als Nächstes bewege ich mich auf einen verlebt wirkenden Mann zu, geschätzt um die 40, fettige Haare, speckige Kunstlederjacke, wässrige Augen und süßlicher Alkoholatem.

»Wie heißen Sie?«, frage ich ihn.

»Mein Name ist Nejeb«, antwortet er.

Das war nicht ganz die Antwort, die ich hören wollte. Ich deute auf mich und sage: »Ich heiße Inga Liebig. Und wie heißen Sie?« Dabei deute ich auf ihn.

»Nejeb«, antwortet er wieder.

Zur Verdeutlichung gehe ich zurück zur Tafel und zeige auf meinen Namen: »Inga, Vorname, Liebig, Nachname.« Dann gehe ich wieder zu ihm und sage: »Nejeb, Vorname, Nachname ...«

»Nejeb«, kommt es wieder zurück. »Ich heiße Nejeb.«

Langsam fühle ich mich veräppelt: »Ihr Nachname, wie ist Ihr Nachname?«, frage ich noch einmal nach. Nejeb schweigt, anscheinend ist er unschlüssig.

Also noch mal von vorne, ganz langsam:

»Ich heiße Inga«, spreche ich vor.

»Ich heiße Nejeb«, spricht er nach.

»Mein Name ist Inga Liebig.«

»Ich bin Nejeb Nejeb«, gluckst Nejeb, und die Klasse lacht laut auf.

Ich kann es nicht fassen, aber ein Blick auf die Teilnehmerliste auf meinem Pult bestätigt, was ich eben gehört habe. Der

Kerl heißt tatsächlich Nejeb Nejeb. Muss ich noch erwähnen, dass sich ihm das Konzept von Vor- und Nachname nicht so schnell erschlossen hat? Für ihn sind Hans und Müller zwei verschiedene Personen – klar, sind ja auch zwei verschiedene Namen. Dazu finde ich bald heraus, dass Nejeb Nejeb bereits seit 13 Jahren in Deutschland lebt und den Anfängerkurs zum dritten Mal wiederholt.

In meinen Kursen verwende ich immer das Hamburger Sie, wenn ich mit meinen Schülern rede. Das heißt, dass ich sie konsequent sieze, obwohl ich sie mit ihrem Vornamen anspreche, meine Schüler sich untereinander duzen und mich ebenfalls mit der etwas seltsamen Form »Frau Inga« betiteln. Das Siezen, auch wenn es bei uns inzwischen etwas aus der Mode gekommen ist, ist jedoch noch immanent wichtig, gerade bei Behördengängen und Gesprächen mit Vorgesetzten, also den Szenarien, denen meine Schüler am ehesten ausgesetzt sind. Deshalb möchte ich, dass ihnen die Höflichkeitsform in Fleisch und Blut übergeht. Es wäre ja wirklich blöd, wenn sie einen Job nicht bekommen würden, weil sie beim Bewerbungsgespräch konsequent auf du setzen. Und auch Sachbearbeiter im Amt können sehr empfindlich reagieren. Deutsche merken so etwas kaum, weil wir ganz automatisch in die Höflichkeitsform wechseln, wenn es angebracht ist.

Neben Nejeb sitzt ein arabisch aussehender Mann mit glänzender Stirn, einem kleinen Bauchansatz und einer kleinen, runden Brille mit Stahlrahmen auf der Nase.

»Wie heißen Sie?«, frage ich ihn.

»Mein Name ist Mohammad«, antwortet er.

»Oh, jetzt haben wir nicht nur einen Mohannad, sondern auch einen Mohammad«, stelle ich fest und überlege schon, wie ich die Namen auseinanderhalten soll.

»Ich heiße Mohammad Hassan al-Hussain, Hassan auch gut.«

Und grinsend fügt er hinzu: »Hassan bedeutet ›der Schöne‹.«

Daraufhin hört man ein potenziell ironisch gemeintes, schmachtendes »Ooooh« von Kelly, der Brasilianerin. Hassan lacht und gibt ihr ein Daumen-hoch-Zeichen.

Plötzlich klopft es an der Tür. Ein junger, schlaksiger Mann mit silbrig-grauem Haar tritt ein.

»Wollen Sie zu uns?«, frage ich. »In den A1-Kurs?«

Er nickt.

»Wie heißen Sie?«, frage ich.

»Mein Namen ist Mohannad al-Shakr«, sagte er etwas gestelzt auswendig gelernt.

»Mohannad?«, frage ich amüsiert. Die Klasse bricht in schallendes Gelächter aus. Mohannad wird rot und schaut sich unruhig um, bis man ihn auf Arabisch darüber aufklärt, was gerade so witzig ist. Dann lächelt auch er. Jetzt habe ich also innerhalb kürzester Zeit gleich zwei Mohannads kennengelernt.

Nun lasse ich die Schüler selbst etwas übereinander herausfinden. Dafür bekommt jeder ein Blatt Papier, in das er den Namen, das Herkunftsland und die Sprachen eintragen kann, die seine Sitznachbarn sprechen. Jetzt kann jeder durch den Raum gehen und die anderen kennenlernen. Und sie machen es wirklich gut, es macht ihnen gleich Spaß, ihre minimalen Deutschkenntnisse auszuprobieren. Es wird gelacht. Einige kommen auch zu mir und notieren sich eifrig meine Angaben.

Mit »Wie heißen Sie?«, »Woher kommen Sie?«, »Welche Sprachen sprechen Sie?« und den dazugehörigen Antworten hat man schon ziemlich viel gelernt und kann eine kleine Konversation halten. Die Frage »Wo wohnen Sie?« kann allerdings schon manchmal unangenehm werden, wie im Fall des Syrers Nidal, der darauf trocken antwortet: »Ich wohne im Lager.«

Das drückt die Stimmung immer ein bisschen, da sich viele an ihre erste – unschöne – Zeit in Deutschland erinnert fühlen. Natürlich heißen die Flüchtlingsunterkünfte nicht offiziell »Lager«, aber viele Flüchtlinge, NGOs und Wohlfahrtsorganisationen nennen sie dennoch so, weil die Lebensumstände in den Containerdörfern, den Baracken oder Turnhallen stark daran erinnern – jedem Flüchtling stehen sieben Quadratmeter »Wohnraum« zu, auch wenn von Privatsphäre bei den vielen Menschen und der Enge kaum die Rede sein kann. In Notunterkünften oder Abschiebelagern gibt es gar keine Richtlinien für individuellen Wohnraum.

Neben diesen ersten Sätzen sind vor allem Handlungsanweisungen wichtig: Hören Sie, Zeigen Sie, Lesen Sie etc. Dann können hoffentlich schon bald eigenständig Aufgaben bearbeitet werden. In den ersten Stunden ist das Tempo unglaublich langsam. Aber die Basis ist nun mal das Wichtigste. Um zu einem B1-Niveau zu gelangen, dem angestrebten Niveau der Integrationskurse, sind sechs Module vorgesehen, jedes Modul besteht aus hundert Unterrichtsstunden. Der A1-Kurs besteht aus zwei Modulen, der A2-Kurs besteht aus zwei Modulen, und der B1-Kurs besteht aus zwei Modulen. Pro Modul wird ein Lehrwerk mit je etwa 170 Seiten durchgepaukt. Dieses Tempo ist im Grunde viel zu schnell. Natürlich gibt es Schüler, die das schaffen, aber viel öfter stehen Alltagssorgen, Behördengänge und ein niedriges Bildungsniveau dem entgegen. Außerdem bleibt bei fünfmal fünf Stunden pro Woche für die Schüler kaum Zeit, das Gelernte in Ruhe zu wiederholen. Wenn ich solche Kurse unterrichte, merke ich immer wieder, dass Schüler im A2- oder B1-Kurs große Defizite in den Grundlagen aufweisen, also dem, was sie eigentlich in A1 gelernt haben sollten. Während ich diese Zeilen schreibe, habe ich Igors Stimme im Ohr.

Oft treffen seine Sprichwörter wirklich den Nagel auf den Kopf: »Was Hänschen nicht lernt, lernt Hans nimmermehr.«

Dieses Problem ist bekannt, und so sind anscheinend manche Schulen dazu übergegangen in den sechs Modulen nur vier Lehrbücher durchzuarbeiten. Auf diese Art ist das Tempo etwas niedriger, es kommen mehr Schüler mit, und die Grundlagen verfestigen sich. Hier kommt auch meine Lieblingslehranweisung, die Binnendifferenzierung, ins Spiel. Die Idee, die dahintersteckt, ist genial: Jeder Lernende soll dort abgeholt werden, wo er steht und je nach seinen individuellen Fähigkeiten gefördert und gefordert werden. So will es das BAMF. Es gibt, meiner Meinung nach, nur zwei Möglichkeiten, diesen Anspruch ordentlich durchzuführen: einmal durch Stationenarbeit, d. h., es gibt mehrere Tische (Stationen) mit Aufgaben aus unterschiedlichen Schwierigkeitsgraden, die sich die Teilnehmenden je nach ihren Leistungsmöglichkeiten selbst aussuchen. Ein Teilnehmer mit niedriger Lesekompetenz greift dann automatisch zu einem kürzeren Text. Die zweite Möglichkeit beansprucht weniger Vorbereitungsarbeit und ist bei unserer Bezahlung folglich auch die häufigere Wahl. Es gibt Zusatzübungen, die zum Thema und zum Wortschatz der Lektion passen und die den besseren Schülern gegeben werden, falls sie (was oft der Fall ist) früher mit der Bearbeitung von Übungsaufgaben im Buch fertig sind. Das führt jedoch oft dazu, dass die langsameren Lerner auch die Zusatzaufgaben bearbeiten wollen, was ja an und für sich gut wäre, da sie auch mehr Übung bräuchten. In der Praxis bedeutet das aber, dass ich viel mehr Zeit für eine Übung brauche.

Auch im Lehrbuch werden oft Übungen zur Binnendifferenzierung angeboten, unter dem wunderbaren Titel: *Schon fertig?* Diese Übungen erleichtern den Unterricht keinesfalls.

Denn die Aufgaben bedürfen oft einer Erklärung und müssen natürlich auch korrigiert werden. Das artet schnell zu einer Mammutaufgabe aus, wenn ich auf der einen Seite des Kursraumes schwächeren Schülern noch versuche, die erste, eigentliche Aufgabe zu erklären und sich auf der anderen bereits welche melden, um mir ihre *Schon-fertig?*-Aufgaben zu zeigen. Das unter einen Hut zu bekommen ist nicht einfach, vor allem bei großen Gruppen und vor allem am Anfang. Nach einiger Zeit spielen sich die Kurse meist ein bisschen ein, und die *Schon-fertig?*-Leute helfen den anderen Teilnehmern im Idealfall dabei, die Aufgaben zu bewältigen.

Nach der Stunde kommen Hamed und seine Frau Basima, die ebenfalls im Kurs sitzt, zu mir und überreichen mir lächelnd eine Karte.

»Heute in Syria ist Tag der Lehrer«, erklärt Hamed. »Wir sagen Danke an Sie.«

In der Hand halte ich eine in Pastellfarben gehaltene Klappkarte mit einer weißen Rose drauf. Innen steht ein arabischer Text und darunter auf Deutsch: »Tag des Lehrers, vielen Dank!« Alle Schüler der Klasse haben unterschrieben.

»Oh, vielen Dank! Das ist sehr, sehr nett«, bedanke ich mich.

Die beiden lächeln und verabschieden sich.

Dass vorne auf der Karte »Die Bande der Liebe werden mit dem Tod nicht durchschnitten. In stiller Teilnahme« steht und es sich damit ganz eindeutig um eine Trauerkarte handelt, verschweige ich den beiden lieber. Es ist tatsächlich nicht das erste Mal, dass ich eine Trauerkarte bekomme. Das wirkt ein bisschen makaber, aber ich habe mich daran gewöhnt und vermute keine bösen Absichten. Irgendetwas an dem leicht biederen Arrangement auf der Kartenvorderseite – die wohl jeder Deutsche unmittelbar auf den ersten Blick als Beileidskarte identifizieren würde – scheint vielen Migranten zu gefallen, sodass sie dahin greifen und nicht etwa zu den bunteren und poppigeren Glückwunschkarten. Ich stecke die Karte ein und lächle. Irgendwann einmal muss ich das Thema ansprechen.

Lektion 2
Von Strebern, Mauerblümchen und Unruhestiftern

»›Ich komme aus der Ukraine‹, wer sagt das?«, frage ich und blicke in die Klasse.

Der Arm von Yasmin schießt augenblicklich in die Höhe, und ohne dass ich sie aufrufe, sprudelt es aus ihr heraus: »Andrej sagt.«

»Das ist richtig, Yasmin«, antworte ich. »Aber beim nächsten Mal warten Sie bitte mit Ihrer Antwort, bis ich Sie aufrufe.« Dabei lege ich den Zeigefinger auf meinen Mund.

Den roten Faden in den Lehrwerken, die wir benutzen, bildet eine Fortsetzungs-Fotostory. Vielen Schülern wachsen die Charaktere richtig ans Herz. Die Geschichten vermitteln Grammatikregeln anhand von Alltagsproblemen und sind dadurch auch inhaltlich interessant. Entweder weil sie meinen Schülern etwas über das Leben in Deutschland beibringen oder weil sie solche Situationen aus eigener Erfahrung kennen und wir ausgiebig darüber diskutieren können. Die Dialoge im Lehrbuch sind genauso stumpf wie früher in der *Bravo*-Fotolovestory, keine Frage. Nur gibt es hier keine Sprechblasen, sondern die Texte zu den Bildern kommen von der CD. Diese Methode hilft, den Wortschatz und das Thema der Lektion *vorzuentlasten*. Im Anschluss daran stelle ich Fragen, um das Hörverstehen zu überprüfen.

Nächste Frage. Es geht um kleine Dialoge, die Bildern zuge-ordnet werden sollen:

»Guten Morgen, Frau Schröder.«

»Guten Morgen. Oh, danke. Wiedersehen.«

Jetzt gilt es, entweder auf die Zeichnung einer Mutter zu deuten, die ihre Tochter ins Bett bringt, auf zwei Herren, die sich verabschieden, auf ein Ehepaar vor dem Fernseher oder einen Postboten, der einer Frau ein Paket überreicht. Im Hintergrund lugt zur Einordnung noch milde lächelnd eine Sonne über dem Horizont hervor.

Wieder schießt Yasmins Hand in die Höhe. Sie weiß es natürlich. Yasmin ist inzwischen mehrere Monate in Deutschland und kann bereits einiges. Jetzt ist sie wild darauf, das auch zu zeigen. Sie hat ein Jahr in Italien als Au-pair gearbeitet und daher Erfahrung mit dem Erlernen von Fremdsprachen. Das merkt man sofort. Aus Italien hat sie vielleicht auch ihren ausgeprägten Modegeschmack mitgebracht. Sie trägt Kleider von Gucci, Versace oder Prada und stimmt sie passgenau auf ihr Kopftuch und ihre Manolo Blahniks ab. Als ich sie einmal darauf anspreche, sagt sie etwas verlegen: »Ich weiß, ich bin shopping-süchtig!« In Deutschland ist sie, weil sie einen jungen Mann mit türkischen Eltern aus Kreuzberg geheiratet hat. Von den drei tagelangen Hochzeiten, die daraufhin gefeiert wurden – einmal in Istanbul, einmal in Berlin und zusätzlich noch bei der Trauung im Standesamt –, erzählt sie gerne, allerdings nicht ohne den Hinweis, dass die Türken verrückt sind und sie und ihr Mann froh waren, als es endlich vorbei war. Berlin ist für sie als gebürtige Istanbulerin eine Kleinstadt, aber sie fühlt sich wohl und lernt so fleißig Deutsch wie kaum jemand sonst in meinem Kurs.

Auch beim nächsten Dialog ragt Yasmins Arm schon in die Luft, lange bevor der Track von der CD zu Ende gespielt ist. Ich fühle mich an meine Schulzeit erinnert, als der Lehrer immer angestrengt an den Armen der Streber vorbeigeschaut hat, um auch mal jemand anderes zu Wort kommen zu lassen. Auch das wird sie bald lernen und sich nicht ständig melden.

Es ist erstaunlich, aber man findet in jeder Klasse die gleichen Charaktere. Es gibt immer einen Streber, immer einen Schüler, der mit dem Kopf auf dem Tisch schläft, und einen, der doof wie Stroh ist, dabei aber meist richtig nett. Es gibt die Troublemaker, die immer zu spät in den Unterricht kommen, einen, der sich ständig mit den anderen anlegt, und einen, der gern sexistische Witze macht. Und natürlich den Besserwisser, der alles infrage stellt, was die Lehrerin sagt. Es ist haargenau so, als würde eine prototypische deutsche Schulklasse voller Jugendlicher vor mir sitzen. Yasmin dürfte in diesem Kurs also ziemlich sicher die Streberin sein. Die Unruhestifter sind Sami und Erkan, die zwei hängen immer zusammen ab, erleben diverse Abenteuer miteinander und begrüßen jeden Morgen alle Freunde im Kurs erst einmal feierlich mit Handschlag und Küsschen. Mal rechts, mal links, mal zwischen den beiden sitzt Beata, eine hübsche Polin unbestimmten Alters (»Frauen fragt man nicht«), die in Deutschland als Tänzerin gearbeitet hat und notorisch zu spät kommt. Dann nimmt sie sich einen Stuhl und quetscht sich irgendwie zu Sami und Erkan.

Der, über dessen Kopf immer eine schwarze Gewitterwolke hängt, ist Nidal, ein ausgemergelt erscheinender Syrer, dem der linke Arm fehlt. Soweit ich weiß, war er Soldat der Freien Syrischen Armee, an seinem Hals baumelt eine Patronenhülse an einer Kette. Er ist wohl ziemlich traumatisiert, zumindest spricht er dauernd vom Krieg und davon, dass er eigentlich nur so schnell wie möglich nach Syrien zurück will. Als er schon besser Deutsch kann, erzählt er:

»Ich bin alter Mann. Ich bin fünfzig«, dabei sieht er viel jünger aus, »und ich will nur eins: Wieder heim zu meine Familie, mein Haus, meine Tiere. Was soll ich hier? Was soll ich Deutsch lernen? Ich bin sehr dankbar, dass ich kann hier sein, aber wenn der Krieg ist vorbei, ich bin gleich wieder nach Syrien. In meine Heimat. Das hier in Deutschland ist einfach nicht mein Leben. Diese U-Bahn, diese viele Mensche, alle sehen anders aus.« Einige der anderen Schüler lachen, aber Nidal ist es ernst. »Hier ich habe keine Aufgabe. Was soll ich tun mit nur eine Arm?«

Häufig fehlt er im Unterricht, weil er beim Arzt ist, um sich neue Antidepressiva verschreiben zu lassen, wie er erklärt. Dann schreibt Fatima alles für ihn mit und legt es ihm zusammen mit einer Schachtel Pralinen auf den Platz.

In jeder Klasse gibt es auch immer einen Sunny-Boy, einen Liebling der Klasse. Das ist bei uns João aus Brasilien. Ein braun gebrannter, hochgewachsener junger Mann mit kurzen schwarzen Haaren, der keinen Hehl daraus macht, homosexuell zu sein.

Sein Gegenpol, die graue Maus, ist die tatsächlich stets in diesem Farbton gekleidete Dina, eine junge dreifache Mutter aus Israel, der als orthodoxer Jüdin ihre Familienpflichten besonders wichtig sind. Sie trägt stets ein Kopftuch und ist die große Unangepasste bei uns im Kurs. Zum Beispiel singt sie nie mit, wenn wir ein Liedchen trällern, bewegt aber ihre Lippen. In den Pausen bemüht sie sich regelmäßig, mir zu erklären, warum sie aus dem Rahmen fällt. So erfahre ich etwa, dass jüdische Frauen nicht vor fremden Männern singen dürfen.

Im Buch müssten wir jetzt mit der Aufgabe *Wer ist das?* weitermachen. Die Schüler sollen erklären, wer die abgebildeten, bekannten Persönlichkeiten sind. So manche Fernsehshow hat sich schon über Passanten in der Einkaufsstraße lustig gemacht, die unsere Politiker nicht erkennen. Und jetzt das gleiche Spiel mit gerade in Deutschland angekommenen Arabern. Schnell wird klar, wie gering die Schnittmengen in kulturellen Belangen sind. Bei bekannten Schauspielern klappt es meist noch, wenn aber Konrad Adenauer, der Froschkönig oder Goethe ins Bild kommen, geht schnell gar nichts mehr. Ich kann das gut verstehen. Ich kenne ja auch keine syrischen Dichter oder libyschen Märchenfiguren, vor allem nicht einem Foto nach. So etwas entwickelt sich erst mit der Zeit. Weil wir fürs Erklären der Personen noch keinen ausreichenden Grundwortschatz haben, überspringe ich die Aufgabe oft.

Stattdessen lege ich eine Runde »Sonne« ein. Ich mache sehr oft Spiele mit meinen Kursen. Das lockert die Stimmung etwas auf und wirkt wie eine Pause, weil man so gar nicht merkt, dass man das Gelernte wiederholt. Bei »Sonne« stellen sich alle in einen Kreis, einer muss in die Mitte. Anfangs bin ich das meistens. Ich schaue mich dann um, suche mir ein Gegenüber aus und sage:

»Hallo, Azad, wie geht es dir?«

Azad ist ein kleiner, hagerer Kurde mit funkelnden Augen, der immer einen grobmaschigen Strickpullover anhat. Die Sorte Junge, für die man direkt Muttergefühle entwickelt, ob man will oder nicht. Er antwortet dann:

»Hallo, Inga, guuuuut!«

Dann rufen wir beide »Sonne«, wobei wir unsere Hände neben unserem Kopf rotieren lassen. Das soll eine Sonne darstellen. Nun kommt Azad in die Mitte, und das Spielchen geht von Neuem los. Ich weiß, das ist für alle Beteiligten hochgradig peinlich, und es kommt nicht selten vor, dass sich jemand kategorisch weigert mitzumachen. Meist sind es Männer, die zu cool dafür sind. In diesem Fall sitzt Nidal missgünstig in der

Ecke. Es wird aber nicht lange dauern und er wird auch mit in den Kreis kommen. So gaga das Spiel zu Beginn wirken mag, meist ist es schon am nächsten Tag zu einem geheimen Erkennungszeichen für Eingeweihte geworden. Wenn die Namen der anderen Schüler besser sitzen und sie sich mit dem Wahnsinn angefreundet haben, kommt es immer zu witzigen Szenen. Auf alle Fälle ist es besser, als sich dröge reihum nach dem Befinden zu fragen. Wenn man es im Kreis macht, lernt man auch die Menschen kennen, mit denen man sonst kein Gespräch angefangen hätte. Und ich will ja, dass die Syrer nicht nur untereinanderbleiben, sondern auch mit der Brasilianerin sprechen oder mit dem Russen. Auf diese Weise haben sich schon ganz ungewöhnliche Freundschaften gebildet.

Nidal wird sich schon daran gewöhnen. Gerade Syrern ist der liberale Unterricht in Deutschland oft suspekt. Unsere Tische stehen in der U-Form, und ich habe es schon erlebt, dass syrische Schüler die Tische umgebaut haben in die klassische Frontalunterricht-Ordnung. Meine kleinen Einlagen finden sie zu Beginn noch kontraproduktiv. Wenn jemand aus der Klasse fragt, was das Wort Kugelschreiber bedeutet, dann frage ich zuerst die Schüler, ob sie es schon wissen. Basima hätte es lieber, wenn ich bei solchen Gelegenheiten sofort eine Antwort geben würde und wir mit der nächsten Vokabel weitermachen könnten. Basima, die Frau von Hamed, war in Syrien Englischlehrerin und trägt Brille und Kopftuch. Im Unterricht hat sie ständig ihre dicke Winterjacke an, wie fast alle Frauen aus Syrien oder der Türkei, denen hier selbst bei Zimmertemperatur kalt ist. Im Grunde bräuchten wir gar keine Garderobe für den Kurs.

Neben Basima sitzt Fatima, die in gewisser Weise das genaue Gegenteil von ihr ist. Während Basima sehr an ihrem Mann hängt und ihm nicht von der Seite weicht, hat sich Fatima kurz nach ihrer Ankunft aus Syrien von ihrem Mann getrennt und erzieht ihre beiden Kinder nun allein. Sie trägt kein Kopftuch und ist eine schöne, moderne und selbstbewusste junge Frau, die sich viel Mühe gibt, in Deutschland alles richtig zu machen.

Allerdings bleibt auch sie nicht von Fehlern der Behörden verschont. Schon zweimal wurden ihr vom Jobcenter die Bezüge gekürzt. Einmal war ein Lebenslauf nicht mehr auffindbar, den Fatima per Post zum Amt geschickt hatte, beim zweiten Mal ging es um die Teilnahmebestätigung für den Integrationskurs, die die Schüler selbstständig ihrem Sachbearbeiter schicken müssen. Weil Fatima aber mit dem Lebenslauf schlechte Erfahrung gemacht hatte, brachte sie die Bestätigung lieber persönlich vorbei. Ein paar Wochen darauf kam dann der Bescheid, dass ihr Leistungen gekürzt werden, da keine Bestätigung eingegangen sei. Nur weil sich Frau Lemberg persönlich einschaltete und mit dem Sachbearbeiter telefonierte, konnte das noch einmal rückgängig gemacht werden.

Lehrer sind in vielen Ländern noch immer richtige Respektspersonen. Das merke ich, als ich die Schüler einmal still arbeiten lasse. In dieser Zeit will ich eigentlich jenen Schülern einzeln helfen, die sich mit Problemen an mich wenden. Ich bin gerade mit Nidal beschäftigt, da schneidet Fatima immer wieder Grimassen in meine Richtung. Ich wundere mich ein wenig, bedeute ihr aber zu warten, bis ich fertig bin. Als ich dann endlich zu ihr komme, fragt mich Fatima hektisch, ob sie auf die Toilette gehen dürfe.

Aber nicht nur bei den Syrern bemerke ich diesen großen Respekt vor Lehrern. Auch Dina und Nejeb Nejeb stehen nach der Stillarbeit auf und legen mir unaufgefordert ihr Heft zum Korrigieren vor. Ich nicke ihnen freundlich zu, aber Beatas abfälliges Lachen ist kaum zu überhören. Glücklicherweise gibt sich diese Unterwürfigkeit im Lauf des Kurses.

Und im Gegensatz zu der Geschichte, die mir mein Kollege Christian erzählt, ist das alles auch harmlos. Als eine Inderin in seinem Kurs einen groben Fehler machte – das heißt: etwas falsch aussprach, was sie eigentlich schon hätte können müssen –, ging sie zu ihm nach vorne und warf sich vor ihm auf die Knie. Was sie von ihm erwartete, konnte Christian nur vermuten. Leider sagt das viel über die Zustände in den Schulen mancher Länder aus.

Oft bekomme ich auch kleine Geschenke von meinen Schülern. Das finde ich schon deshalb unangebracht, weil ich ja weiß, dass die meisten meiner Schüler kein Geld für so etwas haben. In vielen Ländern scheint es aber normal zu sein, sich durch kleine Aufmerksamkeiten den Lehrer gewogen zu halten. Meist handelt es sich bei diesen »Bestechungsgeschenken« um fürchterlich süße Kekse oder Blumen. Einmal habe ich auch eine ziemlich hässliche Stoffgiraffe mit einem rosa Hut bekommen. Laut Christian verdienen Lehrer in anderen Ländern so wenig, dass sie diese Geschenke von ihren Schülern zum Überleben brauchen.

»Die bekommen dann Würste, Säcke mit Kartoffeln oder Benzin. Und wenn man sich unser Honorar anschaut, dann wären wir eigentlich auch ›beschenkungsberechtigt‹.«

Meist kann ich diese Form der Aufwartung ziemlich schnell abstellen, aber man muss vorsichtig sein. Geschenke ablehnen ist immer heikel und kann leicht missverstanden werden, das ist ja auch in Deutschland so. Was die Blumensträuße angeht, sehe ich mich gezwungen, ein paar grundsätzliche Worte an die Klasse zu richten, bevor jemand auf die Idee kommt, mir welche zu schenken.

»Bitte schenken Sie mir keine Blumen. Ich mag sie, wenn sie draußen wachsen, aber wenn sie tot sind und in meiner Wohnung stehen, macht mich das traurig.«

Das sorgt für einige Aufmerksamkeit.

»Sie mögen keine Blumen?«, fragt Erkan noch einmal nach. Erkan ist so einer, der ständig um meine Aufmerksamkeit buhlt und mich auch schon mal frech um ein gemeinsames Selfie bittet.

»Eine Frau, die nicht Blumen mag!«, setzt Nejeb geradezu theatralisch nach, schüttelt den Kopf und schaut dabei in die entsetzten Augen von Beata, die sich vor Überraschung die Hand vor den Mund hält. Kelly kichert.

Es ist generell nicht immer einfach für meine Schüler, sich an die Eigenheiten deutscher Frauen zu gewöhnen. Blumen schenken, Tür aufhalten, die Rechnung übernehmen, das wird in Deutschland mitunter als das Gegenteil von freundlich aufgefasst. Und da die Grenzen zwischen Gentleman und Macho nicht leicht zu definieren sind, halte ich es für klüger, vor meinen Schülern die eingefleischte Feministin zu geben.

Als ich gerade anfing, als Integrationskursleiterin zu arbeiten, war es mir ein großes Anliegen, auch mal den Männern die Tür aufzuhalten, und ich machte jedes Mal eine kleine Szene, wenn mir im Gegenzug ein Mann die Tür öffnen wollte. Erkan ist so ein Kandidat. Er macht das nicht wie nebenbei – wer als Erster an der Tür ist, hält sie für den Nächsten auf –, nein, er kommt sogar vom anderen Ende des Flurs angerannt, sobald ich mich der Tür nähere. Ich habe es auch schon erlebt, dass er – beide Hände voll und unter den Arm noch einen Koffer geklemmt – es mir mit lauten Rufen verwehrte, ihm die Tür zu öffnen, obwohl ich nur einen Rucksack trug. Lieber ließ er alles fallen. Auch wenn er dabei natürlich lächelt – ich kann für ein solches Verhalten keine Dankbarkeit empfinden, ich finde das lächerlich. Und trotzdem lasse ich es inzwischen meist einfach geschehen. Es ist jedes Mal zu einem regelrechten Kampf um die Türklinke ausgeartet, und die fehlenden Deutschkenntnisse machen es mühselig bis unmöglich zu erklären, wo jetzt gerade überhaupt das Problem liegt. Was ursprünglich als kleine Lektion in Emanzipation gedacht war, führte dann oft zu merkwürdigen Situationen und beleidigten Schülern.

Den Kampf um die Türklinke habe ich aus Faulheit aufgegeben. Aber davon, dass ich keine Blumen geschenkt bekommen möchte, weiche ich keinen Deut ab.

Als sich die Klasse wieder beruhigt hat, spielen wir noch ein bisschen Buchstabenmaus. Das ist ein bisschen wie Glücksrad: Die Schüler sagen einen Buchstaben, und wenn er im gesuchten Wort vorkommt, setze ich ihn ein. Wenn sie einen falschen Buchstaben nennen, male ich eine Maus, immer einen Strich mehr. Die Schüler müssen also versuchen, das Wort zu erraten, bevor ich die Maus fertig habe. Als ich vor meinem Freund mal die Buchstabenmaus erwähnte, machte der sich gleich darüber lustig.

»Da malt man doch keine Maus!«, widersprach er entrüstet. »Da gibt es doch gar keinen Abschreckungseffekt, damit man nicht verliert. Da gehört ein Galgen an die Tafel!«

Meine Erfahrung ist eine andere: In der Wilmersdorfer Schule hörte ich aus einem Nachbarkurs einmal Geschrei, dann Türenschlagen und Schluchzen. Ich rannte rüber, um zu sehen, was passiert war. Meine Kollegin hatte das Galgenmännchen an die Tafel gemalt. Klar, für uns ist das selbstverständlich, und meine Kollegin hat sich sicher auch nichts dabei gedacht, aber für Kriegsflüchtlinge kann schon solch eine Zeichnung dunkle Erinnerungen wieder heraufbeschwören. Seitdem male ich eine niedliche Maus. Trotzdem wollen alle das Wort an der Tafel erraten.

Ich denke mir also ein Wort aus und schreibe den ersten Buchstaben an die Tafel:

S _ _ _ _ _

»Schule!«, schreit Sami sofort.

»Zunächst einmal melden Sie sich bitte, bevor Sie antworten«, bitte ich.

Sami meldet sich. Ich nehme ihn dran.

»Schule!«, brüllt er erneut, freudestrahlend.

»Bitte nur einen Buchstaben.«

Diesmal geht Samis Hand nicht so schnell nach oben. Ich nehme ihn wieder dran.

»E«, sagt er etwas gelangweilt. Da hat er sich den einfachsten Buchstaben ausgesucht.

»Richtig«, sage ich und male das E an die Tafel.

S _ _ _ e _

steht jetzt da.

Prompt meldet sich Fatima: »Sie haben etwas falsch, Frau Liebig«, sagt sie und deutet an die Tafel.

»Nein, nein, alles richtig so«, antworte ich. »Wer will?«

João meldet sich und versucht es mit einem R.

»Gut«, sage ich, »das passt!«

Nun steht da:

S _ r _ e _

Als Kelly nach einigen Anläufen das schwierige Wort »Ypsilon« über die Lippen kommt, geht allen ein Licht auf. Natürlich steht

Syrien

an der Tafel. Dieses Wort übe ich nicht ohne Grund, denn viele Syrer können Syrien nicht korrekt schreiben. Vor allem, warum Libyen bei fast gleicher Aussprache genau andersrum geschrieben wird, will vielen nicht in den Kopf.

Zum Abschluss der Stunde mache ich mit meinen Schülern noch ein Kurzdiktat. Sprechen können sie schon ganz gut, jetzt will ich überprüfen, ob sie auch schreiben können, was sie sagen. Der Text ist eigentlich ganz einfach, es ist ein Dialog aus dem Buch. Damit sie das mit den Satzzeichen auch richtig machen, erkläre ich den Punkt anhand eines Beispielsatzes an der Tafel. Ich schreibe:

Mein Name ist Frau Liebig.

Dann deute ich auf den Punkt und sage: »Punkt.« Ich wiederhole das Ganze noch einmal und erkläre, dass sie den Punkt machen sollen, wenn ich im Diktat »Punkt« sage. Eigentlich habe ich das Gefühl, dass alle das verstanden haben. Ich bin gespannt, wie sie sich im Diktat schlagen, und freue mich schon auf die Korrektur zu Hause.

Nach dem Unterricht kommt Dina noch auf mich zu.

»Frau Inga, viele Dank für Ihre Kurs«, beginnt sie. »Leider, ich kann Freitag nicht kommen.«

»Ach, wie schade«, antworte ich, »aber kein Problem. Ich schreibe Ihnen die Hausaufgaben, und dann kommen Sie nächste Woche wieder.«

»Das ist gut«, bedankt sie sich. »Können Sie immer Freitag Hausaufgabe schreiben?«

»Wieso denn immer am Freitag?«, will ich wissen. »Sie kommen doch hoffentlich nächsten Freitag wieder?«

Daraufhin erklärt sie mir auf Englisch, dass Freitag Schabbat sei und ihr als Ultraorthodoxer am heiligen Schabbat viele Dinge nicht erlaubt seien. Grundsätzlich ginge es darum, nicht zu arbeiten und diesen Tag Gott zu widmen.

Mit dem Schabbat hatte ich in meinem Urlaub in Israel auch so meine Erfahrungen gemacht. Ich glaube, wer das nicht selbst gesehen hat, kann es nicht glauben, was am Schabbat in Israel los ist – nämlich nichts. Also rein gar nichts, der Sonntag in Deutschland gleicht dagegen einem Samstag im Advent.

Der Schabbat erstreckt sich also nicht über den Samstag, sondern von Freitagabend bis Samstagabend, von Sonnenuntergang bis Sonnenuntergang. So ist zumindest kein Tag komplett von dieser Regelung betroffen.

»Aber Dina«, sage ich daher. »Unser Kurs ist doch schon um 14 Uhr zu Ende. Das müsste dann doch kein Problem sein.«

»Das stimmt, ich könnte in den Kurs kommen«, erklärt Dina, »aber ich habe freitags einfach keine Zeit für so etwas. Am Samstag kann ich nicht kochen, aber ich habe zwei Kinder und meinen Mann zu versorgen. Daher muss ich am Freitag schon alles einkaufen und vorkochen. Ich kann nicht zum Kurs, sonst schaffe ich das nicht.«

Ich bin wirklich baff. Für sie scheint das völlig selbstverständlich zu sein. An den Ramadan und all die damit einhergehenden Probleme hatte ich mich gewöhnt, aber das war mir noch neu.

Zu Hause mache ich mich an die Korrektur der im Unterricht geschriebenen Diktate und staune nicht schlecht. Natürlich, Fehler gibt es immer wieder. Was sich allerdings Nidal und Azad geleistet haben, ist schon bemerkenswert. Azads Test sah folgendermaßen aus:

> »Guten tag bonkat
> Ich heißeniko.
> und wier bist du?
> Ich bin Sahra.
> ithldigan.
> Wer heiße du?
> Ich hießeshare!
> Und wer ist das?
> das ist Angela!«

Na, haben Sie den Dialog erraten können? Man muss dazu sagen, dass Azad ein Analphabet war, als er zu uns in die Schule kam. Nach eigener Aussage hat er praktisch keine Schulbildung genossen und als syrischer Kurde erst hier in Deutschland Arabisch gelernt. Das lateinische Alphabet ist also vollkommen neu für ihn, und auch wenn man über seine Fehler schmunzeln kann, so ist es doch bemerkenswert, dass er nach so kurzer Zeit überhaupt etwas Leserliches zustande bringt. Vier Jahre lang war er auf der Flucht, jetzt ist er siebzehn. Einige Jahre hat er in Ägypten auf der Straße geschlafen, bis er es von Libyen aus mit einem Schiff übers Mittelmeer geschafft hat. Jetzt ist er Feuer und Flamme fürs Lernen, allein es klappt nicht immer so perfekt.

Aber warum nur hatte er »bonkat« geschrieben? Was meint er damit? Auf die Idee, dass er den Punkt tatsächlich ausgeschrieben hat und nicht so, wie ich es an der Tafel erklärt hatte, komme ich erst, als ich Nidals Diktat korrigiere.

Sein Test sieht folgendermaßen aus:

> »Guten Tag Bong.

Ich heiße Neko.
und wer bist Du?
Ich bin Sara.
Entschuldigung.
wie heißt Du?
Ich heißesara!
und wer ist Das?
Da istangiela!«

Die anderen Satzzeichen, das muss man dazusagen, waren auf meinem Vordruck schon in der jeweiligen Zeile eingetragen.

Spätestens jetzt dürfte der Inhalt des Dialogs klar sein, oder? Mit Angela ist der Stoffhase der kleinen Sara gemeint. Ob das darauf abzielt, mit den Flüchtlingen den Vornamen unserer Kanzlerin einzuüben, oder andersherum ein subversiver Versuch ist, Frau Merkel das Image eines Hasen anzuhängen, ist mir nicht bekannt.

Am folgenden Tag erläutere ich noch einmal das Konzept der Satzzeichen im Unterricht.

»Wenn man einen Punkt macht, ist der Satz komplett, also fertig.« Der Beispielsatz steht wieder an der Tafel. »Nach einem Punkt wird immer groß weitergeschrieben!« Dabei spreize ich Daumen und Zeigefinger auseinander, meine Geste für die Großschreibung, die im Arabischen nicht existiert.

»Immer groß?«, fragt Azad.

»Immer, ganz egal, was für ein Wort da steht.«

»Auch heißen?«, fragt er weiter.

»Ja, genau«, bestätige ich, »wenn heißen am Satzanfang steht, dann ja. Das ist aber nur bei Fragesätzen so.« Dabei deute ich auf das Fragezeichen an der Tafel.

Wieder habe ich das Gefühl, dass alle in der Klasse verstanden haben. In unserem Buch hat Niko inzwischen eine Wohnung gefunden. Ich nehme das zum Anlass, noch einmal ein kurzes Diktat schreiben zu lassen, damit das mit dem Punkt auch sitzt. Mit Azads Einfallsreichtum habe ich allerdings nicht gerechnet. Sein Test fiel folgendermaßen aus:

»Das. Ist? Meine. Wohnung.

Hier. Steht? Ein. Fernseher.

Dort. Stehen? Eine. Couch. Und. Ein. Tisch.

Was. Steht? Dort.«

Ich muss zugeben, ich musste schon ein wenig lachen. Wenn vor jedem Wort ein Punkt steht, muss er jedes Wort großschreiben, das hat Azad gut durchdacht. Und damit er auch die Verben, die ansonsten immer klein geschrieben werden, großschreiben darf, muss ihnen ein Fragezeichen folgen, damit sie in einem Fragesatz stehen.

Man merkt schon, Azad ist ein kluges Köpfchen, und nach kurzer Zeit hat er dann auch begriffen, wie es richtig geht.

Der Ukrainer Niko möchte sich unterdessen im Buch bei Robert und Tina dafür bedanken, dass sie ihm bei der Wohnungssuche geholfen haben, und lädt sie zum Grillen ein. Bruno, Tina und Sara sind schon im Park und machen sich daran, ein Feuer zu entfachen, aber – oh Schreck! – sie haben vergessen, Kohle zu kaufen. Kein Problem, ein kurzer Anruf bei Niko, der noch auf dem Weg ist, müsste reichen:

»Hallo, Niko! Hör mal, wir haben vergessen, Kohle zu kaufen! Kannst du noch welche mitbringen?«

»Hallo, Bruno. Ja, das kann ich machen. Aber es ist Sonntag, die Supermärkte haben alle geschlossen. Was soll ich machen?«

»Du kannst zur Tankstelle gehen. Die haben auch am Sonntag auf. An der Hauptstraße findest du eine.«

»Super, dann bis später!«

Ist es nicht großartig, wie subtil den Schülern hier die Ladenöffnungszeiten in Deutschland beigebracht werden? Gut, in Berlin ist das alles ein bisschen anders. Spätis, die am Sonntag aufhaben, gibt es an jeder Ecke, dafür gibt es praktisch keine Tankstellen, aber dennoch: Die Sonntagsöffnungszeiten sind auch in meinem Kurs ein großes Thema.

»In Deutschland ist schlecht, dass Supermarkt hat am Sonntag zu«, sagt Fatima dazu. »In Syrien hat immer auf.«

»In Russland auch«, bestätigt Igor.

»In Israel, Supermarkt hat von Freitagabend bis Samstagabend zu«, erzählt Dina.

»Ja, zum Gebet am Freitag alle haben zu«, bestätigt auch Mohannad. »Aber manche trotzdem auf.« Er lacht.

»Ich finde gut in Deutschland«, wehrt sich dagegen Basima. »Wenn Sonntag man hat kein Ei, man fragt Nachbar. Das ist schön. Ein bisschen wie in Syrien.«

»Wann macht man denn ein Picknick im Park?«, frage ich, weil in diesem Kapitel auch die Jahreszeiten und das Wetter durchgenommen werden.

»Im Sommer«, antwortet Erkan.

»Genau«, bestätige ich. »Welche Jahreszeiten gibt es noch?«

»Ich weiß«, ruft Sami, ohne sich zu melden. »In Deutschland es gibt Winter, Winter, Winter, Sommer!«

Alle lachen.

»Es ist wirklich immer Winter, nur eine Woche ist Sommer«, bestätigt Aaliyah.

»Winter ist scheiße«, meldet sich jetzt auch João. »Es ist kalt, man kann nicht denken. Ich glaube, habe ich Allergie für Winter.«

Wieder herrscht einmütiges Gelächter. Viele rufen: »Ich auch, ich auch!«

Darauf bin ich vorbereitet. Ich werfe ein Bild per Overhead-projektor an die Wand, das die vier Jahreszeiten zeigt und dazu jeweils Aktivitäten, die man machen kann. Im Winter Schlit-tenfahren, im Herbst Drachensteigen und so weiter.

»Aber jetzt Winter und keine Schnee«, beschwert sich Igor missmutig. »In Russland ist auch sehr kalt, aber dann auch viel Schnee.«

Igors Stichwort greife ich auf. »Was für Wetter gibt es? Ihr habt es letzte Stunde schon mit Christian geübt. Also los, Has-san!«

»Der Schnee ... fällt.«

Jetzt geht das schon wieder los, immer diese Streber. Chris-tian hat Arbeitsblätter ausgeteilt, auf denen einfache Dinge ste-hen wie »es regnet«, »es schneit«, »es ist windig«, »die Sonne scheint«, mit dazu passenden Bildern. Hassan will nun damit angeben, dass er mehr kann, als auf dem Arbeitsblatt steht. Da-mit verwirrt er wiederum die anderen, die noch nicht einmal das können, was sie letzte Stunde gelernt haben. Viele machen außerhalb des Unterrichts keinen Strich bzw. nur die Hausauf-gaben, und die auch nur, wenn es Lückentexte sind. Oft bleibt neben Kindern, Haushalt und Familie auch einfach kaum Zeit, wirklich etwas in Ruhe auswendig zu lernen. Wenn die Schüler dann noch selbst etwas schreiben sollen, etwa einen Brief, kann ich davon ausgehen, dass ihn am nächsten Tag nur wenige ge-schrieben haben. Zu anstrengend. Aber im finalen Sprachtest wird genau das gefordert.

Das Wetter macht der Klasse aber nicht nur wegen der Tem-peraturen zu schaffen, sondern auch wegen des Satzbaus. Steht dort ein Adjektiv, gehen das Pseudosubjekt *es* und das Verb *sein* voran, wie in: »Es ist windig.« Bei einem Vollverb benötigt man nur *es*: »Es regnet.« Vor Substantiven braucht man *es* und das

Verb »geben«: »Es gibt Sturm.« Aber Achtung, der Satz »Die Sonne scheint« bildet eine Ausnahme. Wie eben auch Hassans fallender Schnee.

Wer diese Formen nur im Unterricht hört und zu Hause nicht noch einmal auswendig lernt, kommt schnell durcheinander. Von »es ist regent«, »es sonnet« oder »es schneit die Sonne« über »es schneet«, »die Sonne schneiet«, »das ist windig« bis zu »es kalt« bekomme ich alles Mögliche zu hören.

Ich nehme Nidal dran, aber ihn scheinen die hiesigen Witterungsverhältnisse nicht sonderlich zu interessieren, er spielt mit seinem Handy herum. Das erlebe ich dauernd, und es ist sehr schwer, den Schülern abzugewöhnen, während des Unterrichts auf ihr Handy zu schauen. Am Anfang kamen immer die gleichen drei Entschuldigungsvarianten, wenn ich sie mal wieder dabei erwischte:

1.) »meine Familia in Syria« (Was soll man dagegen schon sagen?);

2.) »nur Wort gucken auf Google«;

3.) »neue Waschmaschine kommen« oder »Internetmann in meine Hause«.

Da meine Appelle keine Wirkung zeigten, musste ich andere Saiten aufziehen. Kollegen haben mir den Tipp gegeben, von unfolgsamen Schülern Bußgeld einzusammeln. In einem Geschenkartikelladen fand ich einen roten Feuerwehrwagen aus Porzellan, mit einem Schlitz hinter dem Blaulicht. Pro Vergehen müssen die Schüler fortan 20 Cent in diese Sparbüchse zahlen. Damit habe ich immerhin erreicht, dass alle Handys auf lautlos gestellt sind und niemand mehr während des Unterrichts telefoniert. Eigentlich bin ich kein Fan von Bestrafungen, aber irgendwie musste ich ja für Disziplin in der Klasse sorgen. Das Feuerwehrauto hilft mir dabei.

»Nidal, bitte spielen Sie während des Unterrichts nicht mit dem Handy«, ermahne ich ihn und klimpere dabei mit dem Feuerwehrwagen. Nidal verdreht die Augen, leistet dann aber mit theatralischen Bewegungen seinen Obolus.

»Und jetzt sagen Sie mir bitte: Wie ist das Wetter?« Ich halte ein Foto mit Regenwetter hoch.

Nidal schaut gleich wieder auf sein Handy, scrollt kurz und antwortet:

»Es regnet Bindfäden.«

Was ist das? Macht Igors App jetzt in der Klasse die Runde? Geht das gerade unter meinen Integrationskursschülern rum?

»Das ist eine alte Redewendung und bedeutet, dass es sehr stark regnet«, erkläre ich den anderen.

»Basima, wie ist das Wetter?«, frage ich weiter und zeige diesmal ein Foto mit Sonnenschein.

Basima druckst etwas herum und fragt dann: »Was heißt …«, wobei sie mit ihren Zeigefindern ein Smiley-Face mit ihrem Mund andeutet.

»Lachen«, antworte ich und denke, dass sie damit auf meine miese Laune anspielen will.

»Dann ich weiß: Das Wetter ist lache.«

Womit habe ich das nur verdient? Ich greife mir den Zettel mit den Beispielen für das Wetter, halte ihn hoch und sage ganz langsam: »Schauen Sie sich zu Hause alles an, memorieren Sie!« Dabei schauspielere ich wieder und tue erst so, als würde ich den Zettel angestrengt lesen, dann tippe ich mir an den Kopf. »Essen Sie diesen Zettel!«, füge ich dann noch hinzu und führe dabei meine Hand an den Mund. Das ist mein letztes Mittel, um zu verdeutlichen, dass es mir ernst ist.

Wir konzentrieren uns wieder auf die Fotostory im Buch, wo immerhin Sommer herrscht. Aber auch dort läuft nicht alles glatt. Niko kreuzt endlich im Park auf und hält triumphierend eine Flasche Cola in die Höhe. Das freut Sara, bringt allerdings relativ wenig, wenn man Feuer machen will. Da hat er wohl etwas falsch verstanden. Ich finde den Witz etwas flach, aber meine Schüler amüsieren sich köstlich über die Verwechslung von Kohle und Cola. Sie fühlen sich anscheinend verstanden.

Nur Sami wirkt irgendwie nicht so fröhlich wie sonst. Nach der Stunde packt er sehr langsam seine Sachen zusammen, schleicht noch ein bisschen an den Fenstern rum und kommt schließlich auf mich zu.

»Was ist denn los, Sami?«, frage ich. »Dir drückt doch etwas auf das Herz.« Dabei mache ich eine Geste, die ihm verdeutlicht, was ich damit meine.

»Frau Inga, es ist sehr schwer«, beginnt er. »Diese Stunde macht mir viele denken. Das Wetter ist immer schlecht, ich kann nicht draußen, immer Regen oder kalt. In Tunesien immer warm, ich immer Strand, immer lache.«

»Aber Sami, Sie lachen doch hier auch immer«, versuche ich zu scherzen.

»In Tunesien ich lache viele Tage! Nix Pause!« Er schmunzelt. »Ich habe viele Freunde in Tunesien. Jetzt nicht. Ich nicht telefonieren mit Familie, weil bin in Deutschland. Und sie nicht mögen, ich bin in Deutschland sein.«

»Das tut mir leid«, sage ich. »Sind Sie denn noch gerne in Deutschland?«, frage ich, obwohl ich eigentlich wissen will, ob er die Entscheidung inzwischen bereut.

»Oh ja, bin gerne hier. Mit Frau ist immer so und so, aber Therapistinnenfrau super. Nur habe ich keine deutsche Freunde. Niko, in die Buch, er hat deutsche Familie, sie machen Picknick mit ihn und essen und so. Ich habe das nicht. Es ist sehr langweilig für mich.«

»Ach, Sami, bleiben Sie stark! Die ersten sechs Monate in einem neuen Land sind immer ganz schwierig. Aber dann wird alles leichter. Mit jedem Monat kennen Sie mehr Leute und haben mehr Freunde. Es ist normal, dass es nicht so schnell geht. Wichtig ist, dass Sie einen Plan für die Zukunft in Deutschland haben. Was wollen Sie machen?«

»Ah, ja, ich will haben eine Familia. Mit kleine Sami-Babys«, er lacht. »Und ich will arbeiten als Busfahrer. Ich gucke immer auf die Straße die großen Busse. Alle ist ganz hektisch und die Busfahrer immer ganz ruhig. Sie sind gute Menschen.«

»Das ist ja ein guter Plan, Sami!« Oft schon habe ich von den überzogenen Erwartungen einiger Schüler gehört, aber Samis Ansprüche sind durchaus realistisch. »Wenn Sie diesen Kurs beendet haben, können Sie sich bei der BVG als Busfahrer bewerben. Wenn Sie wollen, helfe ich Ihnen dabei. Das wird sicher klappen. Und bis dahin: Bleiben Sie fröhlich und nutzen Sie die Zeit, in der Sie noch lernen dürfen!«

Am nächsten Tag sieht die Klasse irgendwie ungewöhnlich aus. Beata ist pünktlich, sie sitzt nicht neben Sami und Erkan, sondern vorne, ganz in meiner Nähe, neben einem älteren, herrisch wirkenden Mann, der sich mir als Herr Thießen vorstellt. Er sei Beatas Ehemann und wolle nur mal schauen, wie ich denn hier so unterrichte. Ihm sei da einiges zu Ohren gekommen. Das kann man so oder so verstehen, denke ich und heiße ihn willkommen. Dass die deutschen Partner bei schlechten Lernleistungen ihrer ausländischen Schützlinge mal mit in die Schule kommen wollen, passiert leider immer wieder.

Aus meinem Augenwinkel nehme ich zudem einen grellen Farbfleck wahr, welcher sich als Hassan herausstellt, der sich in einen bunten Trainingsanzug gequetscht hat. Vielleicht ahnte er, dass uns heute ein Kapitel mit Möglichkeiten zur Freizeitbeschäftigung bevorsteht, bei dem unter anderem verschiedene Sportarten besprochen werden.

»Hassan«, frage ich ihn deshalb, leicht überrascht, »machen Sie Sport?«

»Ich jogge«, antwortet er. »Einmal, ich will Marathon in Berlin joggen.«

»Wow!« Ich staune anerkennend. »Das ist toll. Dann sind Sie richtig fit.«

Als ich das sage, blitzen seine Augen irgendwie komisch. »Ich bin schlank«, stellt er klar.

»Das stimmt«, antworte ich unsicher. Eigentlich ist er ja nicht wirklich schlank, aber ich habe doch auch nichts in der Richtung gesagt.

»Wie?«, fragt er etwas verständnislos nach.

»Schlank und fit«, bestätige ich noch einmal, um ihn zu beruhigen.

»Schlank, nicht fit!«, ruft er.

Erst da begreife ich, dass er die ganze Zeit »fett« verstanden hat. *Fit* und *fett*, natürlich, das kann man schnell verwechseln. Viele Muttersprachler des Arabischen, Englischen, einer slawischen oder romanischen Sprache haben ein Problem damit, E und I oder auch Lang- und Kurzvokale zu unterscheiden und zu produzieren.

Ein Gehör für diese Unterschiede auszubilden dauert lange. »Lieben« und »leben« hört sich für viele, die Deutsch nicht als Muttersprache haben, lange vollkommen gleich an.

Als ich diesbezüglich noch unerfahrener war, sagte ich einmal zu Mesam, einer syrischen Teilnehmerin, E sei doch ganz einfach, wie ihr Name »Meeesam«. Erst später hörte ich, dass ihre Freundinnen ihren Namen eben nicht mit einem solchen

E aussprachen, sondern der Laut eher Richtung I ging. Meine gut gemeinte Eselsbrücke war also überhaupt keine Hilfe. Vokale sind generell schwierig für arabische Muttersprachler. Im Arabischen schreibt man die Vokale nämlich nicht mit. Was bei uns die Kinder manchmal in der Schule zum Spaß machen, um sich Geheimbotschaften zu schicken, ist im Arabischen Standard. Das ist, als würde man schreiben:

»ch bn Msm, ch kmm s Srn.«

Für Syrer, die keine andere Fremdsprache können, muss es eine riesige Umstellung sein, diese Laute immer mitzuschreiben, überhaupt richtige Buchstaben dafür zu haben.

Damit meine Schüler lernen, diese noch ungewohnten Laute korrekt auszusprechen, machen wir Gesichtsakrobatik. Ich überartikuliere dann das E und ziehe dabei meine Lippen wie ein Breitmaulfrosch auseinander. Wir sprechen dann Wörter wie »Tee« oder »Kaffee« mit einem übertrieben langen E im Chor und wiederholen das einige Male. Danach das Gleiche mit dem I. Wenn sie die Lippenstellung bei E und I richtig verinnerlicht haben und den Unterschied wahrnehmen, dann erst kann man die Umlaute üben, die für viele den Gipfel der Unmöglichkeit darstellen. Für meine türkischen Schüler sind die Umlaute gar kein Problem, sie kennen das aus ihrer eigenen Sprache. Aber viele andere Schüler, vor allem Englisch- oder Arabischsprachige haben diesbezüglich größere Probleme. Zum Glück gibt es da einen Trick: Man kann ein Ü lernen, indem man ein I spricht, dabei die Lippen aber so wie beim U formt – aus dem Mund kommt dann automatisch ein Ü.

»Versuchen Sie es mal!«, fordere ich die Klasse auf, was leider erst einmal in eine Diskussion über die klangliche Analogie von *versuchen* und *besuchen* ausartet, die aber – oh, Überraschung – inhaltlich gar nichts miteinander zu tun haben. Dann können wir uns wieder dem Wesentlichen zuwenden, dem Artikulieren der Umlaute. Die ganze Klasse macht »Iiiiiiiiiiiiiiiiiiiiiiiiiiiiiiiiiiii« und formt währenddessen langsam die Lippen zu einem stimmlosen »uuuuuuuuuuuuuuu«, und tada: Plötzlich klappt es zur Überraschung der meisten auch mit dem Ü.

Ähnliches machen wir jetzt noch für das Ö: Man spricht ein E und formt die Lippen zu einem schönen, runden O. Daraus entsteht nach einigen Anfangsschwierigkeiten dann ein wunderschönes Ö. Danach sind meine Schüler immer stolz wie Oskar, weil sie endlich das Wort Österreich sauber artikulieren können. Beim Ä gibt es, wenn sie endlich das E hören und sprechen können, weitaus weniger Schwierigkeiten, denn zwischen »Mädchen« und »Medchen« gibt es kaum einen Unterschied. Als kleinen Abschlusstest müssen alle jetzt noch einmal schön sauber »Würdest du mir bitte die Tür öffnen?« aufsagen. Und ich bin glücklich, weil das einfach viel besser klingt als »Wurdest du mir bitte die Tur offnen?«.

Nach den Vokalen können wir auch gleich noch einmal die Konsonanten ein wenig üben, was ich zum Anlass nehme, *Pakete verschicken* zu spielen. Das lockert den Unterricht meist etwas auf und bedeutet für die Schüler eine kurze Pause. Beim Paketeverschicken geht es um die Laute F-S-Sch, die so schnell wie möglich hintereinander artikuliert werden müssen. Bei F und S packt man das imaginäre Paket vor sich und mit Sch gibt man es an seinen Nachbarn weiter.

Leider sitzt Beatas Ehemann Herr Thießen ganz rechts in der ersten Reihe, und als ich ihm das Paket übergebe, macht er zwar freudig mit, gibt es mir aber wieder zurück. Das wiederholt sich noch zweimal, bis ich es schaffe, ihn durch Blinzeln und Kopfzucken dazu zu bringen, das Paket an seine Nachbarin Beata weiterzugeben. Herr Thießen lehnt sich mit siegessicherem Lächeln zurück, während die anderen Teilnehmer, ohne zu mucken, das Paket weiterschicken, bis es endlich wieder bei mir ankommt.

Als Nächstes gebe ich meinen Schülern eine Tabelle mit trennbaren Verben und lasse sie damit Beispielsätze formen. Der bauernschlaue Azad beschließt, alle Verben einfach auf »meine Mutter« zu beziehen. Das hat den Vorteil, dass »meine Mutter« im Akkusativ der Nominativform entspricht: »Ich sehe *meine Mutter*«, im Gegensatz zu »ich sehe *meinen Vater*«. Als er dran ist, konjugiert Azad einfach alles durch:

»Anrufen: Ich rufe meine Mutter an.

Einladen: Ich lade meine Mutter ein.«

Das klappt noch erstaunlich gut. Aber dann wird es langsam komisch:

»Wegwerfen: Ich werfe meine Mutter weg.

Zumachen: Ich mache meine Mutter zu.«

Zumindest grammatikalisch kann ich keine Einwände vorbringen. Aber dann schießt er den Vogel ab.

»Aussehen: Ich sehe meine Mutter aus.« Nicht nur, dass dieser Satz keinen Sinn ergibt und grammatikalisch falsch ist, Azad spricht das S in »sehe« auch wie ein Z aus. So klingt der Satz nach: »Ich ziehe meine Mutter aus.«

Augenblicklich wird er knallrot – entweder weil ihm klar ist, was er da gesagt hat, oder weil in der Klasse ein infernalisches Gebrüll losgeht: »Azad hat gesagt, er zieht seine Mutter aus!« Da werden plötzlich alle zu kleinen Kindern. In der Grundschule hätte sich die Szene vermutlich nicht anders abgespielt. Ich schätze, die Reaktion auf die ausgezogene Mutter war das zweitlauteste Ereignis in unserer Klasse, gleich nach Nidals Fehler ganz zu Beginn des Kurses, als er auf die Frage »Wie heißen Sie?« mit »Isch scheiße Nidal« antwortete, woraufhin es so laut wurde, dass Frau Lemberg an der Klassentür klopfte, um zu fragen, ob alles in Ordnung sei.

Die Situation konnte ich erst wieder beruhigen, als ich nach draußen auf die Kirche neben unserer Schule zeigte und laut fragte: »Schauen Sie mal, was ist das da?«

Natürlich meldete sich die kluge Yasmin und antwortete prompt mit: »Das ist Kirsche!«

So konnte ich verdeutlichen, dass die korrekte Aussprache vielen schwerfällt. Kaum einer konnte »Kirsche« und »Kirche« klar unterschiedlich aussprechen. Immer wenn ich »Kir-che« vorsagte, kam ein »Kir-sch-e« zurück, wobei das sch sich eher wie der Anlaut in »Journal« anhörte.

Übrigens gibt es ein paar Tricks, mit denen man verschiedene Laute trainieren kann. Ich bin zwar keine Logopädin, weshalb ich mich mit Härtefällen auch schwertue, aber es kommt öfter vor, dass ich auch im Unterricht ein paar Übungen dazu mache, wenn es Probleme gibt. Sehr wichtig ist, dass man die Phonetik, also die Aussprache, ständig trainiert und von isolierten Lauten zu ganzen Wörtern übergeht. Außerdem ist das Produzieren von fremd klingenden Lauten, also Lauten, die es in der eigenen Sprache nicht gibt, äußerst unangenehm. Man schämt sich etwas dafür, weil man intuitiv das Gefühl hat, etwas falsch zu machen. Deshalb ist es immer besser, Ausspracheübungen nur im Chor von der Gruppe machen zu lassen und Einzelne erst vorsprechen zu lassen, wenn die Gruppe sehr vertraut miteinander ist.

In solchen Situationen fordere ich meine Schüler gerne auf, mir ein Wort aus ihrer Sprache beizubringen. Wenn sie sehen, wie schwer es mir fällt, ein arabisches, türkisches oder chinesisches Wort auszusprechen, ist die Stimmung gleich besser. Mein persönliches Problem ist übrigens die korrekte Aussprache des R. Da ich aus Bayern komme, rolle ich das R recht stark, was im

DaF-Unterricht eigentlich nicht gewünscht wird, weil das gerollte R nicht der deutschen Standardsprache entspricht.

Das R flach und fast unhörbar zu sprechen musste ich erst einmal lernen, konnte mir aber ein gutes Beispiel an meinem Freund Max nehmen. Als echter Norddeutscher verschluckt er das R nämlich ständig. Wenn ich ihn auffordere, das R doch einmal zu rollen, klingt das eher wie eine Kindermotorsäge. An der Universität in Bayern hatte er damit natürlich nicht immer einen einfachen Stand, zumal er Russisch studierte. Die Russen rollen rigoros, was für seine bayrischen Kommilitonen kein Problem war. Sein Russischlehrer tröstete ihn dann über die Erkenntnis hinweg, nie anständig Russisch sprechen zu können, indem er ihm erzählte, dass Lenin das gleiche Problem hatte, er also sozusagen wie Lenin klinge. Das erzählt er heute noch mit einigem Stolz.

Wie ernst das »R-Problem« ist, wurde mir erst bewusst, als Nidal plötzlich während eines Diktats aufspringt und ruft: »Frau Inga, ich verstehe Ihre Akzent nicht. Mal Sie sagen Reis und manche Mal Reis.«

Was er mir damit sagen will, verstehe ich erst, als Hamed die Situation aufklärt:

»Im Arabischen es gibt zwei Buchstabe für R. Einmal gerollte R und einmal nicht gerollte. Und ist zwei verschiedene Buchstaben, ja? Deshalb für Araber ist schwer, wenn Sie sagen gleiche Wörter mal so, mal so, weil sie dann sind unterschiedliche Wörter.«

Als Nächstes bringe ich meinen Schülern die Wendung mit »gerne« bei. Aus dem Englischen kennen viele den Satz *I love to …*, den sie auch gern im Deutschen anwenden würden, um ihre Interessen auszudrücken. Die Wendung »Ich liebe es zu + Infinitiv« ist auf diesem Niveau noch zu kompliziert. Wenn man das jetzt einführen würde, hätte man die nächsten Wochen damit zu kämpfen, ständig das »zu« wieder vor den Verben zu entfernen: Ich will ein Buch zu lesen. Das ist nicht spaßig. Also die Wendung mit »gern«. Zu diesem Zweck sammle ich Verben an der Tafel.

»Jonglieren«, ruft Azad.

»Malen«, schlägt Fatima vor.

»Lesen«, kommt von Yasmin.

»Tanzen«, ruft Hamed.

Auch Beata meldet sich:

»Ich gehe gern an die Meer …«

»Genau, spazieren gehen«, sage ich und schreibe es an die Tafel.

Daraufhin schaltet sich Herr Thießen ein: »Moment! Es heißt: ans Meer.«

Beata hat offenbar nicht genau verstanden, was sie falsch gemacht hat, spinnt die Geschichte aber gleich weiter: »Ja genau, und dort ich geb dir viele Muschel.«

Sie guckt mich an, sieht meine Drehbewegung im Handgelenk, womit ich immer einen Wortstellungswechsel verdeutliche.

»Genau, dort geb ich dir viele Muschel.«

Aber diesen Erfolg scheint Herr Thießen gar nicht zu bemerken, stattdessen brummt er nur: »Viele MuschelN!«, was Beata wiederum mit »Genau!« quittiert.

Plötzlich braust Herr Thießen mich an: »Frau Liebig, ich muss mich sehr wundern. Warum berichtigen Sie Beatas Fehler nicht? Sie sind viel zu langsam! So schleichen sich Fehler ein, mit denen ich mich dann zu Hause rumschlagen muss.«

Prinzipiell habe ich ja nichts dagegen einzuwenden, sein Gegenüber zu berichtigen, wenn es zu Fehlern beim Sprechen kommt. Ich denke sogar, dass es eher destruktiv ist, Fehler unkommentiert zu lassen, weil sie sich dann verfestigen. Sprachwissenschaftler nennen das Fossilierung, und fossilierte, also verfestigte Fehler lassen sich nur schwer wieder ausradieren. Allerdings hängt es meiner Ansicht nach vom Niveau ab, ob und wie man solche Fehler korrigieren sollte. Es hat wenig Sinn, einem absoluten Anfänger jeden Fehler vorzuhalten. Zum einen traut er sich dann irgendwann gar nicht mehr, etwas zu sagen. Zum anderen bringt es ihm wenig, Verbesserungen zu wiederholen, ohne zu verstehen, was an ihnen richtig ist. Beim nächsten Mal werden alte Fehler dann ziemlich sicher erneut gemacht. So wird es auch bei Beata und Herrn Thießen sein, stelle ich mir vor. Beata begreift ihre Fehler gar nicht so schnell, weil sie nicht systematisch behoben werden. Auf diese Weise kann Herr Thießen noch Jahre weitermachen, ohne dass sich etwas ändert. Aber das erkläre ich ihm erst in der Pause, schließlich will ich ihn als Muttersprachler nicht bloßstellen.

Ich bin in A1 erst einmal damit zufrieden, wenn sich meine Schüler überhaupt äußern können und die grundlegende Grammatik erlernen. Grammatikalische Aspekte, die über das Anfängerniveau hinausgehen und die sie aus Versehen streifen, lasse ich vorerst unkommentiert. Würde ich alles anstreichen, was falsch ist, wären die ganzen Hausaufgaben rot, was ich nicht für sehr motivierend halte. Meine Kollegin Nina hat es sich deshalb angewöhnt, im Grundstufenunterricht einfach nur noch das, was richtig ist, mit einem grünen Stift anzustreichen. »Das ist weniger Arbeit«, war ihr trockener Kommentar dazu. »Und es motiviert die Schüler eher, beim nächsten Test mehr grün zu haben als weniger rot.

Herr Thießen macht in meiner Stunde also einen auf Rotstift, aber ansonsten verhält er sich relativ ruhig. Irgendwann erwische ich ihn, wie er mit Hassan über die Bank hinweg flüsternd die korrekte Aussprache von »Schweinsteiger«, »Beckenbauer« und zu meinem Erstaunen auch von »Blaszczykow-ski« übt, wobei er mehrmals mit erhobenem Zeigefinger die Lautfolge wiederholt. Das ist sogar irgendwie süß, dieses Stück gelebter Integration. Dennoch gehe ich dazwischen, und beide müssen reumütig 20 Cent in mein Straf-Feuerwehrauto werfen.

Nach dem kleinen Streit ist auch schon Zeit für die Pause, und Herr Thießen verabschiedet sich. Beata kommt noch kurz zu mir und tippt wie wild auf ihrem Handy herum:

»Ich möchte sagen …« beginnt sie und liest dann von ihrem Handy ab: »Sie sind ein großer Schatz!«

»Das ist, glaube ich, nicht ganz richtig, Beata«, erwidere ich schmunzelnd.

»Nein?«, sie tippt noch einmal. »Gute Lehrerin?«

»Oh, vielen Dank!«

Manchmal tut es schon wirklich gut, gelobt zu werden.

Aber das Lob hält nicht lange an. Nach der Pause lasse ich einen Vokabeltest schreiben, der ausschließlich Nomen abfragt. Als ich mir zu Hause die Blätter angucke, bin ich schockiert. Bis zu 19 Fehler muss ich auf einem Test anstreichen, bei gerade einmal 20 Wörtern! Das ist wirklich nicht gut, auch für mich als Lehrerin ist das ziemlich peinlich. Ich überlege schon, die Tests überhaupt nicht zurückzugeben, aber es muss sein. Da müssen sie durch.

Am nächsten Tag spreche ich das Problem an und entdecke, dass viele überhaupt keine Strategien haben, wie man sich das Genus merken soll. Im Tumchenmamentumlein finden sich einfache Wörter wie Haus oder Tisch gar nicht wieder.

»Warum ist Tisch männlich?«, jammert Hassan. »Ich probiere lernen, aber …«, dazu macht er eine resignierende Handgeste.

Es ist tatsächlich so schwierig wie naheliegend, sich vorzustellen, dass die Gegenstände ein Geschlecht haben. *Die Lampe* sieht dann schnell weiblich aus, *der Zaun* ... nun ja, männlich. Mit der Zeit und Hunderten Nomen wird das aber zu schwierig, man vergisst wieder. Warum genau war der Stuhl jetzt noch mal männlich oder *das Regal* sächlich? Da kommt man schnell durcheinander.

Zusätzlich erschwerend ist, dass das Genus manchmal genau andersherum ist wie in der Muttersprache der Schüler.

»Frau Inga«, ruft João, »es ist verrückt, in meine Sprache Sonne und Mond ist genau anders. Der Sonne und die Mond. Wie soll ich das lernen? Ich nehme immer falsches Artikel.«

»Das kommt vor«, versuche ich João etwas zu beruhigen, da er scheinbar wirklich erschüttert ist.

»Wissen Sie das?«, insistiert er, »dass es ist andersherum? Das ist doch verrückt! Sonne und Mond, das muss doch immer gleich sein.«

»Ich habe einen Trick für Sie«, erkläre ich João, »mit dem ich früher gelernt habe, dass Sonne und Mond in romanischen Sprachen das entgegengesetzte Genus haben wie in germanischen Sprachen: Im Norden ist die Sonne gut, alle freuen sich, wenn sie scheint. Die Pflanzen wachsen, und es ist endlich warm. Und alles, was gut ist, ist weiblich, also *die Sonne*. Verstanden?«

Alle hören aufmerksam zu und nicken. Das können sie gut verstehen, dass sich die Deutschen freuen, wenn sich am Himmel ausnahmsweise mal die Sonne zeigt.

»In Spanien und Italien ist die Sonne eher schlecht. Es ist sehr heiß, man will nicht rausgehen, die Pflanzen verbrennen, manchmal gibt es sogar eine Dürre. Und weil alles, was schlecht ist, männlich ist, heißt es dort *der Sonne*.«

Alle lachen.

»Das ist natürlich nur Quatsch, aber man kann es sich gut merken.«

Anschließend bringe ich meinen Schülern bei, sich das Genus der Nomen mittels Visualisierungen zu merken: der Löwe, die Frau und das Wasser. Damit lassen sich leichter kleine Gedankenbrücken bauen, und man kann es nicht so schnell verwechseln. Der Löwe schleicht um den Tisch, etwa. Das kann man sich gut vorstellen, wie er sich dabei an die Tischbeine schmiegt. Oder wie er im Fluss badet, zusammen mit den anderen Tieren der Savanne. Wenn man sich die Artikel so merkt, klappt das erfahrungsgemäß ganz gut. Wir probieren ein paar Eselsbrücken aus, und auf einmal werden sie alle ganz kreativ.

Ich rufe Hamed auf und deute auf das Auto auf dem Parkplatz.

»Das Auto«, antwortet er.

»Richtig, und warum?«, frage ich dann.

»Weil das Auto ist warm, wenn es regnet. Genau wie das Haus.«

Das klappt doch schon ganz gut.

»Aber warum heißt es dann die Wohnung?«, fragt Kelly lachend.

»Weil ich habe hier Wohnung bekommen mit meine Frau«, antwortet Hamed locker. So einfach ist das.

Die Artikel sind im Deutschunterricht ein schwieriges Thema, für die Schüler sogar wahrscheinlich eine Art Geißel. Wer je Französisch gelernt hat, weiß, wie schwer es ist, die Geschlechter der Nomen auswendig zu lernen. Und da gibt es nur le und la – maskulin und feminin!

Hinzu kommt, dass den Artikeln keine allzu große Bedeutung beigemessen wird. Wenn Deutschlernende einen Text verstehen sollen, dann sind die Artikel für sie nicht wirklich relevant. Die Information eines Textes lässt sich auch ohne sie erschließen. Genauso beim Sprechen: Wenn die Artikel wild durcheinanderfliegen, versteht man das Gesagte trotzdem irgendwie. Wenn ich meine Schüler verbessere, fragen sie mich oft: »Versteht man mich, wenn ich sage ›die Haus‹?« Das ist für sie erst einmal die Hauptsache. Man versteht sie ja. Warum sich also die zusätzliche Mühe machen?

Wer aber zu viele Fehler dabei macht, klingt irgendwie dumm, ein Gespräch wird dann als anstrengend oder generell nicht möglich empfunden. Blitzschnell fällt das deutsche Gegenüber in eine Art Kolonialismusverhalten zurück und redet von oben herab – manchmal gutväterlich, manchmal verächtlich – mit seinem Gesprächspartner. Dieses Verhalten ist schwer aus den Köpfen rauszukriegen. Auch hierzu gibt es in unserem klugen Lehrwerk eine kurze Einheit. Eine türkische Putzkraft wird in dem Krankenhaus, in dem sie arbeitet, auf ein Fehlverhalten angesprochen. Automatisch benutzt Schwester Elke viele Infinitive, überartikuliert alle Vokale und Endungen und schreit die Sätze fast:

»Hallo? Hallo? Hör mal: Du heute bitte besser arbeiten!«

»Wie bitte?«

»Du heute besser arbeiten. Du besser putzen!«

Der Clou ist dann natürlich, dass der »Ausländer« freundlich reagiert, sich vorstellt und darauf hinweist, dass er an dem bemängelten Tag Urlaub hatte. Alles in akzentfreiem Deutsch, was Schwester Elke dann natürlich alles höchst peinlich ist.

Was Schwester Elke hier macht, erlebe ich leider sehr oft: Es wird laut, langsam und in Infinitiven gesprochen, wenn man von seinem Gegenüber annimmt, dass er kein Muttersprachler ist. In meinem Kurs hat dieser Hörtext große Diskussionen ausgelöst:

»Frau Inga, warum sprechen die Deutschen immer so komisch mit wir?«

»Ich habe das Gefühl, sie glauben, ich wäre blöd, wenn sie so sprechen!«

Ich versuche dann zu erklären, dass viele Deutsche selbst glauben, dass ihre Sprache kompliziert und schwer zu verstehen ist und sie irgendwie vereinfachen wollen, um verstanden zu werden und dabei auf diese komischen Schemata verfallen. Dabei wäre es vielleicht klüger, bei Unsicherheit erst einmal durch einfache Fragen das Sprachniveau seines Gegenübers zu testen und davon auszugehen, dass er gut sprechen kann, anstatt immer gleich auf den Reflex zu verfallen: Jetzt muss ich besonders laut sprechen, der versteht ja sonst nicht, was ich sage.

Artikel haben in diesem Kurs also erst mal höchste Priorität, und deshalb werfe ich den Overhead-Projektor an und lege eine Folie auf mit den Nomen, die wir schon kennen. Hauptsächlich sind das Wörter aus dem Themenbereich Familie, wie Bruder, Schwester, Freund, Familie, Vokabeln also, bei denen die Bestimmung des Genus aufgrund der Deckungsgleichheit mit der Realität noch leichtfällt. Daher klappt es zuerst auch ganz gut:

»Der Vater«, liest Beata.

»Die Tochter«, weiß Nejeb Nejeb.

Und auch Dina kann ein »der Bruder« beisteuern.

Bei »das Kind« muss Fatima Hamed helfen, aber auch »das Heimatland« oder »der Geburtsort« sind vielen bekannt. Das hat man öfter auf dem Amt gehört.

Was mich dann aber doch überrascht, sind die Pluralformen. »Die Väter« schreibe ich an die Tafel, unter »die Mütter« und »die Töchter«. Als ich dann aber João nach dem Artikel von »Väter« frage, kommt blitzschnell ein »der Väter« zurück. Auch Hassan beantwortet meine Frage nach dem Artikel von »Brüder« entschieden mit »der Brüder«. Singular und Plural sind sich hier einfach zu ähnlich, ich muss da erst einmal ein paar

Ausspracheübungen einschieben: »Brüüüüüüüder, Väääääter«.
Das Thema hatten wir zwar gestern schon, aber inzwischen ist
alles wieder vergessen.

Um ein bisschen Abwechslung reinzubringen, üben wir dann
noch ein bisschen die Zahlen. Viele Schüler haben ein Problem
damit, den Unterschied zwischen siebzehn und siebzig zu hören,
zwischen sechzehn und sechzig. Also lasse ich meine Klasse eine
Art Zahlenbingo spielen. Ich sage die Zahlen an, sie schreiben
sie nieder. Je mehr sie richtig gehört und aufgeschrieben haben,
desto mehr Punkte bekommen sie. Nach einiger Zeit, alle sind
ganz gut mitgekommen, erhöhe ich die Schwierigkeitsstufe.

»Jetzt etwas Längeres, meine Telefonnummer«, sage ich.

»Null eins sieben acht einundsiebzig zweiunddreißig siebzehn.«

Ich blicke über die emsig schreibenden Schülerköpfe und
wiederhole meine Ansage. Azad stöhnt und kritzelt angestrengt,
aber was ist das? Sami guckt auf sein Handy und meldet sich:

»Frau Inga, ich habe falsch, da ist andere Frau bei Telefon.
Nicht Sie!«

Erst stutze ich, dann muss ich lachen. Hat der freche Sami
doch gleich versucht, mich anzurufen! Aber natürlich habe ich
nicht meine echte Handynummer genannt, sondern eine Fan-
tasie-Telefonnummer, die in diesem Fall anscheinend zu nah an
der Realität war.

Das ist mein oberstes Gebot: Überleg dir genau, wem du
deine Handynummer gibst. Du wirst dich vor Anrufen sonst
nicht mehr retten können.

Als ich gerade erst angefangen hatte als Integrationskursleiterin in der beschaulichen Oberpfalz, war ich noch nicht so
schlau. Ein junger Aserbaidschaner hatte Probleme mit dem
Amt, und ich wollte ihm helfen. Deshalb hatte ich seine Num-

mer und er meine. Schon bald rief er jedoch in völlig anderen Belangen an. Besonders interessierte ihn mein Beziehungsstatus. Ich war damals Single, und er begann, mir Avancen zu machen, die ich zurückwies, und Geschenke, die ich ablehnte. Aber so schnell gab er nicht auf. Er bombardierte mich mit SMS, rief mich an und ließ Freunde anrufen, als er merkte, dass ich bei seiner Nummer nicht abnahm.

Irgendwie bekam er dann sogar heraus, wo ich wohnte, und wartete dort einmal die ganze Nacht auf mich. Er verstand einfach kein Nein. Wenn eine Frau keinen Mann hat, warum sollte sie sich dann nicht mit ihm einlassen, so war seine Logik.

Dann versuchte er es mit einem Trick: Er müsse nächste Woche ins Gefängnis und werde dann abgeschoben, ob ich ihn nicht noch ein letztes Mal sehen wolle. Es fiel mir schwer, aber ich antwortete nicht. Es fiel mir deshalb schwer, weil ich nicht gut ein Arschloch sein kann. Ich will lieber nett sein und erwarte das selbstverständlich auch von anderen. Bis heute glaube ich nicht, dass der Aserbaidschaner nicht nett war, er hatte einfach komplett andere Vorstellungen vom Leben, von Mann und Frau, die hier in Deutschland nicht funktionieren. Hier ist es nicht romantisch, eine Frau nachts in einer Gasse abzufangen und ihr hinterherzulaufen, auch wenn sie »Nein« sagt, hier macht das Angst.

Jedenfalls sah ich ihn noch Wochen später zufällig in der Stadt, die Abschiebung war nur vorgetäuscht. Nach langer Zeit, ich war schon längst nach Berlin gezogen, fing mein Handy wieder häufig an zu klingeln. Die Nummer war unbekannt, und ich war sowieso im Unterricht, weshalb ich nicht rangehen konnte. Die Vorwahl sagte mir überhaupt nichts: 00994. Als ich das später googelte, staunte ich nicht schlecht: Das war die Landesvorwahl von Aserbaidschan.

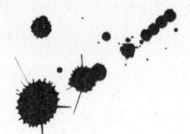

Lektion 3
Viele Essen, viele Liebe

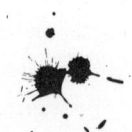

Gegen Ende vom Anfängerkurs A1 veranstalte ich als Teambuilding-Maßnahme immer eine kleine Party mit der Klasse. Lange habe ich mich dagegen gewehrt, von »Partys« zu sprechen, aber meine Schüler wollen es so. Mit »Frühstücksbrunch« können sie nicht so viel anfangen. Und ehrlich: Party passt auch besser. Erkan hat seinen Ghettoblaster mitgebracht und dreht die Musik auf. Sofort begeben sich sämtliche arabischen und türkischen Männer auf die Tanzfläche in der Mitte unseres Us und lassen die Hüften kreisen. Mit den Händen über dem Kopf trippeln sie wie stolze Pfaue durchs Klassenzimmer und singen mir unbekannte Lieder inbrünstig mit. Die Frauen sitzen außen herum, lachen und klatschen. Bis auf Beata. Die ist mittendrin und als Tänzerin ganz erpicht darauf, die genauen Tanzschritte des ausgefeilt wirkenden Männertanzes zu lernen. Ständig zieht sie Sami zur Seite und bittet ihn, noch einmal neu anzufangen, wobei sie genau seine Füße beobachtet. Aber es stellt sich heraus, dass Sami die Schritte nicht einzeln vormachen kann.

»Das gibt es nur in Arabia«, ruft Beata mir zu. »In Europa es gibt immer feste Schritte. Bei allem.«

Für ein besonderes Highlight sorgt auch Dina. Als sie zur Tür hereinkommt, kriege ich einen richtigen Schreck. Basima stößt einen spitzen Schrei aus – Dina ist mit offenen Haaren zur

Party gekommen. Lang und wellig und schwarz glänzend fallen sie über ihre Schultern herunter auf das wie immer etwas unförmige, grobe Kleid.

»Dina«, frage ich sie, »ist das denn erlaubt? Sie tragen doch sonst immer ein Kopftuch.«

»Schauen Sie genau«, fordert mich Dina auf und grinst.

Ich verstehe nicht, was sie meint.

»Es ist eine Perücke, Frau Inga. Jüdische Frauen dürfen ohne Kopftuch, wenn sie machen Perücke. Aber muss man sehen, dass ist Perücke«, fügt sie etwas unsicher hinzu.

»Ach, natürlich, jetzt sehe ich es auch«, erkläre ich. »Ich war nur überrascht, Sie so zu sehen.«

Dina lächelt dankbar und stellt eine große Schüssel Hummus mit gebratenen Auberginen und Paprika auf den Tisch. »Extra für Sie, Frau Inga, alles mit nix Fleisch.«

Zur »Party« bitte ich immer jeden, etwas zu essen mitzubringen, damit wir ein großes Buffet aufbauen können. Jeder muss sein Essen dann auf Deutsch vorstellen. So machen wir trotz Party immerhin ein bisschen Unterricht.

»Hummus ist gemacht aus Kichererbsen ganz klein und Tahin, das ist Sesam ... ja, so Sesampaste. Paprika und Aubergine kennt ihr. Dazu habe ich frische Weißbrot«, erklärt Dina.

Basima hat einen Taboulehsalat gemacht, einen arabischen Salat aus Petersilie, Couscous, Tomate, Paprika und Zitronensaft.

»Wenn Sie sind schwanger und Baby ist da, nicht früher«, erklärt sie mir bedeutungsvoll, »Sie müssen viel Tabouleh essen. Peretersil macht viel Milch ...«, dabei deutet sie auf ihre Brüste und lacht.

Daneben werden viele Teigtaschen mitgebracht, je nach Landesart Manti, Börek, Pelmeni, oder, oder. Fatima ist sogar so begeistert von diesem Thema, dass sie eine PowerPoint-Präsentation entworfen hat, in der sie die Vielfalt der Teigtaschen in aller Welt preist. Am Ende schließt sie mit:

»Es gibt Maultaschen in Deutschland, Pierogi in Polen, Ravioli in Italien, Empanada in Südamerika, Pelmeni in Russland, Manti in der Türkei oder Wan Tan in China. Die Menschen auf der Welt sind doch alle sehr ähnlich.«

Dafür bekommt sie zu Recht tosenden Applaus. Unser Buffet ist inzwischen vollkommen überladen.

»Viermal was holen, Minimum«, scherzt Hamed und legt immer wieder ungefragt neue Köstlichkeiten auf meinen Teller. »Nicht vergessen, Frau Inga, Essen ist Liebe in Syria: Viele Essen, viele Liebe.«

João, der einen deutschen Freund hat, hat einen leckeren Apfelkuchen mitgebracht, und Nejeb stellt eine Art Marmorkuchen auf den Tisch, der wunderbar schmeckt.

»Sie können aber gut backen«, lobe ich ihn.

»Ich nicht gemacht, Mutter mache«, erklärt er mir. »Wir zusammenwohnen.«

Der 40-jährige Alkoholiker Nejeb wohnt also bei seiner Mutter. Da frage ich lieber nicht noch weiter nach.

Yasmin stellt einen Berg Pfannkuchen auf den Tisch.

»Wow, Sie haben Pfannkuchen gemacht. Das ist mein Lieblingsessen«, erkläre ich und schnappe mir sofort einen.

Allerdings reagiert Yasmin etwas irritiert: »Das ist keine Pfannkuchen, das ist Eierkuchen. Hat meine Nachbar so gesagt.«

»Das ist dasselbe«, erkläre ich, »jede Region in Deutschland hat einen anderen Namen dafür. In Ostdeutschland sagt man auch Plinsen, in Süddeutschland Frittaten und in Österreich sogar Palatschinken. Und in Berlin nennt man sie eben Eierkuchen.«

»Ja, und Pfannkuchen in Berlin sind doch diese kleine Dinge, die ich habe gekauft an Silvester.«

»Genau. Und anderswo in Deutschland nennt man diese Pfannkuchen Berliner.«

»Was?«, ruft Yasmin. »Das ist voll verrückt.«

»Ja, und es geht noch weiter. In Süddeutschland sagt man dazu Krapfen, manchmal sogar Ausgezogene, Krebbel oder Küchle.«

»Frau Inga, hören Sie auf!«, bittet Yasmin. »Warum ist das so?«

»Sie haben recht, Yasmin, das ist verwirrend. Merken Sie sich ruhig Eierkuchen und Pfannkuchen, aber behalten Sie im Hinterkopf, dass man sie in manchen Teilen von Deutschland anders nennt. Das kommt, weil Deutschland früher aus vielen kleinen Ländern bestand, mit vielen Dialekten.«

Dabei lege ich mir einen Pfannkuchen auf den Teller und greife zum Apfelmus.

»Das habe ich auch selbst gemacht«, erklärt Yasmin stolz.

»Das ist sehr lecker«, lobe ich, und einen Moment lang stehen wir gedankenverloren da, kauen und sehen den Männern beim Tanzen zu. »Es ist schon ungewöhnlich, dass nur Männer tanzen«, sage ich. »In Deutschland tanzen Männer eigentlich nie. Wollen Sie denn gar nicht mittanzen?«

»Nein«, wehrt sie ab. »Frauen tanzen doch nicht!«

Nach dem ersten Gang dreht Erkan die Musik wieder auf, und die Männer tanzen ausgelassen. Im Gegensatz zu den meisten Partys bei uns scheint für Muslime nicht Alkohol, sondern in erster Linie Cola unerlässlich zu sein. Azad ist mit zwei Sechserpackungen großer Cola-Flaschen eingetroffen, die innerhalb von Minuten leer werden.

Sami fordert mich auf, mit ihm zu tanzen, aber ich lehne

dankend ab. Ich bin ja die Lehrerin, das ist meine Ausrede. Sami bleibt vor mir stehen:

»Frau Inga, ich habe noch Frage: Gestern kam ich nach Hause zu meine Frau, bin froh, frage sie, wie geht es dir, mein Schatz? Und sie sagt: ›Muss ja!‹ Was soll das bedeuten, *muss ja*?«

»Na ja«, sage ich, »das heißt im Grunde, dass alles in Ordnung ist.«

»Aber *müssen* ist doch kein gutes Wort, oder?«, bohrt Sami nach.

Da hat er recht. »Muss ja« drückt eigentlich viel über die deutsche Mentalität aus. Man muss sich ja irgendwie durch das Leben schleppen, man muss funktionieren, mit Spaß hat das nichts zu tun. Ich kenne diese Art Antwort auf die Frage »Wie geht es?« aus keiner anderen Sprache. Ich bin froh, dass ich Sami das hier unter vier Augen erklären kann und nicht gleich der ganzen Klasse erläutern muss, auch wenn viele das sicher lustig gefunden hätten. Aber irgendwie wirft es schon ein negatives Licht auf uns Deutsche.

Unsere kleine Party ist ein voller Erfolg. Wir tanzen, lachen und tauschen eifrig Rezepte aus. Und wir unterhalten uns auf Deutsch. Nur Mohannad und Mohannad sprechen lautstark Arabisch.

In der Pause räumen alle das Klassenzimmer auf. »Wir sind auch gute Hausmann!«, ruft Sami lachend. Vom Buffet ist kaum etwas übrig geblieben, aber das ausgehungerte Lehrerzimmer freut sich auch über die Reste. Tatsächlich hat sich jeder im Kurs daran gehalten, etwas beizusteuern.

Nach der Pause kommt Kelly fluchend wieder in die Klasse.

»Deutsch ist so scheiße!«, ruft sie.

»Gerade ich war in Supermarkt, bezahle und sage: ›Vielen Danke.‹ Und Mann hinter mir lacht und sagt: ›Das heißt: *Vie-*

len Dank!‹ Das so schlimm. Ich kann nichts.« Dabei bricht sie tatsächlich in Tränen aus, sodass einige andere Schüler sich um sie scharen und sie in den Arm nehmen.

»Frau Inga«, gehen gleich danach die Hände in die Höhe. »Warum man sagt ›danke‹ aber ›vielen Dank‹?«

»Weil«, kommt mir der besserwisserische Hassan zuvor, »es ist ein Danke. Aber zwei Dank. Also vielen Dank!«

»Nein, Hassan, nein, ›Dank‹ hat keine Mehrzahl«, dabei bin ich mir da gar nicht so sicher. Ehrlich gesagt, habe ich mir auch noch nie Gedanken darüber gemacht, warum es »danke« aber »vielen Dank« heißt. Aber ich habe zumindest einen Geistesblitz, der plausibler klingt als Hassans Herleitung.

»Danke«, sage ich, »ist kurz für ›ich danke‹. Bei ›vielen Dank‹ ist Dank ein Nomen. Danke ist ein Verb.«

»Kann ich dann auch sagen ›danke viel‹?«, will Nejeb Nejeb wissen.

»Nein, das heißt dann ›danke sehr‹.«

Alle schreiben eifrig mit. Klar, sich richtig zu bedanken ist ein grundsätzliches Wissen in einem fremden Land. Wenn ich irgendwohin in den Urlaub fahre, sind die einzigen Floskeln, die ich eigentlich auf jeden Fall lerne, »hallo« und »danke«. Da kann ich Kelly schon verstehen, dass sie schockiert war, als sie nicht einmal das richtig sagen konnte.

Das liegt aber daran, dass »vielen Dank« und »danke« Floskeln sind, die man schnell lernt, ohne dass man ihren grammatikalischen Hintergrund durchschaut. Linguisten nennen solche Worte »Chunks«. So kann man zum Beispiel »guten Tag« oder »ohne mich« sagen, lange bevor man weiß, was ein Akkusativ ist (Ich wünsche Ihnen einen guten Tag). Auch »sprechen Sie«, »schreiben Sie« oder »hören Sie« kennt jeder meiner Schüler, kurz nachdem er zu mir in den Anfängerunterricht kommt.

Dass es sich dabei um den Imperativ handelt und nicht etwa um den Infinitiv, wissen sie dabei natürlich nicht. Später, wenn sie mehr können, kann das allerdings zu Problemen führen, weil sie sich Gedanken darüber machen, was sie da überhaupt sagen, und es sich falsch herleiten. Kein Muttersprachler würde sich je über »danke« bzw. »vielen Dank« so viele Gedanken machen wie Kelly oder Hassan, die irgendeinen Sinn darin suchen, warum es einmal »Dank« und einmal »danke« heißt.

Es gibt immer wieder Fragen von Schülern, die mich vollkommen aus dem Konzept bringen, weil ich noch nie darüber nachgedacht habe. Meist betrifft das alltägliche Floskeln, die wir als so selbstverständlich wahrnehmen, dass wir sie nicht hinterfragen.

So schlage ich mich etwa ständig damit herum, meiner Klasse den Ausruf »das ist stimmt« abzugewöhnen. Warum auch immer gehen sie ganz intuitiv davon aus, dass »stimmt« ein Adverb ist, ähnlich wie bei »das ist richtig«. Dabei ist »stimmen« natürlich ein Verb, und daher kann »das ist stimmt« gar nicht richtig sein. Das verstehen sie auch, wenn ich es ihnen erkläre. So drängen mich meine Schüler oft, ihnen haargenau zu erklären, woher sich ungewöhnliche Formen ableiten. Wenn ich ihnen mit dem Mittelhochdeutschen kommen würde, wären sie wahrscheinlich hocherfreut. Wie es zu »das ist stimmt« kommen konnte, kann mir allerdings keiner herleiten. Trotz aller Erklärungen hat es sich inzwischen schon so eingebürgert, dass es ihnen kaum auszutreiben ist. Wahrscheinlich hat irgendjemand mit seinem Halbwissen diesen Satz immer benutzt, und die anderen Schüler haben ihn einfach übernommen.

Ein weiterer beliebter Fehler ist »mein Dran« statt »ich bin dran«. Vielleicht liegt es daran, dass sie »dran« wie im Englischen als Nomen sehen, nach dem Motto: »Ich bin der Dran« oder auch »jetzt ist mein Dran«.

Als Kelly sich wieder beruhigt hat, können wir auch mit den Chunks abschließen. Aber ihr Einkauf birgt noch ein viel wichtigeres Thema für den Unterricht, das ich gerne aufgreife: »Kelly, bevor Sie bezahlt haben, hat die Kassiererin Ihnen einen Preis genannt. Was hat sie da genau zu Ihnen gesagt?«

Kelly schüttelt den Kopf: »Ich nicht mehr weiß.«

Also bringe ich meinen Schülern bei, wie man die Preise in Deutschland ausspricht. Dass das Wort »Euro« in die Mitte kommt, während man »Cent« weglässt, wundert sie nämlich doch sehr. Für Fatima ist vollkommen klar, dass 4,55 Euro »vier Komma fünfundfünfzig Euro« heißt. »Vier Euro fünfundfünfzig Cent« kann man zwar sagen, ist aber so unüblich, dass ich es im Kurs lieber bei »vier Euro fünfundfünfzig« belasse. Als ich dann die Aufgabe stelle, 0,55 Euro vorzulesen, ist mir schon im Vorhinein klar, was passieren würde.

»Null Euro fünfundfünfzig«, antwortet Sami dann auch.

»Unter einem Euro sagt man nur die Cents«, erkläre ich, »hier also: fünfundfünfzig Cent.«

»Puh«, stöhnt Sami. »Warum ist Deutsch immer so kompliziert?«

Noch ein wenig komplizierter, aber nach dem gleichen Prinzip funktioniert es mit der Uhrzeit. Man könnte sich ja etwas abgucken, also gehen wir direkt zu diesem Thema über. Ich schreibe

7.15 Uhr

an die Tafel und erkläre dazu:

»Stellt euch vor, das wäre ein Preis. Macht es einfach genauso.«

»Sieben Stunden fünfzehn Minuten«, versucht es Yasmin.

»Fast, es heißt: ›sieben Uhr fünfzehn‹«, erkläre ich.

Reihum lasse ich die Schüler nun eine Uhrzeit vorlesen. Aber schon bei »19.17 Uhr« gibt es wieder Probleme. Es stellt sich heraus, dass viele Schüler Schwierigkeiten damit haben zu verstehen, dass 19 Uhr 7 Uhr abends ist. Ich bin sogar gezwungen, ein Schema an die Tafel zu schreiben, das noch mal alle Uhrzeiten nach 12 Uhr erklärt:

13 Uhr = 1 Uhr
14 Uhr = 2 Uhr
15 Uhr = 3 Uhr

Als alle begriffen haben, wie es geht, und sich eine leichte Euphorie ausbreitet, dass das ja doch gar nicht so schwer gewesen sei, sage ich:

»So, das war die offizielle Zeitangabe, wie man sie etwa in den Nachrichten im Fernsehen hört. Jetzt müsst ihr noch lernen, wie man die Uhrzeit normalerweise sagt.«

Ein Stöhnen geht durch die Klasse.

»Wenn ihr mich auf der Straße fragt, wie spät es ist, sage ich nicht ›siebzehn Uhr zwanzig‹, sondern ›zwanzig nach fünf‹.«

»Was?«, staunt João, der gerade noch solche Probleme hatte zu verstehen, dass siebzehn Uhr auch fünf Uhr bedeutet. »Sie haben doch gerade noch andersrum gesagt. Die Uhr in Deutschland ist ein Eskandal!«

»Kein Problem, kommt Zeit, kommt Rat«, kommentiert Igor.

In den nächsten Stunden beschäftigen wir uns mit den Feinheiten der deutschen Uhrzeitangaben, die von »zehn nach eins« bis »zwanzig vor zwölf« reichen. Besonders, dass man ab der halben Stunde eine Stunde voraus denken muss, bereitet vielen Kopfzerbrechen.

»Wenn es vier Uhr vierzig ist, warum kommt dann die vier gar nicht in der Uhrzeit vor«, beschwert sich Basima. »Warum ist es zwanzig vor fünf? Das ist so kompliziert.«

Hinzu kommt, dass man zwar »fünf nach«, »zehn nach«, »Viertel nach« oder »zwanzig nach« sagen kann, aber nicht »fünfundzwanzig nach«.

»Fünf vor halb zehn?«, wiederholt Azad meine Erklärung. »Ich weiß das nie sagen.«

»Das ist nicht so schlimm«, beruhige ich ihn. »So oft wird das auch nicht vorkommen.«

»Stimmt«, scherzt Erkan, »und wenn dich eine Person fragst, bist du Nachrichtensprecher: Mein Damuntern, es ist jetzt neun Uhr fünfundzwanzig.«

Diese Vorlage lasse ich mir nicht entgehen. Bei den Stichwörtern Nachrichten und Versprecher fällt mir direkt mein Lieblingsversprecher der deutschen Sprache ein, von dem ich ein Video auf meinem Laptop habe, das ich zeigen kann: »Es ist genull nau Uhr.«

Es dauert eine kurze Weile, bis die Klasse begriffen hat, was das Besondere an diesem kurzen Video ist, aber dann brechen sie in schallendes Gelächter aus. Lachen wirkt immer befreiend. Wer lachen kann, hat keine Angst. Und wenn selbst Muttersprachler so hanebüchene Fehler machen, dann fällt es allen plötzlich viel leichter, unverkrampft an die Sache heranzugehen. So gehen alle beruhigt nach Hause, und morgen können wir alles noch einmal wiederholen, bevor wir uns neuen Aufgaben zuwenden. Im Buch geht es jetzt darum, welche Freizeitbeschäftigung Robert wann macht.

»Am Abend sieht Robert fern«, lese ich vor.

»Was machen Sie heute Abend?« frage ich Dina.

Dina räuspert sich und überlegt. Dann sagt sie: »Am Robert mache ich kochen.«

Im Kurs bleibt es still. Niemand lacht. Mir klappt die Kinnlade runter.

»Am Robert?« Zwanzig Augenpaare starren mich an und warten auf meine Reaktion.

»Am Abend koche ich«, sage ich ruhig zu Dina.

Aaliyah meldet sich: »Ich lerne am Abend immer.«

Damit will sie mich sicher aufheitern, die Nette.

Hassan muss es wieder kompliziert machen:

»Am Abend mache ich verschiedene Dinge. Nicht immer lernen oder kochen. Einmal gehe ich zu Kino, einmal treffe ich mit Freunde.«

In den nächsten Stunden werden erst der Imperativ, dann die Modalverben eingeführt. In drei aufeinanderfolgenden Lektionen werden erst »können«, dann »wollen« und dann die Präteritumformen dieser beiden Verben thematisiert. Da wird erfahrungsgemäß einigen im Kurs der Kopf rauchen. Vor allem nach dem heutigen Vorfall. Mit Sicherheit wird es einige total überfordern, aber ich muss das Buch nun einmal innerhalb eines Moduls durchbekommen.

Im Buch will die kleine Sara eines Morgens nicht in die Schule gehen. »Steh auf!«, bittet sie Robert, ihr Vater, aber sie rührt sich nicht. Für uns ist das das Signal, sich mit dem Imperativ, der Befehlsform, zu beschäftigen. Das bringt allen Schülern meist sehr viel Spaß. Es ist ja auch ganz einfach: Man nehme die zweite Person Singular und streiche die Endung weg:

du sagst – Sag!

Ich lasse jeden dann ein paar Befehle ausdenken, und dann lose ich, wer sich vorne vor die Klasse stellen und bestimmen darf, was die anderen tun müssen. Hassan verliert jedoch rasend schnell die Lust an dem Spiel, bei dem alle anderen wild durcheinanderkichern:

»Imperativ ist doch Quatsch. So reden nur Kinder. Ist wie Kindergarten, wo alle sagen ›geb mir Essen‹, ›hau mich nicht‹ und ›geh auf Klo‹. Ich brauche das nicht.«

»Gib mir das Essen«, berichtige ich Hassan. So einfach ist das mit dem Imperativ nämlich doch nicht. Besondere Probleme machen eigentlich nur die Verben mit Umlauten. Denn wenn aus »fahren« »du fährst« wird, wird der Umlaut in der Imperativ-Form wieder rückgängig gemacht. Deshalb höre ich oft »fähr« oder »läuf«. Manchmal vergessen sie auch die korrekte Form der zweiten Person Singular, sodass aus »essen« »du esst« und folglich »ess« wird. Auch mein Freund Max hat ein Händchen dafür, in solchen Fällen des Vokalwechsels stets den falschen Imperativ zu gebrauchen. Bei ihm heißt es immer »les das«, »nehm das mit« und »helf mir mal«, was mich regelmäßig in den Wahnsinn treibt. Noch bin ich mir unsicher, ob das irgendeine Form von norddeutschem Dialekt ist oder ein schwerer Sprachfehler. Wenn man darauf achtet, merkt man, dass viele Menschen diese Fehler machen, zumindest in Berlin. Ähnlich verhält es sich mit Verben auf -eln, wie »bügeln« und »handeln«. Das scheint auch noch nicht bei jedem Muttersprachler angekommen zu sein, dass es »bügle das bitte« heißt und nicht »bügel das bitte«.

Nachdem ich jetzt noch erwähnt habe, dass es komplett unregelmäßige Verben gibt, »du bist jetzt leise« zu »sei leise«, »seid leise« und »seien Sie leise« wird und auch »haben« eine Extraform braucht (»hab keine Angst«), ebbt die Begeisterung für den Imperativ schon wieder spürbar ab. Um meine Klasse nicht zu überfordern, belasse ich es dabei und verzichte darauf, weitere Ausnahmen anzusprechen.

Im Buch geht Robert jetzt zu den Modalverben über. Er denkt sich schon seinen Teil, warum Sara nicht aus dem Bett kommt, und fragt sie direkt: »Willst du nicht aufstehen, oder kannst du nicht aufstehen?« Sara antwortet, dass sie Fieber hat und nicht aufstehen kann. Es stellt sich jedoch bald heraus, dass sie an diesem Tag eine Klassenarbeit schreiben soll und deshalb nicht zur Schule will. Eine Situation, mit der sich viele meiner Schüler anscheinend identifizieren können.

Jetzt habe ich endlich die Gelegenheit, auf die Unterschiede zwischen »kennen«, »können« und »wissen« einzugehen. Es gibt nämlich immer einige Schüler, die am Anfang des Kurses zu mir sagen: »Ich weiß Englisch« oder »ich weiß diese Straße«.

Weil besonders die Konjugation von »können« und »wollen« schwierig ist, will ich noch kurz die allgemeinen Konjugationen starker und schwacher Verben wiederholen, die wir schon kennen.

»Fatima, wie konjugiert man ›kochen‹?«

»Ich koche, du kochst, er kocht, wir kochen, ihr kocht, sie kochen«, rattert sie wie vom Blitz getroffen herunter.

»Genau. Aber die Modalverben sind komplett anders. Hier ändert sich der ganze Stamm. Aus ›wollen‹ machen wir:

ich will
du willst
er will
wir wollen
ihr wollt
sie wollen

Das heißt, im Singular gibt es bei Modalverben immer einen Vokalwechsel, im Plural dann nicht mehr. Alles klar?«

Ich gucke in fragende Gesichter.

»Das Gleiche machen wir jetzt mit ›können‹.«

Ich schreibe

ich kann

an die Tafel.

»Wer will? Erkan? Du musst nur die Endungen übernehmen«, erkläre ich und tippe auf die Konjugation von wollen.

»Ich kann«, beginnt Erkan, »du kann...«, ich kringele das st von »du willst« ein, um ihm zu helfen. »...st, du kannst«, ergänzt Erkan richtig und macht gleich weiter: »Er kannt.«

Das war leider falsch. Jetzt hat Erkan wieder an die regelmäßigen Verben gedacht, bei denen die dritte Person Singular immer auf -t endet.

»Aufgepasst, erste und dritte Person sind identisch«, rufe ich und unterstreiche nacheinander »ich will« und »er will«.

»Er kann...«, versucht Erkan es erneut und sucht nach der richtigen Endung.

»Richtig«, rufe ich dazwischen, »»er kann‹, Erkan!«

Mohannad, der neben Erkan sitzt, bricht in fröhliches Gelächter aus.

»Ich kann, du kannst, Erkan!«, ruft er und bekommt einen Lachanfall.

Jetzt begreife auch ich, wie absurd das klingt.

»Zumindest wirst du das jetzt nie wieder vergessen, oder, Erkan?«, frage ich.

Weil sich die Klasse kaum wieder fängt, beschließe ich, etwas Musik zu machen. Von Laserkraft 3D gibt es einen Song, in dem Modalverben eine Hauptrolle spielen: »Nein, Mann, ich will noch nicht gehen, ich will noch ein bisschen tanzen.«

Musik hören lockert die Stimmung immer ein bisschen auf, vor allem, wenn das Video lustig ist. Und bei *Nein, Mann!* kommt noch positiv hinzu, dass im Video dauernd Schilder hochgehalten werden, die veranschaulichen, was gerade gesagt wird. Mit dieser Hilfe können meine Schüler schon ziemlich viel verstehen und freuen sich darüber. Doch dann tritt im Video eine Frau im Bikini-Oberteil auf. Unruhe breitet sich aus, und die halbe Klasse dreht sich beschämt weg.

Im gleichen Kapitel, in dem es um die Modalverben geht, wird auch das Pronomen »man« eingeführt. Die Unterscheidung von »man« und »Mann« führt wie immer zu einigen Turbulenzen.

Max erzählt immer gerne, dass er in einer Klassenarbeit in der Grundschule »man« ebenfalls mit doppeltem n geschrieben hatte und heulend seine Mutter fragte, warum die Lehrerin das angestrichen habe. Seine Mutter rief tatsächlich die Lehrerin an und musste dann kleinlaut eingestehen, dass sie auch nicht wusste, dass man »man« nur mit einem n schreibt, wenn es als Pronomen gebraucht wird, also in einem abstrakten Sinn für eine nicht weiter definierte Gruppe. Diese Geschichte verschweige ich im Unterricht lieber.

Nachdem wir geübt haben, wie und wann man »man« verwendet, meldet sich João.

»Ich finde das komisch. Ist es nicht schlecht für Frauen, wenn für alle man sagt immer ›man‹? Wenn ich denke auf Portugiesisch, das klingt sehr verrückt: ›*O homem diz …, o homem faz …*‹ Der Mann sagt …, der Mann macht … Niemand sagt das. Alle Persona mussen lachen.«

Stimmt, über diesen geradezu chauvinistischen Ansatz der

deutschen Sprache habe ich mir auch schon mal Gedanken gemacht. »Das ist so normal«, erkläre ich aber trotzdem, um keine zeitraubende Diskussion zu beginnen, »an den Mann denkt in Deutschland niemand, wenn er ›man‹ sagt.«

So ganz glaube ich mir allerdings selbst nicht. Es gibt schon einige, die Dinge sagen wie: »Möchte frau das wirklich so?« Allerdings bezeichnen sie damit ausschließlich Frauen. Besser, ich denke nicht zu viel darüber nach. ›Man‹ zu gendern wäre schon irgendwie zu anstrengend. Aber sicher hat dazu schon jemand eine gute Idee entwickelt.

Es vergeht einige Zeit, und eines Morgens ist das Wetter so gut, dass ich mal wieder auf mein Rad springe und in den Wedding zu meinem Kurs düse. Dort kommt mir bereits ein strahlender João entgegen, der mir eine Plastiktüte überreicht:

»Guten Tag, Frau Inga! Ich war in Urlaub, in Brasilia«, erzählt er. »Ich habe Geschenk für Sie!«

Als ich in die Tüte schaue, staune ich nicht schlecht: eine Flasche Rum.

Er lacht: »Manchmal, es ist nicht ganz einfach mit unsere Kurs, da ist Rum perfecto. Rum hilft immer.«

Dann zieht er mich etwas beiseite. »Ich habe auch Geschenk für Herr Christian und Frau Nina. Aber wir alle haben Problem mit Frau Nina. Sie redet sehr schnell. Wir können nicht verstehen.«

Ich verspreche ihm, das gegenüber Nina anzusprechen, unter dem Siegel der Verschwiegenheit. Nina ist noch recht neu und vertritt uns manchmal. Sie ist eine nette, junge Frau, engagiert in Flüchtlingsfragen und gerade frisch von der Uni. Da ist ein zu hohes Sprechtempo nicht ungewöhnlich. Man muss sich erst daran gewöhnen, Schülern, die kein Deutsch können, auf

Deutsch etwas über die deutsche Sprache zu erklären. Kurz darauf treffe ich Nina im Lehrerzimmer.

»Nina, ich habe gehört, du machst einen super Unterricht. Allerdings finden einige Schüler wohl auch, dass du zu schnell sprichst. Sie verstehen dich manchmal nicht.«

Nina macht ein betroffenes Gesicht.

»Das habe ich auch schon gehört und versucht, es zu ändern. Anscheinend ist es mir nicht gelungen.«

»Du musst wirklich ganz langsam sprechen«, versuche ich zu erklären und schraube dabei mein Tempo so weit runter wie im Unterricht. Nina muss lachen. Dabei ist das kein Scherz. »Wenn du denkst, dass du langsam sprichst, reduzier dein Tempo noch einmal deutlich. Dann hast du die Geschwindigkeit, mit der ich im Unterricht spreche, zumindest in A1, bei den absoluten Anfängern.« Max war mal ganz erschüttert, als er mich am Feierabend abholen wollte und meine Stimme durch die Klassenzimmertür hörte. Er hatte mich gar nicht erkannt. Das Tempo steigert man dann automatisch wieder, je besser das Niveau wird.

Während ich keine Probleme habe, im Privatleben wieder mit ganz normaler Geschwindigkeit zu sprechen, kämpfe ich oft damit, außerhalb der Schule die richtigen Worte zu finden. Einmal hat mich meine Mutter gefragt, ob ich noch andere Verben als ›machen‹ im Repertoire habe. Auch unter den Lehrerkollegen ist das Thema ein Dauerbrenner. Nach einiger Zeit hat man echt Angst, seinen Wortschatz zu verlieren, weil man sich im Unterricht ständig so einfach wie möglich ausdrücken muss. Will man was erklären, sollte man eben Wörter vermeiden, die man auch wieder erklären muss. Das heißt, man benutzt einen kleinen Basiswortschatz, mit dem die Schüler etwas anfangen können, und steigert diesen dann ganz langsam. Außerdem arbeite ich ganz viel mit Gestik und Mimik. Wenn von der Vergangenheit die Rede ist, mache ich das typische »Zurück-Zeichen« und wedle neben meinem Kopf mit der Hand. Wenn es um Adjektive geht, die die Stimmung ausdrücken, mache ich das mit Grimassen vor. Fast alle Verben kann man zudem im Klassenraum vorspielen. Vielleicht machen das nicht alle Lehrer, aber mir bringt das großen Spaß. In meinem Unterricht geht es zu wie in einem kleinen Theaterstück. Das ist oft lustig, aber die Schüler können sich die Vokabeln dadurch auch besser merken. Man sagt ja, dass das emotionale Gedächtnis schneller Dinge behält.

Das versuche ich auch Nina zu erklären. Und dann übe ich mit ihr noch ein paar Sätze in der richtigen Sprechgeschwindigkeit. Am Ende hat sie es raus. »Dan-ke«, verabschiedet sie sich, »ich wer-de es bei-m näch-sten Ma-l so ver-su-chen!«

»Nein, schon falsch!«, grätsche ich dazwischen. »Ich pro-bie-re das. Das ist einfacher und besser.«

Mit der Zeit merkt man, welche Wörter im Unterricht gut funktionieren und welche nicht. Zum Beispiel benutze ich fast nie das Wort »lernen«. Wenn man am Ende der Stunde »Lernen Sie das bitte zu Hause!« sagt, kann man sich fast sicher sein, dass am nächsten Tag niemand die Hausaufgaben hat. Ich brauchte selbst einige Zeit, bis ich darauf kam, inzwischen bin ich mir aber sicher, dass es an diesem Wort »lernen« liegt. Es klingt irgendwie zu schwach, ist zu leise und verführt dazu, es zu überhören. Lernen halt, ja, ja … Das klingt für viele anscheinend eher wie ein lapidares: »Gucken Sie sich das mal an.«

Weil Christian krank ist, unterrichtet Nina auch diese Woche an zwei Tagen in unserem A2-Kurs. Aber die Hausaufgaben, die sie aufgibt (Formulierung: »Lernen Sie bitte die Partizip-Formen der folgenden Verben«), hat am folgenden Tag zu ihrem Erstaunen niemand gemacht.

»Es gab keine Hausaufgaben«, verteidigt sich Hassan entschieden. »Wir sind eine gute Klasse, wir haben Disziplin, wir haben immer Hausaufgaben!«

Das erzählt mir Nina in der Pause und erkundigt sich, was da los ist mit dieser Klasse. Machen die das öfter, lügen die? Nein, das konnte ich schnell aufklären: »Hast du etwa lernen gesagt?« Ich sage immer: »Studieren Sie …« Das klingt nicht nur wichtig, das klingt gewichtig, darunter kann man sich was vorstellen. Studieren wir diese Aufgabe! Das klappt einwandfrei. Warum das so ist, lässt sich rational schwer begründen. Das sind einfach Erfahrungswerte, die ich mir zunutze mache. Ich habe mehrere dieser Triggerwörter. Auswendiglernen ist auch so ein Wort, das oft nicht funktioniert. Es ist sperrig, kompliziert und schwer verständlich. Sage ich hingegen: »Memorieren Sie …«, und tippe mir dabei an die Stirn, ist allen sofort klar, was zu tun ist. Denn »memorieren« kennen alle, weil wir gerne in der Klasse *Memory* spielen. Nina schaut mich allerdings ungläubig an: »Ist das überhaupt richtiges Deutsch?«

Nun gut, das ist natürlich nicht ganz ideal. Aber man muss Kompromisse machen. Es kommt vor allem darauf an, was sich in der Praxis bewährt. Ich hätte auch nie gedacht, dass ich eine Lehrerin bin, die Schüler für schlechtes Verhalten im Klassenraum bestraft. Gerade wenn der Raum voller Erwachsener ist. Da kann man doch Regeln festlegen, an die sich jeder hält. So dachte ich jedenfalls. Die Realität sieht eben anders aus. Kaum ist man in einer Klassensituation, mit Lehrern, Schulbänken und Stillsitzen, werden Erwachsene wieder zu Kindern. Sie kommen zu spät, rufen dazwischen, necken sich, bauen einen Sichtschutz aus ihren Rucksäcken, damit ich nicht sehe, dass sie dahinter essen. Es ist absurd, aber solches Verhalten stört natürlich auch andere Schüler. Erst mit dem roten Porzellan-Feuerwehrauto ist im Unterricht ein Mehr an Disziplin eingekehrt. Die Regeln durften die Schüler im Übrigen selbst ausarbeiten. Zu meinem Erstaunen reagierte meine Klasse äußerst positiv auf die Einführung der Strafzahlung. Sie ging förmlich darin auf, sich Regeln auszudenken. Die Schüler haben diskutiert und abgestimmt und am Ende ein Plakat entworfen, auf dem sie alles fein säuberlich notierten. Seitdem kommt immer hämische Freude auf, wenn einer 20 Cent ins Feuerwehrauto werfen muss. Gab es früher Ächzen und Flüche, wenn wieder jemand zu spät kam oder einfach reinrief, ohne sich zu melden, gibt es jetzt geradezu Jubelschreie. Das hast du nun davon! Besonders Sami zeichnet sich als absoluter Befürworter des Porzellan-Feuerwehrwagens aus:

»Aaalso«, beginnt er sein Plädoyer, wobei er mich bewusst nachmacht – die Schüler haben längst spitzbekommen, dass ich Sätze oft mit »also«, »genau« oder »so« einleite –, »ich möchte mehr Disziplin in die Klasse. Wir wollen etwas studieren hier, und deshalb müssen gute Disziplin haben.«

Allerdings stellt sich ziemlich schnell heraus, dass Sami einer der Hauptschuldner des Feuerwehrwagens ist. Ständig isst er im Unterricht, redet einfach dazwischen oder kommt zu spät. Seine Taktik besteht dann immer aus zwei Schritten. Im ersten Schritt bestreitet er, einen Verstoß begangen zu haben.

»Sami isst!«, jubelt dann zum Beispiel Yasmin. »Das bedeutet 20 Cent in den Feuerwehrwagen.«

Sami guckt dann so, als hätte man ihn vollkommen zu Unrecht eines schweren Verbrechens angeklagt, mit seinem Croissant in der Hand.

»Nein, nein, wir haben doch gerade Pause. Nein, haben wir nicht? Aber Croissant ist auch kein Essen, ist klein, ist wie trinken, und trinken auch okay!«

Yasmin springt auf und zeigt ihm auf unserem Strafenplakat, dass wir gerade erst ausdrücklich Croissant zum »Nicht-Essen-Gebot« hinzugefügt haben.

Im zweiten Schritt sieht er ein, dass er zahlen muss, bestreitet aber, Geld dabeizuhaben.

»Ich habe kein Geld, wirklich!«

Dabei stülpt er seine Hosentaschen nach außen. Schließlich leiht er sich von irgendwem 20 Cent, meist von Igor. Als Igor diese Subventionierung irgendwann einstellt, beginnt Sami, Schuldscheine auszustellen, die er statt Geld in den Feuerwehrwagen wirft, meist aber ohne seinen Namen dazuzuschreiben. Als ich ihn darauf anspreche, sagt er:

»Ist doch egal, weiß eh jeder, dass das ist von mir.«

Von dem Geld wird am Ende jeden Monats übrigens Kuchen für alle gekauft.

Trotz der Strafandrohungen kommt es regelmäßig zu Situationen, die mich auf die Palme bringen. Die Schule hat ein paar Euro springen lassen, um den allgemeinen Aufenthaltsraum zu modernisieren. Neue Sofas, dazu etwas Grünes, ein halbes Dutzend einen Meter hohe Pflanzen in Pötten. Während ich diese Errungenschaft betrachte, fällt mein Blick auf einen der Pflanzenkübel, in dem Apfelsinenschalen liegen. Dabei steht der Mülleimer nur einen Fußbreit von der Pflanze entfernt. Seit die Pflanzen da stehen, hatten erst zwei Klassen Unterricht. Die Chancen, den Übeltäter noch zu erwischen, stehen gar nicht so schlecht. Kurz entschlossen packe ich den Kübel und schleppe ihn ins Klassenzimmer.

»Was ist das?«, frage ich und zeige auf den Kübel.

»Eine Blume«, rät Erkan.

»Ein Baum«, vermutet Azad.

»Nein, nein«, unterbreche ich, »das ist eine Pflanze.«

Ein »Aaaah« geht durch die Klasse, Stifte werden gezückt. »Wie schreibt man Pflanze?«, erkundigt sich Fatima. Also muss ich es an die Tafel schreiben.

»Aber das meine ich nicht!«, rufe ich. »Was ist das?« Dabei zeige ich gezielt auf die Apfelsinenschalen. Wieder geht das Gerate los.

»Das sind Apfelsinenschalen«, erkläre ich, »und wo gehören sie hin? Richtig, in den Müll! Wehe, ich sehe das noch mal!«

Hinterher frage ich mich, ob ich vielleicht überreagiert habe. So schlimm war es ja nun nicht. Und natürlich haben wir auch eine Putzfrau. Trotzdem muss jemand extra noch einmal nach den Schalen greifen, um sie in den Müll zu werfen. Das muss doch nicht sein. Wenn alle ein bisschen mitdächten, wäre alles so viel leichter. An solch einer Ignoranz verzweifle ich manchmal. Aber das ist keinesfalls auf die Integrationskurse beschränkt.

In der S-Bahn sitzt neben mir ein bärtiger, etwa 40-jähriger Glatzkopf, auf der anderen Seite ein junges Mädchen und ein arabisch aussehender junger Mann, der irgendwie mit Papieren hantiert und das Mädchen irgendwann nach dem Weg fragt. Soweit ich verstehe, will er zum Landesamt für Gesundheit und Soziales (LAGeSo). Das Mädchen hilft gerne und erklärt alles. Da fängt der Mann neben mir zu murmeln an. So eine Art Selbstgespräch, bei dem man nicht alles verstehen kann. Aber es fallen hauptsächlich die Worte »Scheiß Kanacken … unsere Frauen … Vergewaltiger … abschieben … keinen Respekt«. Als an der nächsten Station woanders was frei wird, setzt er sich weg, »um das Elend nicht mehr ertragen zu müssen, dass sich eine junge deutsche Frau mit einem Araber einlässt«, wie er beim Aufstehen noch mal deutlich von sich gibt. Trotzdem setzt er sich dann so hin, dass er alles noch im Blick hat, und sabbelt weiter seinen Scheiß.

So etwas regt mich wahnsinnig auf, dass ich platzen könnte. Vor allem, weil sich diese Leute inzwischen so sicher sein können, dass sie mit ihrer Meinung nicht allein dastehen. Rassismus ist tatsächlich wieder gesellschaftsfähig, quer durch alle Bevölkerungsschichten. Ich erstarre in solchen Situationen immer, weil ich mich so unendlich schäme und gleichzeitig Angst habe, dass der Glatzkopf gewalttätig wird. Er ist es doch, der jedem im Zug Angst macht, nicht der Flüchtling, der schüchtern nach dem Weg fragt.

Als Integrationskursleiterin verfolge ich die Debatte um »unsere Willkommenskultur« – im Übrigen ist Asyl ein qua Verfassung verbrieftes Menschenrecht – mit besonderem Verdruss. In den Kursen sehe ich Menschen, die in unserem liberalen Deutschland leben wollen und die alles, was ich ihnen im Orientierungskurs über die deutschen Gesetze beibringe, wie ein Schwamm aufsaugen. Wenn ich mir die Talkshows im Fernsehen oder die Pegida-Aufmärsche ansehe, sehe ich Menschen, die nicht in diesem Deutschland leben wollen und unsere Gesetze mit Füßen treten. Wie können Menschen, die weder die Polizei noch demokratische Entscheidungen achten, darauf pochen, dass die Polizei härter durchgreifen soll und endlich wieder Demokratie herrschen soll, wobei sie mit Demokratie freilich meinen, dass die Mehrheit, zu der sie sich wähnen, über die Minderheit bestimmen darf – ohne Menschenrechte beachten zu müssen. Dabei ist es doch geradezu grotesk, dass sie die Mehrheitsmeinung immer dann verteufeln, wenn sie sich selbst in der Minderheit befinden. Ständig schwafeln sie von Denk- und Redeverboten, dabei geht es in den Medien um nichts anderes mehr, als um »Probleme bei der Eingliederung von Muslimen«. Menschen, die 1990 noch den Fall der Mauer beklatscht haben, wünschen sich jetzt nichts sehnlicher als eine Mauer und einen Schießbefehl gegen die »Invasoren«. Inzwischen kommt die Politik den Flüchtlingsgegnern viel zu sehr entgegen. Politiker aller Parteien mahnen ununterbrochen, dass Deutschland das Flüchtlingsproblem nicht alleine stemmen kann und sich die anderen Länder aus der Verantwortung stehlen. Das ist ein Skandal, natürlich. Aber als vor ein paar Jahren noch Deutschland das Land war, das sich per Dublin-Abkommen aus der Verantwortung zog, war das natürlich noch vollkommen in Ordnung. Hätte man damals Griechenland, Italien und Bulgarien geholfen, hätten diese Länder nicht auf Abschreckung setzen müssen. Dänemark schaltet Anzeigen in libanesischen Zeitungen mit dem Inhalt, man solle gar nicht erst kommen, bulgarische Polizisten haben einen Flüchtling an der Grenze erschossen, Italien nimmt Asylbewerber zwar auf, unterstützt sie aber überhaupt nicht mit Sozialleistungen, sodass sie keine Lebensgrundlage haben, die Zustände in den griechischen Lagern sind skandalös. Es ist kein Wunder, dass kein Flüchtling freiwillig dort bleiben will.

Auch wenn es in Deutschland 2015 so viele Anschläge auf Asylbewerberheime gab (mehr als 1000), gehen hier doch die meisten Menschen direkt auf die Flüchtlinge zu. Deshalb passt es sehr gut, dass in dem Lehrwerk, mit dem wir arbeiten, auch geübt wird, wie man sich verhält, wenn man von einer deutschen Familie nach Hause eingeladen wird. Dazu lasse ich die Schüler ein Rollenspiel aufführen. Da kommen dann Dialoge heraus wie der von Nidal und Azad. Sie hatten viel Zeit, um sich was zu überlegen. Dann stellen sich beide in die Mitte der U-förmig angeordneten Tische. Nidal winkt Azad zu sich:

»Kommst rein!«

Beide geben sich die Hand und gestikulieren dann ein gemeinsames Essen.

»Die Essen hat geschmeckt«, bemerkt Azad dann.

»Ich kann das verstehen«, bestätigt Nidal. »Danke für deinen Besuch.«

»Bis zum nächsten Besuch«, verabschiedet sich Azad und setzt sich wieder.

In der Klasse wischen sich ein paar die Lachtränen aus den Augen.

»Das war doch sehr gut«, rufe ich. »Aber was hat gefehlt?«

»Begrüßung«, bemerkt Yasmin.

»Bitte, setzten Sie sich«, ruft Hassan.

»Wie geht es Ihne?«, möchte Beata wissen.

»Ach, alles Floskeln«, wehrt sich Nidal. Floskeln ist sein Lieblingswort, seitdem er mich einmal gefragt hat, wie man zu »leeren Wörtern« sagt. Das sei im Arabischen wichtig. Jetzt sagt er gern zu allem Möglichen, das ihm nicht passt: Ach, Floskeln.

»Ich verstehe nicht«, meldet sich Fatima, »das Wort ›wie‹. Was bedeutet es? Ich denke, auf ›wie‹ kann man antworten mit ›gut‹, ›es geht‹, ›schlecht‹ und so. ›Wie schmeckt es Ihnen?‹«

»Das stimmt«, antworte ich, noch unsicher, worauf das hinauslaufen soll.

»Aber dann es gibt auch: ›Wie heißen Sie?‹, ›Wie ist Ihre Adresse?‹. Man kann nicht antworten: ›gut‹.«

Da hat sie vollkommen recht. Aber auf die Frage muss man auch erst mal kommen. Niemandem sonst ist das aufgefallen, geschweige denn mir. Ich habe mir noch nie darüber Gedanken gemacht.

»›Wie‹ hat keine Bedeutung«, antworte ich. »Es leitet eine Frage ein. Eine Frage nach einer Eigenschaft, nach der Art und Weise.« Das sind nun wieder zu viele Wörter, die sie nicht kennt. Warum muss man denn im Fremdsprachenunterricht immer alles verstehen wollen, warum kann man das nicht einfach akzeptieren, denke ich mir und mache eine Gegenfrage: »Welche Fragewörter kennen Sie noch?«

Diese Frage bereue ich aber sofort wieder, denn jetzt geht es von Neuem los. Der Unterschied zwischen wer, wie und wo lässt sich ja leicht erklären. Aber wenn jetzt jemand mit warum, wieso, weshalb kommt, bin ich geliefert, weil es vor allem den Anfängern sehr schwerfällt zu akzeptieren, dass mehrere Wörter ein und dieselbe Bedeutung haben. Es gibt immer jemanden, der schon mal eine dieser Warum-Varianten irgendwo aufgeschnappt hat und das im Kurs auch erzählen will. Es gibt aber noch einen Punkt in dem kleinen Schauspiel, den Aaliyah unbedingt erwähnen möchte: »Es heißt: ›das Essen hat geschmeckt‹, nicht ›die‹.«

»Genau«, antworte ich. »Merken Sie sich: Substantivierte Verben immer mit ›das‹. Das Essen, das Gehen, das Schwimmen, das Lernen.«

»Oh, das ist ja mal ganz einfach«, jubelt Yasmin.

»Vorrsicht«, knurrt Igor. »Sie will dich nur wiegen in Sicherheit.«

»Nein«, widerspreche ich, »da gibt es keine Ausnahme. Und noch was Einfaches, das mit dem Essen zu tun hat: Früchte immer mit ›die‹, außer ›der Apfel‹ und ›der Pfirsich‹!«

»In Deutschland«, beende ich die Stunde, »ist es übrigens wichtig, pünktlich zu kommen, wenn man eingeladen ist. In einem anderen Kurs hat man mir gesagt, in Syrien ist es normal, 30 Minuten zu spät zu kommen. In Deutschland bitte immer pünktlich, meist wird extra so gekocht, dass das Essen dann genau fertig ist.«

Nach dem Kurs versammeln sich Beata, João und Kelly vor meinem Pult.

»Wir wollten Sie etwas fragen«, beginnt Beata.

»Wir sind eingeladen bei Yasmin zu essen«, erzählt João, »aber wir wissen nicht, wie wir das machen sollen. Wir haben gedacht, wir bringen Wein, aber die trinken ja gar nicht.«

»Und Blumen sind vielleicht auch nicht gut?«, fragt Kelly. »Sonst Mann von Yasmin denkt noch, João will Yasmin, wir denken.«

»Oder Yasmin denkt, ich will ihre Mann«, wirft João ein.

»Wir wissen nicht, was mitbringen«, schließt Beata. »Und Sie kennen doch viele Muslime. Was sagen Sie?«

»Bringen Sie Pralinen mit. Was Süßes ist immer gut. Vielleicht auch Tee. Und machen Sie sich nicht zu viele Gedanken, seien Sie ganz normal. Das wird bestimmt ein toller Abend, ich freue mich für Sie.«

Als ich nach dem zweiten Unterrichtsblock des Tages zur Ringbahn gehe, sehe ich auf der Anzeige, dass es »aufgrund einer Signalstörung zu Verzögerungen im Betriebsablauf« kommt. Als die Bahn nach fünfzehn Minuten endlich kommt (was für Berlin eine völlig indiskutable Wartezeit darstellt) und ich im warmen Waggon sitze, starre ich ausdruckslos eine halbe Stunde in das Dunkel vor meiner Scheibe. Nach neun Stunden Unterricht bin ich völlig platt. Von meiner Station sind es etwa zehn Minuten Fußweg, unterwegs muss ich noch einkaufen, dann etwas essen. Danach setze ich mich an den Schreibtisch und bereite den Unterricht für morgen vor. Gleich für drei Kurse. Das Blöde bei mir ist, dass ich immer so lange dafür brauche, wie ich Zeit habe. Wenn ich nur eine Stunde Zeit habe, den Unterricht vorzubereiten, schaffe ich das. Notfalls kann ich auch einen Tag meistern, ohne mir vorher irgendetwas anzugucken. Das nennt man dann »Schwellenunterricht« – ich überlege mir erst, was ich mache, wenn ich die Schwelle zum Klassenraum überquere. Aber wenn ich mich abends an den Schreibtisch setze und nichts weiter vorhabe, werkle ich, bis mir die Augen zufallen. Mir bringt es schließlich auch großen Spaß, und der Unterricht läuft definitiv besser und effektiver. Aber das Relaxen kommt zu kurz. Außerdem bin ich so aufgeputscht (nicht zuletzt wegen Dutzender Tassen Kaffee, die ich täglich brauche, um meine Konzentration oben zu halten), dass ich am Abend manchmal gar nicht zur Ruhe komme.

Nach sechs Stunden Schlaf klingelt mein Wecker, und es geht wieder los. Wieder A2, wieder Azad, Hassan, Sami und Yasmin.

Vor der Schule treffe ich schon auf einen Pulk meiner Schüler. Kelly kommt auf mich zugerannt:

»Frau Inga, schnell, Sami ist mit Polizei!«

Die Polizei? Bei mir schrillen alle Alarmglocken, ich laufe auf die gut zehn Menschen zu, die dort dicht gedrängt vor dem Schuleingang stehen. Und tatsächlich: in der Mitte zwei Polizisten mit Sami – und seinem Moped!

Zu Sami und dem Moped gibt es eine kleine Geschichte. Sami ist sehr stolz auf sein gebrauchtes Moped, das er sich vor einigen Monaten von einem befreundeten Libanesen besorgt hat. Dafür wischte er jeden Abend dessen Imbissbude. Seine Frau weiß von all dem anscheinend nichts. »Zu Hause wir nichts reden«, beklagt sich Sami regelmäßig, und auch die Sitzungen mit der »Therapistinnenfrau« verlaufen schleppend. So ganz legal war der Kauf des Mopeds also sicher nicht, aber ich war schon glücklich, als ich Sami endlich dazu überreden konnte, einen Helm zu kaufen.

Das war für ihn nur eine unnötige und zudem teure Ausgabe. Erst als ich ihm drohte, ihn aus dem Kurs zu werfen – was ich natürlich gar nicht darf –, kratzte er all sein Geld zusammen und kaufte sich den billigsten Helm passend zu seiner heruntergekommenen Mühle. Ein anderes Problem ist natürlich, dass Sami weder einen Führerschein besitzt noch das Moped versichert hat. Ich habe ihn mehrfach darauf angesprochen, aber seine Antwort war stets:

»Ach, Frau Inga, kein Problem. Nichts interessiert's!«

Aus Tunesien war er es wahrscheinlich so gewohnt. Auf dem Mofa fühlt er sich frei und gut. Jetzt ist es jedoch so weit, die Polizei hat ihn angehalten, und Sami steht da wie ein Häufchen Elend. Sein Kumpel Erkan gestikuliert neben ihm mit Händen und Füßen. Mir schwant nichts Gutes. Aber dann kommt es doch anders.

»Sind Sie diese Lehrerin, von der hier alle reden?«, wendet sich der eine Polizist an mich. »Kennen Sie diesen jungen Herrn?« Dabei deutet er auf Sami.

Ich nicke.

»Wir haben ihn gerade angehalten, weil sein Mofa ein abgelaufenes Versicherungskennzeichen hat. Er hat anscheinend keinen Führerschein. Aber sofern ich ihn verstanden habe, ist er gerade erst nach Deutschland gekommen?«

»Stimmt«, antworte ich. »Seit acht Wochen ist er bei mir im Anfängerkurs. Viel länger ist er noch nicht da.«

»Ach wirklich«, zeigt sich der Polizist überrascht. »Dafür spricht er ja gar nicht mal so schlecht Deutsch.« Samis Gesicht hellt sich auf. »Jedenfalls, ich habe ihm gerade schon gesagt: Wenn er einen Unfall gehabt hätte, wär's aus mit ihm gewesen. Aber was soll ich machen? Er wird kaum was haben, wahrscheinlich wusste er nicht mal, dass er so hier nicht fahren darf. Ich war mal in Tunesien im Urlaub, da fahren die auch wie die Verrückten mit ihren Rollern.«

Ich spitze die Ohren. Was kommt jetzt?

»Ich lasse mal Gnade vor Recht ergehen. Ich habe ihm gesagt, er soll als Strafe einen Aufsatz von fünf Seiten darüber schreiben, warum er nicht ohne Führerschein Mofa fahren darf. Das hast du verstanden, oder?«, wendet er sich an Sami. Der guckt schuldbewusst und nickt.

»Immerhin hatte er einen Helm auf. Sollte er den Text nicht innerhalb von zwei Wochen bei mir abliefern, melde ich mich bei Ihnen. Und Sie melden sich bitte bei mir, wenn Sie das Mofa noch einmal ohne gültiges Kennzeichen sehen«, damit gibt er mir seine Visitenkarte.

»Natürlich«, antworte ich.

»Danke sehr«, sagt Sami.

Die Polizisten fassen sich an die Mützen und gehen.

»Auf Wiedersehen«, rufen die Schüler ihnen hinterher.

»Da hast du aber Glück gehabt«, sage ich zu Sami. »Hast du verstanden, was der Polizist dir gesagt hat? Der Text?«

»Ja«, murmelt Sami und knetet die Visitenkarte in seinen Händen. Mit dem Mofafahren ist es jetzt erst einmal vorbei.

Im Unterricht ist der Fall natürlich sofort Thema. Ich sehe mich gezwungen, einen kurzen Crashkurs über Verkehr und Führerschein in Deutschland einzulegen.

»Ich habe Führerschein in Syrien«, ruft Hamed. »Darf ich in Deutschland Auto fahren?«

Zum Glück habe ich zu diesem Thema bereits einige Erfahrungswerte, denn solche Fragen treten immer wieder auf. Wenn man seinen Führerschein nicht in der EU gemacht hat, muss man seinen Heimatführerschein übersetzen lassen, danach wird geprüft, inwieweit die Fahrprüfung den deutschen Standards gleicht, je nachdem muss man dann nur die theoretische Prüfung, die theoretische und praktische Prüfung oder den kompletten Führerschein mit all seinen Pflichtstunden noch einmal machen. Die ersten sechs Monate in Deutschland darf man auf jeden Fall mit dem Heimatlandführerschein fahren.

»Wie teuer ist Führerschein in Deutschland?«, bohrt Hamed nach.

»Teuer«, antworte ich. »So ungefähr eintausend Euro, eher mehr.« Wie vom Blitz getroffen, schreiben alle sofort die Zahl nieder. Gutes Training.

»Sooo teuer?« Ich schaue in Samis angsterfülltes Gesicht.

»Eintausend Euro für Autos«, sage ich und mache die Lenkradbewegung mit meinen Händen. »Mofa weniger, vielleicht vierhundert«, ergänze ich etwas unsicher. Wieder schreiben alle die Zahl mit. Das ist ja inzwischen wie eine Pawlowsche Konditionierung.

»Aber du musst einen Test machen«, belehre ich Sami. »Na ja, fahren kannst du ja bereits.«

»In Syrien ich hatte schönes Auto«, erzählt Hamed. »Toyota. Farbe … dunkel.«

»Dunkel?«, fragt Igor neben ihm nach. »Was ist dunkel?«

Hamed schaut sich hilfesuchend um. Ich lasse ihn mal machen, denke ich. Auf Deutsch ein deutsches Wort erklären, das wäre gut.

»Dunkel …«, stockt Hamed, dann greift er sich ins Haar. »Das ist dunkel.«

Igor greift sich fragend ebenfalls an den Kopf. Dummerweise hat er eine Glatze. Die Klasse bricht in schallendes Gelächter aus.

»Hast du kein dunkel«, erklärt Hamed augenzwinkernd.

»Das ist kein Problem«, beschwichtigt Nidal Igor. »Mein Schwangersohn hat auch keine Haare. Und er ist Chef von Fabrik.«

Hat er gerade wirklich »Schwangersohn« gesagt?

»Das heißt Schwiegersohn, Nidal«, korrigiere ich ihn. »Das ist schwanger«, dabei mache ich einen dicken Bauch und wedele mit dem Zeigefinger vor ihm herum.

»Ja«, antwortet er verwirrt. »Ipek hatte schwanger.«

»Aber doch nicht mit deinem Schwiegersohn«, rufe ich entsetzt. Da muss erst mal ein Stammbaum an der Tafel her. »›Schwanger‹ und ›Schwieger-‹ hat nichts miteinander zu tun.«

»Was bedeutet Schwieger?«, fragte Aaliyah.

Wie soll ich das erklären? Ganz konkret bedeutet »Schwieger« ja eigentlich nichts, außer dass es ein Verschwägerungsverhältnis ausdrückt. Da meldet sich Kelly.

»Sami hat kein Schwieger heute Morgen«, sagt sie.

Ich stehe auf dem Schlauch. Was soll das nun wieder?

»Polizei – Schwieger«, erklärt sie hilflos. Alle gucken sie verständnislos an. Plötzlich hat sie eine Idee und kramt in ihrer Tasche. Dann befördert sie ein Grundgesetz zu Tage, dieses kleine weiße Heft, das es überall umsonst gibt. Sie zeigt darauf und sagt: »Schwieger!«

Ich bin vollkommen perplex. Was will sie mir damit jetzt sagen? Die Klasse schaut mich an, in der Hoffnung, eine Erklärung zu bekommen. Ich verstehe noch immer nur Bahnhof.

»Warum?«, ist alles, was ich herausbringe.

In einem etwas längeren Prozess können wir schließlich klären, wie Kelly von »Schwieger« aufs Grundgesetz kam. Kelly hatte einmal »Schwiegermutter« in ihr englisches Übersetzungsprogramm auf dem Handy eingegeben. Das spuckte dann *mother-in-law* aus. Mutter, das wusste Kelly, bedeutet auf Englisch *mother*, also musste »Schwieger« *law* sein, so dachte sie sich das zumindest. Ich glaube, das war mit Abstand das absurdeste Gespräch, das ich je im Unterricht geführt habe.

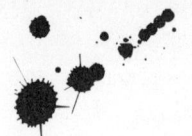

Lektion 4
Deutsche Sprache ist wie Mathematik

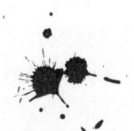

Ein paar Wochen sind inzwischen vergangen. Ich hetze von einem Kurs zum anderen, komme abends nie vor sieben Uhr nach Hause und morgens immer zu spät aus dem Bett. Neben der Problematik, dass ich mir tagsüber nie eine richtige Pause nehmen kann, um in Ruhe etwas zu essen, nervt mich das am meisten. Ich rede aber mit niemandem darüber und beschwere mich nicht, weil ich mir denke, dass ich ja selbst schuld bin. Ich müsste mich nicht dauernd in den Pausen um die Alltagsprobleme meiner Schüler kümmern oder irgendwem hinterhertelefonieren, weil er zu lange fehlt und wir dadurch das Geld vom BAMF verlieren. Und wenn ich morgens früher hochkommen würde und nicht immer nur auf den letzten Drücker unter die Dusche und auf den Fahrradsattel springen würde, könnte ich mir auch mal irgendwas zu essen vorbereiten, sodass ich mir in den Pausen nicht erst umständlich etwas besorgen müsste.

Aber ich fühle mich morgens oft wie tot, und da Max später aufstehen muss als ich, reize ich die Schlummertaste zu seinem Missfallen so lange aus, wie ich kann. Über den Tag rette ich mich dann mit literweise Filterkaffee, der in der Schule glücklicherweise immer parat steht.

»Na, du siehst auch nicht gerade fit aus, was?«, fragt mich

Nina, als wir morgens fünf Minuten vor Unterrichtsbeginn in der Küche stehen. »Warst wohl gestern feiern?«

»Dazu habe ich doch gar keine Kraft mehr«, erwidere ich schlapp. »Ich schaff es einfach nicht, früh ins Bett zu gehen, um mal auszuschlafen. Es ist immer das Gleiche: Ich komme heim, esse was, und dann schiebe ich die Vorbereitung für den nächsten Tag ein, zwei Stunden vor mir her, weil ich einfach mal abschalten muss. Und wenn ich dann fertig bin mit den Schulsachen, ist es weit nach zwölf.«

»Das geht mir ähnlich«, antwortet Nina. »Und morgens komm ich einfach nicht aus dem Bett. Ich nehme mir immer vor, Fahrrad zu fahren, wie du, aber ich habe keine Zeit, meine Haare zu föhnen, und deshalb ziehe ich weiterhin die U-Bahn vor.« Sie grinst.

»Wenn wir es uns leisten könnten, wie ein normaler Lehrer nur 25 Stunden pro Woche zu arbeiten, wäre das sicher anders«, erwidere ich.

»*Inschallah*«, stöhnt sie. »Aber dafür müssten sie uns schon besser bezahlen. In dem Flugblatt zur DaF-Demo, die nächsten Monat vor dem Bundesministerium des Innern stattfinden soll, steht, dass wir bei normalen 25 Stunden pro Woche durchschnittlich auf etwa 1000 Euro netto kommen würden. Vielleicht sollten sie zur Abwechslung mal ein paar *echte* Lehrer in die Integrationskurse schicken.«

Wir lachen. Ich stoße meine Tasse gegen ihre, zwinkere ihr zu und gehe in meine Klasse. Auch wenn ich meinen Job nicht tauschen möchte, mehr Freizeit wäre schon schön. Erst gestern ist Frau Lemberg fast zusammengebrochen, weil ich eine Woche Urlaub eingereicht habe. Das sind fünf freie Tage. Fünf Tage, an denen ich wohlgemerkt keinen Lohn bekomme, ich arbeite ja freiberuflich. Dennoch komme ich mir jedes Mal vor, als würde ich ein heimtückisches Komplott zum Untergang der Schule schmieden, wenn ich um Urlaub bitte.

»Muss das sein?«, bat mich Frau Lemberg. »Es ist alles so eng, kannst du nicht später Urlaub nehmen? Was hast du denn Dringendes vor?«

Bis zum geplanten Urlaub waren wohlgemerkt noch acht Wochen Zeit. Und ich habe als »Freie« keine Lust, mich immer zu rechtfertigen, wenn ich mal nicht kommen kann. Grundsätzlich ist mein »Urlaub« im Jahr fix: zwei Wochen über Weihnachten und Neujahr, dazu der komplette August. Da sind meist Schulferien, und deshalb haben auch die Sprachschulen zu. Es ist zwar ganz schön, vier Wochen im Sommer frei zu haben, aber andererseits bekomme ich in der Zeit natürlich keinen Lohn, und es ist schon nervig, über seinen Urlaub nicht frei verfügen zu können, sondern ihn zugewiesen zu bekommen. Von der Aussicht, elf Monate am Stück zu arbeiten, ganz zu schweigen.

Etwas missmutig betrete ich also meinen Klassenraum. Dort reden gerade alle durcheinander. Gestern war eine große Demonstration gegen konventionelle Landwirtschaft in Berlin, viele Straßen waren gesperrt oder verstopft.

»Wuas warr da los?«, fragt Igor, und auch viele andere interessieren sich dafür, warum so viele Menschen gestern Fahnen schwenkend durch das Regierungsviertel gezogen sind. Ich erkläre, dass die Menschen es nicht mögen, wie ihr Essen produziert wird.

»Demonstration gegen Essen?«, fragt Hamed etwas verständnislos.

»Quatsch!«, kommentiert Igor. »Wenn Bauern machen viel Milch und viel Fleisch, dann ist das gut. Warum beschweren über das?«

Auf diesem Niveau ist es nicht einfach, über solch ein relativ komplexes Thema zu diskutieren, aber das Wort »Bio« kennen alle. »Sie wollen alles Bio«, sage ich daher etwas vereinfachend.

»Bio?«, stöhnt Yasmin. »Bio ist so teuer.«

»Und schmeckt nicht besser«, sekundiert Nejeb Nejeb.

»Ja, oder?«, pflichtet ihm Yasmin bei.

»Hauptsächlich«, erkläre ich, »geht es um die Tiere und Gifte.« Sofort merke ich, dass selbst das Wort Gift zu kompliziert ist. Deshalb greife ich zur Kreide, zeichne einen mehr oder weniger gut gelungenen Totenkopf an die Tafel und schreibe »das Gift, -e«. Dann erkläre ich:

»Es gibt Bauern, die ihre Pflanzen mit Gift behandeln, damit die Pflanzen schneller wachsen oder damit sie nicht von schlechten Tieren gefressen werden.« Dabei mache ich ein nagendes Insekt nach und erläutere: »Das ist nicht die Natur!«

»Bei Tiere genauso«, sagt Dina. »Die bekommen Antibiotika, damit sie nicht krank sind. Und wir essen das dann.«

Daraufhin sprechen erst einmal alle durcheinander, Preise von Netto und dem Biosupermarkt werden verglichen, Ärzte und Homepages zitiert. João meldet sich.

»Ich habe gesehen, wie viele Hühner in einem Stall gehalten werden. Viel zu viele. Sie tun sich weh und sehen krank aus. Die …«, er sucht nach einem Wort, »… Nase«, »Schnabel«, verbessere ich. »Ja, die Schnabel wird …«, dabei macht er eine Handbewegung, »mit der Schere. Wer das gesehen hat, isst kein Hühnchen mehr«, schließt er.

Wieder brandet eine Diskussion auf. Kein Huhn mehr essen, das kommt für die Araber natürlich nicht infrage. Schließlich fällt Schwein schon weg, und ohne Hühnchen bliebe kein günstiges Fleisch. Aber gutes Fleisch, das ist ihnen dennoch wichtig.

»Bei Schawarma immer gutes Fleisch«, stellt Azad klar.

Sami lacht. »Das glaubst du?«, fragt er. »Ich habe das gearbeitet, ich sehe, wo kommt es her. In die Laden. Nicht gut.«

»Oder Pferdefleisch in Lasagna!«, ruft João. »Das gibt es doch auch.«

»Ach«, ruft Nejeb plötzlich dazwischen. »Aber ist auch nicht schlimm. Pferd auch Fleisch. Und passiert ist einmal. Ich mag Pferd essen!«

»Kleinmist macht auch viel«, brummt Igor, erntet aber nur verwirrte Blicke seiner Mitschüler. Ich verzichte lieber darauf, das richtigzustellen.

»Wie kann man wissen?«, fragt Hamed mich. Ich zucke mit den Achseln und will gerade etwas sagen, als Beata traurig einwirft: »Man muss wenig essen. Wenig Fleisch. Wir sind alle Mörder, das ist nicht gut.«

»Ich esse überhaupt kein Fleisch«, erkläre ich in die kurze Stille hinein.

Sofort geht ein Raunen durch die Klasse.

»Kein Fleisch?«, fragt Hamed vorsichtig. »Sie essen kein Fleisch?«

»Seit ich zwölf bin«, erkläre ich, »habe ich kein Fleisch gegessen.« Das ist eine klare Lüge, hin und wieder beiße ich doch mal ab, aber das will ich jetzt nicht auch noch erklären müssen.

»Warum?«, fragt Basima nach.

»Nicht weil es mir nicht schmeckt. Ich finde es einfach nicht richtig, wie man mit den Tieren umgeht.«

»Ich kenne«, sagt Sami. »Meine Frau esst auch kein Fleisch. Immer wenn ich esse eine Döner, ich muss nach Hause Zähne mir putzen.«

Die Klasse bricht in Gelächter aus.

»Sonst es gibt keine Küsse für Sami«, scherzt Yasmin, woraufhin Sami rot anläuft. So kenne ich ihn gar nicht, eigentlich ist er ja immer derjenige, der alles auf das Thema Sex bringt.

Einmal hat er mich im Unterricht gefragt: »Frau Liebig, ich habe gesehen FKK, was ist das?«

»FKK bedeutet, dass Menschen dort nackt sind«, erklärte ich und wollte schnell mit dem Unterricht weitermachen.

»Wirklich?«, rief Sami daraufhin. »Das müssen Sie uns sagen, das ist wichtig.«

Ja, klar, wie konnte ich auch vergessen, meinen vorwiegend muslimischen Schülern im dritten Modul alles über Freikörperkultur zu erzählen und ihnen einen weiteren Kulturschock zu verpassen. Aber jetzt war es eh schon zu spät. Ich hörte interessiertes Flüstern durch die Reihen gehen.

»FKK gibt es am Strand«, erklärte ich. »Manchmal kann man in Deutschland nackt baden«, dabei machte ich mit den Armen Schwimmbewegungen. »In Berlin gibt es das nicht«, fügte ich hinzu, obwohl ich mich daran erinnerte, dass Max mir letzten Sommer erzählt hatte, dass er an einer abgelegenen Stelle am Müggelsee einer nicht geringen Anzahl nackter Männer begegnet war.

»Es gibt«, meldete sich da plötzlich Kelly. »Ich war in eine Sauna hier, und alle waren nackt. Ich hatte richtig Schock!«

»Was?«, Beata machte einen ungläubigen Gesichtsausdruck. »Ich denke, in Brasilien alle sind immer nackt!«

Aber das wollte Kelly auch wieder klargestellt haben: »Das ist stimmt nicht. In Brasilia ich bin nie nackt. Immer hat man was an, String und Bikini oder so.«

Ich konnte ein paar rote Köpfe in meinem Kurs ausmachen, aber das Thema war noch nicht beendet. Bisher war es ja auch noch relativ harmlos verlaufen. Aber Sami hatte noch eine

Frage: »Ich habe auch gesehen, in ein Haus in Schöneberg, wo groß steht FKK. Kann ich dich treffen da, Kelly?«

Ich stutzte, aber João lachte schon. »Das ist was anderes«, erklärte er. »Du meinst FKK-Club, oder?«

Mir schwante Übles. Wie kam ich da nur wieder raus. Ich warf einen Blick auf die zahlreichen Kopftücher in meinem Kurs und entschied, dass es jetzt sein muss – kurz und schmerzlos.

»Sami, das ist etwas anderes. Da haben Menschen miteinander Sex – und jetzt ist Schluss mit dem Thema!«

»Waaas?«, rief Sami erstaunt. »Ohne Geld?«

»Ja, ich glaube ohne Geld«, stöhnte ich.

»Ich werde gehen und sehen«, schloss Sami das Thema. Die Klasse johlte.

In eine ähnlich ausweglose Situation habe ich mich nun auch beim Thema Fleisch manövriert.

»Man kann leben, ohne Fleisch essen?«, fragt Basima interessiert. »Aber wie man wird satt? Immer Hunger bestimmt.«

Offenbar ist es trotz all der tollen vegetarischen Snacks wie Falafel, Makali oder Halloumi, die aus dem arabischen Raum zu uns gekommen sind, für viele Araber vollkommen undenkbar, ohne Fleisch zu leben. Vielleicht bestellen aber auch nur Deutsche wie ich in den arabischen Imbissen diese vegetarischen Gerichte?

Ich beschließe, die Ernährungsberatung erst einmal sein zu lassen, das wird spätestens dann wieder zum Thema, wenn im Lehrwerk Grönemeyers Song »Currywurst« drankommt. Ich will mich etwas Grundlegenderem zuwenden, dem Partizip Perfekt. Inzwischen habe ich sicher auch schon alle wichtigen Schüler aus diesem Kurs erwähnt: Igor aus Russland, die Polin Beata, Sami, Yasmin, João, Azad und Nidal … James ist ein

schlaksiger, etwa dreißigjähriger Brite aus Liverpool, der selbst
für diesen Kurs bezahlt. Sein Geld verdient er auf dem berühmten Mauerpark-Flohmarkt.

Hamed, Hassan, Mohannad und Mohannad sind zwar vom
Namen her nicht immer leicht auseinanderzuhalten. Charak-
terlich trennen sie jedoch Welten. Hamed ist ein recht junger,
weltgewandter, cooler Familienvater, der mir einmal erzählt hat,
dass er der Sohn eines Arztes ist und in einem Haus voller Bücher aufgewachsen ist. Daher weiß er ziemlich viel. Er kennt alle
Länder und viele Städte und weiß, wo sie liegen. Damit hilft er
uns oft im Kurs. Er kennt die Werke von Goethe und Schiller
und spielt daher auch oft den kleinen Kulturvermittler für seine
syrischen Landsleute. Als wir mal über Hauptstädte verschiedener Länder sprechen, erklärt er Kelly, dass Rio de Janeiro einmal
die Hauptstadt Portugals war und damit die einzige Hauptstadt
eines europäischen Staates außerhalb Europas.

»Nein, das glaube ich nicht«, wehrt sich Kelly.

»Das war, als Napoleon hat erobert ganz Europa. Da ist der
König von Portugal gegangen nach Brasilien«, erklärt Hamed.

Weil auch João das nicht glauben will, recherchieren wir das
zusammen im Internet, und es scheint tatsächlich zu stimmen.
Dabei stoßen wir allerdings auch auf den Fakt, dass in Brasilien
die meisten Japaner der Welt außerhalb Japans leben.

»Oh«, wirft Yasmin an João und Kelly gewandt ein, »gibt es
in Brasilien jetzt eine große Angst vor der Japanisierung?«

»Ich glaube nicht.« João lacht. »Es leben so viele Deutsche
in Brasilien, ich glaube 1,5 Millionen. Wir haben immer Angst
vor eine Germanisierung. Aber dann sie machen Oktoberfest,
und alle sind wieder Freund.«

Das amüsiert auch den Rest der Klasse.

Hassan, der ja eigentlich Mohammad heißt, hat sich offenbar ein Beispiel an Hamed genommen, aber irgendwie läuft das bei ihm in die falsche Richtung. Er ist ein Besserwisser, der dauernd Mitschüler belehren will und oft auch das, was ich sage, infrage stellt. Nur hat er dabei selten mal recht. Der dritte, Mohannad, »der Alte«, ist zwar erst 35, sieht aber aus wie Mitte 50. Er hat weißes Haar, und wenn man nicht wüsste, dass er aus Syrien kommt, könnte man ihn vom Aussehen her auch auf dem norddeutschen Flachland verorten. Leider stottert er stark, weshalb ich ihn kaum verstehe. Der andere Mohannad ist der bereits erwähnte Styler, der es schafft, durch endloses Nachfragen bei seinen Klassenkameraden jede Stunde mindestens so viele Wörter auf Arabisch zu sagen wie auf Deutsch.

Zu Erkan würde einem auf den ersten Blick das DaF-Schlagwort »lernungewohnt« einfallen. Dass das nicht stimmt, merkt man bald. Er ist ein junger Bursche, der erst vor Kurzem aus der Türkei gekommen ist und dessen Profession Bauarbeiter ist, mit entsprechend muskulösem Oberkörper. In jedem Kurs trinkt er mehrere Dosen Energydrinks – zusätzlich zum Kaffee in den Pausen. Dementsprechend schnell und hastig spricht er auch. Man muss sich Erkan ein bisschen wie einen großen Teddy vorstellen. Er würde gerne sehr cool sein, aber wegen des Babyspecks in seinem Gesicht möchte man ihn eher knuddeln. Erkan ist Samis bester Freund. Zusammen erleben sie viele Abenteuer in Berlin, die oftmals zum Thema in unserem Kurs werden. Dazu trägt auch die unnachahmliche Art bei, wie die beiden von ihren Taten berichten. Dabei kann ich gar nicht genau erklären, warum ich immer Zeugin dieser Ausführungen werde. Ich habe sogar unter meinen Kollegen herumgefragt, aber angeblich erzählt Sami bei Christian und während Ninas Vertretungsstunden nie von seinen absurden Geschichten. Vielleicht liegt es an unserer Klassendynamik oder an mir, ich weiß es nicht. Folgende Situation erzählen sie mir ausnahmsweise in meiner kostbaren Pause.

»Erkan und ich waren in der U-Bahn-Station«, erzählt Sami. »Wir haben uns geunterhalten. Alle Leute haben uns lächeln und lachen. Weil wir sprechen so gut Deutsch, sie mögen uns.«

Ich stelle es mir wirklich köstlich vor, wie die beiden durch Berlin laufen. Sie radebrechen auf Deutsch vor sich hin, über Mädchen, Fußball oder darüber, was es beim Bäcker in der Auslage gibt und wie teuer das ist. Und das in einer Lautstärke, die jedes Megafon übertönen würde. Das können die beiden. Ich kann mir also gut vorstellen, warum die Leute um sie herum zu kichern anfangen, wenn sie die beiden sehen.

»Auf einmal auf U-Bahn-Zug-Schild kommt Schrift. Erkan sieht Schild und ruft: ›Woooah‹«, hier schreit Sami durch den ganzen Raum, und ich gehe davon aus, dass es so auch in der U-Bahn-Station geklungen haben muss. »›Sami, was steht da?‹ Er konnte nicht lesen und ich auch schlecht. Wir standen da und reden, und plötzlich ein paar Menschen bei uns laut lachen und zeigen. Warum haben gemacht?«, fragt er mich.

»Ich … weiß nicht!?«, antworte ich vorsichtig.

»Ich denken, sie haben gedacht: Diese Menschen sprechen so gut Deutsch, aber können nicht lesen. Das ist, warum lachen.«

»Was stand denn auf dem Schild?«, frage ich, nachdem ich durch Nachfragen endlich begriffen habe, welches Schild er meint: die Anzeige am Bahnsteig.

»Es stand, dass Zug nicht kommt«, erklärt Erkan. »Ein Mann hat uns dann gesagt.«

»Er war sehr nett«, ergänzt Sami. »Er mag uns.« Dabei grinst er.

Manchmal werde ich aus Sami nicht wirklich schlau. Will er

sich mit mir einen Scherz erlauben? Ich glaube es nicht. Er ist wirklich so davon überzeugt, gutes Deutsch zu sprechen, dass er glaubt, die Leute hätten nur gelacht, weil sie die Diskrepanz zwischen Sprechen und Lesen so unmöglich gefunden hätten. Aber soll ich ihm da irgendetwas erklären? Das würde es nur noch schlimmer machen.

Dieses Gekicher, ob offen oder hinter vorgehaltener Hand, ist oft der Grund, warum Flüchtlinge sich nicht trauen, auf der Straße Deutsch zu sprechen. Natürlich gibt es gerade in den größeren Städten auch viele Arabisch sprechende Menschen, sodass die deutsche Sprache nicht unbedingt ein Muss im täglichen Leben ist. Aber auch hier fallen die Flüchtlinge auf. Das hat mir zumindest mein Lieblings-Falafelhändler erzählt, dessen Eltern aus dem Libanon kommen und der in Deutschland geboren wurde. Solche »deutschen Araber« flechten ganz selbstverständlich auch deutsche Worte ein, wenn sie Arabisch sprechen. Das merkt man auch, wenn man ihnen aufmerksam zuhört, während man sich die frittierten Kichererbsen-Bällchen schmecken lässt. Für Pfandflasche etwa kennt er kein arabisches Wort. Viele Dinge aus dem täglichen Leben haben ebenfalls keine arabische Entsprechung, genauso wenig wie Begriffe aus der Bürokratie.

Ich möchte nicht mit Samis Frau tauschen. Andererseits kann ich Sami auch gut verstehen. Er schmeckt zum ersten Mal den Geschmack der Freiheit, der sexuellen, und er ist noch jung und eventuell unerfahren. Wen wundert es da, dass er losziehen und etwas erleben will? Deshalb fragt er mich auch so viele Sachen, die irgendwie mit Sex zu tun haben.

»Frau Inga«, fragt er mich in einer Stunde, in der er ganz offensichtlich andere Sorgen hat, als dem Unterricht zu folgen, »wie nennt man, wenn man Frau hat, aber mit anderer Frau schläft?«

»Fremdgehen«, sage ich und rolle mit den Augen.

»Hm«, macht Sami und überlegt.

»Das ist ein zusammengesetztes Verb mit dem Präfix ›fremd‹ und dem starken Verb ›gehen‹«, wende ich mich an die Klasse, in der Hoffnung, das Thema wechseln zu können. »Neben ›fremdgehen‹ gibt es da auch noch andere trennbare Verben.«

Die Klasse kichert.

»Welche kennen Sie?«

»Schlafen gehen«, antwortet Yasmin.

»Baden gehen«, ruft Ibrahim. Ich schüttle den Kopf, das ist beides nicht richtig.

»Schwarzfahren«, ergänzt James. Er weiß, wie er mich ärgern kann, bzw. ärgert sich selbst über dieses Wort. James ist schwarz, und wir haben beide ein Problem damit, dass mit der Farbe schwarz Illegales assoziiert wird.

»Okay, dann lasst uns das mal konjugieren«, bestimme ich und rufe Sami gleich mal an die Tafel, damit er auf andere Ideen kommt. Schnell schreibt er:

Ich fahre schwarz
Du fährst schwarz

Manchmal überrascht er mich, das war wirklich gut.

Bei A2-Niveau will ich solche Verben immer gleich auch im Perfekt konjugiert haben, also bitte ich James an die Tafel, um die Reihe auch im Perfekt zu vervollständigen.

Ich bin schwarzgefahren
Du bist schwarzgefahren

Ich bedanke mich bei den beiden und bitte sie zurück auf ihre Plätze.

»Viele Menschen in Deutschland gehen fremd?«, fragt Sami, als er wieder sitzt. Also ist die Sache noch immer nicht vorbei.

»Ja, nein, ich weiß nicht«, stottere ich. Da hat er mich auf dem falschen Fuß erwischt. Was sagt man einem Ausländer aus einem muslimischen Land dazu, der gerade erst mit seiner deutschen Frau hierhergekommen ist?

»Ah, es ist ganz normal«, plärrt Kelly dazwischen. »Mein Mann hat immer andere Frau. Idiot. Aber ich habe gemacht Schluss!«

»Man kann das machen«, füge ich erklärend zu Sami gewandt hinzu, »aber es ist nicht gut, außer beide sind damit einverstanden, also er und sie oder er und er oder sie und sie wollen das auch.« Dabei hebe ich drohend meinen Zeigefinger.

»Kommt man in Gefängnis?«, fragt Sami. »Wenn man ist verheiratet?«

»Nein, natürlich nicht.«

»In Tunesien, du kommst in Gefängnis, wenn Polizei kommt«, erklärt Sami. »Aber oft kommt nicht Polizei, kommt Vater oder Bruder oder Bruders Frau, Familie. Und dann du bist tot.«

Schweigen in der Klasse. Ich weiß nicht, was ich dazu sagen soll.

»Wirklich?«, frage ich vorsichtig, »wenn man erwischt wird, dann …«, dabei ziehe ich meinen Zeigefinger quer über den Hals. Sami nickt.

»Trotzdem, es gibt das oft«, fügt er hinzu. »Mann und Frau heiraten jung. Oft sehr jung«, dabei guckt er die Syrer an, einige nicken wissend. »Ehre ist sehr wichtig. Als ich hatte deutsche Frau, meine Familie hat nicht mit mir gesprochen. Deshalb ich bin jetzt hier.«

Und seitdem Sami hier ist, ist er auf Frauenjagd. So hat es zumindest Yasmin einmal ausgedrückt. Und anscheinend hatte er auch schon Erfolg, zumindest bei Kelly. So lässt es zumindest der schulinterne Buschfunk verlauten, den auch ich am Rande mitbekomme. Aber Sami will noch mehr, er will sehen, was es alles so gibt in Deutschland. Er hat sich den Strich an der Oranienburger Straße angeschaut und sich erkundigt, was wie viel kostet. Er war in Sexkinos und beim Varieté. Irgendwann hat er dann erfahren, dass es in Berlin Clubs gibt, in denen es hoch hergeht. In denen Menschen in dunklen Ecken auch mal eine Nummer schieben, wenn sie es nicht mehr bis nach Hause schaffen oder danach noch weiterfeiern wollen.

Also ist er mit seinem Kumpel Erkan als Verstärkung zusammen los in den KitKatClub. An der Tür werden sie allerdings abgewiesen. Sami glaubt, man habe sie nicht reingelassen, weil sie ganz offensichtlich Ausländer waren, »Asylanten«. Ob das so ist, lässt sich schwer beurteilen. Soweit ich weiß, gehen die Leute da top gestylt und in aufwendigen Kostümen hin. Vielleicht liegt es also auch daran. Aber Sami wäre ja nicht Sami, wenn er sich davon entmutigen ließe. Am nächsten Tag ist er wieder hin, diesmal ohne Erkan. Insgeheim hat er vielleicht auch ihm die Schuld daran gegeben, dass sie abgewiesen wurden. Und siehe da: Tatsächlich, er kommt rein. Natürlich hat ihm vorher keiner gesagt, dass der Eintritt 15 Euro kostet, aber wenn das Ziel so nah ist, dann dreht man halt seine Brieftasche um und opfert sein Geld.

Es hat sich gelohnt. Der Club macht einen wunderbaren Eindruck, so erzählt es Sami mir und der Klasse jedenfalls. Es glitzert, es glänzt, die Musik ist gut, überall schöne Leute. Sami steht da wie ein kleines Kind vor dem Weihnachtsbaum. Und dann nimmt ihn auch gleich noch ein Typ am Arm, gibt ihm an der Bar ein Getränk aus und redet mit ihm. Nach ein paar Minuten wird Sami allerdings klar, dass der Typ schwul ist. Das ist es nicht, wonach Sami heute aus ist, also verabschiedet er sich höflich und guckt, wo die schönen Mädchen sind. Aber er guckt und guckt und kann keine finden, nur Männer. Bin ich zu früh?, fragt er sich. Das kann nicht sein. Wutentbrannt rennt er zum Türsteher: »Wo sind die Frauen, es sind ja nur Männer da«, beschwert er sich.

»Ist ja auch ein Schwulenabend, Junge«, antwortet der Türsteher grinsend.

Sami erstarrt. Natürlich hat er sich vorher nicht das Programm angeguckt, er ist einfach rein. Und jetzt das! Er zögert. Eigentlich will er wieder raus, aber Pech gehabt, er hat 15 Euro Eintritt gezahlt.

»Also war ich weiter da«, beschließt er seine Erzählung. »Und habe vier Stunden getanzt. War auch schön.«

Auch wenn solche Erlebnisberichte nicht unbedingt zum Unterricht gehören, nützlich sind sie dennoch. Ein Schüler kann und will frei erzählen und die anderen hören aufmerksam zu und fragen nach, wenn sie etwas nicht verstehen. Außerdem ergeben Samis Geschichten oft Anknüpfungspunkte, meist die Rolle der Frau in der Gesellschaft betreffend. Viele interessante Dinge, die so im Unterricht gesagt werden, kommen daher ganz ungezwungen und werden in anderen Kursen sicher nicht so besprochen, oder doch? Manchmal wäre ich gern bei meinen Kollegen, um zu hospitieren, schließlich lernt man nie aus. »Warum machen Frauen so was nicht wie Sami?«, fragt etwa Yasmin im Anschluss an Samis Erzählungen, nach der wieder mal alle mit offenem Mund dasitzen, inklusive mir.

»In Syrien man sagt so«, antwortet darauf Fatima, »Frauen haben schöne Augen, damit sie nichts Schlechtes sehen. Sie haben schöne Mund, damit sie nichts Schlechtes sagen. Schöne Füße, damit sie nicht gehen, wo schlecht. Es ist Erziehung.«

»Man sagt das kleinen Mädchen, und sie glauben«, ergänzt Hamed.

»Genau. Eigentlich Mann und Frau sind gleich. Es ist nur Erziehung.«

An dieses Sprichwort und die schlaue Erklärung von Fatima dazu habe ich oft denken müssen. Das Frauenbild muslimischer Männer erscheint uns manchmal eigenartig ambivalent. Frauen werden gleichzeitig auf Händen getragen und als Menschen zweiter Klasse behandelt. Einmal, noch in Bayern, traf ich einen alten Iraker, den ich auch im Unterricht gehabt hatte, humpelnd auf der Straße.

»Wie geht es Ihnen?«, fragte ich.

»Ah, ist gut«, antwortete er. »Deutschland ist schön. Alle Frauen hier so schön, wie die Sonne. Alte Frauen schön, junge Frauen schön, Mädchen schön. Sie sind schön«, sagte er dann ganz direkt zu mir, was mir natürlich schmeichelte, aber auch ein bisschen unangenehm war. Ich versuchte, schnell das Thema zu wechseln:

»Sie humpeln ja. Ist Ihr Bein verletzt?«

»Ich muss nach Arzt. Ist kaputt. Sehen Sie«, dabei deutet er auf das rechte, gute Bein: »gut«, um dann auf das linke zu deuten und »kaputt« zu sagen. Ich sagte so etwas wie, »Aha, okay«, er wiederholte seine Gesten noch mal: »gut« und »kaputt«.

»Ist wie Mann«, flüsterte er und schaute mich verschmitzt an, wobei er auf das rechte Bein deutete, »und Frau.« Damit war das linke, kaputte Bein gemeint.

Meine Miene verfinsterte sich. Er sah wohl, dass der Vergleich nicht so gut ankam, und versuchte sich rauszureden:

»Ah nein, ist ein Witz. Ist Mann und Kind.«

Das machte es auch nicht besser. Wie konnte dieser Mann in einem Moment noch die Schönheit aller Frauen preisen und sie im nächsten Moment mit seinem kaputten Bein vergleichen? So etwas will mir einfach nicht in den Kopf. Ein ähnliches Erlebnis habe ich mit Nidal, der im Unterricht immer eine Kette mit vielen aneinandergereihten Holzperlen durch seine Finger gleiten lässt.

»Was machen Sie da«, frage ich ihn interessiert, »was ist das?«

Natürlich weiß ich, dass es sich dabei um eine Gebetskette handelt. Aber es ist immer gut, Gespräche um Alltagsgegenstände herum zu beginnen. Als er mir erklärt, dass jede Kugel ein Gebet symbolisiere, stößt Fatima einen verächtlichen Schnaufer aus.

»Wissen Sie, Frau Inga«, sagt sie zu mir. »Es gibt zwei Ketten, eine für Mann, eine für Frau. Für Frau ist länger.«

Nidal grinst.

»Und warum?«, fragt Basima mich provozierend. Ich zucke mit den Achseln.

»Weil sie glauben, Frau macht mehr Sünde. Das ist, weil Frau spricht mehr als Mann. Deshalb sie muss mehr beten!«

Wie passt das zusammen mit dem schönen Mund, der nie etwas Schlechtes sagt? Aber generalisieren kann man sowieso schlecht, und ich glaube und hoffe, dass die Umstände, unter denen man lebt, viel dazu beitragen, wie man sich verhält. Das betrifft auch das Verhältnis zwischen Mann und Frau. In meinen Kursen habe ich viele selbstbewusste, kluge Frauen erlebt, mit und ohne Kopftuch. Sie werden ihren Weg bei uns schon gehen, auch wenn einige Männer vielleicht etwas länger brauchen werden, um ein liberales Geschlechterbild an den Tag zu legen. Frauenfeindliche Sprüche hört man auch an deutschen Stammtischen nach wie vor, da muss man nur mal auf ein richtiges Dorffest in der Provinz gehen oder in den Späti um die Ecke.

Ich merke allerdings schon, dass viele Frauen in meinen Kursen dem klassischen Bild einer Hausfrau entsprechen, darunter einige Syrerinnen und viele Türkinnen. Es gibt 22-jährige junge Mädchen, die auf meine Frage, was sie von Beruf sind, mit »Ich bin Hausfrau« antworten. In unserem Buch steht im Vokabular übrigens der Hausmann gleich neben der Hausfrau, was regelmäßig zu Diskussionen führt. »So etwas gibt es doch gar nicht«, rufen die Schüler. Ich erwähne dann gerne, dass es Max' Traum ist – dabei male ich mit dem Finger eine comichafte Traumblase über meinen Kopf –, nicht mehr zu arbeiten und Hausmann zu sein. Manchmal möchte ich meine Schüler einfach vor den Kopf stoßen. Und die Wirkung bleibt nicht aus: Es wird gelacht, gestaunt, und es bilden sich zwei Parteien, die lebhaft miteinander diskutieren.

Müsste Max davon ausgehen, dass er die gleichen »Hausfrauenpflichten« wie Yasmin hätte, würde er es sich sicher noch einmal überlegen.

Einmal kommt Yasmin nach dem Kurs zu mir und entschuldigt sich, dass sie am nächsten Tag nicht kommen könne.

»Warum nicht?«, will ich wissen, obwohl es mich ja eigentlich nichts angeht. Aber Yasmin und ich verstehen uns ganz gut.

»Morgen Nachmittag um 15 Uhr es gibt viele Freundinnen in meinem Haus. Ich muss viel kochen. Meine Schwiegermutter hat gesagt, alle kommen.«

»Ihre Schwiegermutter? Hat sie Geburtstag?«

»Nein, nein, sie hat gesagt zu Freundinnen, sie sollen kommen.«

»Ihre Schwiegermutter hat Freunde eingeladen, und Sie müssen für alle kochen?«, hake ich nach.

»Ja, einmal ich habe Nein gesagt, weil ich war krank, zweimal du darfst nicht sagen Nein, wenn du liebst deinen Mann, das geht nicht«, antwortet sie und zuckt mit den Schultern. »Ist normal in Türkei. Immer musst du machen alles für Schwiegermutter.«

Nicht im Traum käme ich dazu, mir so etwas aufhalsen zu lassen. Vielleicht, wenn man seine Schwiegermutter sehr gerne hat und ihr zu ihrem Geburtstag eine Freude machen will. Aber sicher nicht »weil sich das so gehört«. Zumal ich weiß, dass viele muslimische Frauen – eigentlich alle, die ich kenne – ein äußerst problematisches Verhältnis zu ihren Schwiegermüttern haben. Die Mutter des Mannes ist das personalisierte Böse.

Das merke ich auch wieder, als ich mit meiner Klasse eine Runde »Ich fahre in den Urlaub und packe meinen Koffer« spiele. Reihum muss jeder sagen, was er in den Koffer packt, und alle müssen das dann wiederholen und dem etwas Neues hinzufügen, bis einer was vergisst. Das Spiel dümpelt dahin, bis Dina sagt: »Ich packe meine Schwiegermutter ganz klein in meinen Koffer!« Alle lachen, und Yasmin, die jetzt an der Reihe ist, setzt noch einen drauf: »Ich packe die Schwiegermutter und eine Schlange in den Koffer!« Abermals zustimmendes Gelächter. Fatima, die als Nächste dran ist, ergänzt trocken: »Ich mache Koffer auf, Schlange ist tot.« Allgemeines Nicken. Ja, so ist das, gegen die Schwiegermutter kommt nicht mal eine Schlange an.

Nach der Stunde kommt Yasmin wieder zu mir: »Frau Inga, ich hoffe, Sie denken nicht schlecht über mich, weil ich habe gesagt das mit Schwiegermutter. Aber ist wirklich schwer. Und geht nicht nur mir so. Die andere Tag wir hatten kleines Fest in unsere Haus, und ich habe mich mit deutsche Frauen unterhalten. Sie haben auch böse Schwiegermutter. Als ich gemerkt habe, dass deutsche Frauen ihre Schwiegermütter auch nicht mögen, war so schön. Habe ich zum ersten Mal das Gefühl gehabt, zu Hause zu sein.« Die Auseinandersetzung mit der Schwiegermutter verunsichert die sonst so kluge und selbstbewusste Yasmin merklich. So essenziell ist dieses Problem in ihrem Leben. Und so wenig unterscheiden sich die Kulturen.

Kochen und backen scheint eine sehr beliebte Freizeitbeschäftigung muslimischer Frauen zu sein. Das merke ich immer wieder auf unseren kleinen Partys, wo sie oft einfach genial leckere Kreationen zaubern. Sie sehen es nicht als Mühe, für Gäste zu kochen, sondern als Ehre. Das geht so weit, dass man sich in einem Mehrfamilienhaus wie selbstverständlich dabei hilft, wenn irgendwo eine Feier ist. Gibt es einen Geburtstag im dritten Stock, dann kochen und backen die Frauen aus allen Stockwerken, damit es ein gelungenes Fest wird. Was mich am meisten daran verblüfft, ist, dass sie auch dann gerne helfen, wenn sie selbst nicht eingeladen sind. Jeder Deutsche würde sich mit Händen und Füßen dagegen wehren, die Hilfe seiner Nachbarn beim kalten Buffet anzunehmen, wenn er nicht vorhat, sie auch einzuladen. Ist es nicht schöner, wenn man sich hilft, weil man sich helfen will, und nicht, weil die Mutter es von einem verlangt und erwartet? Einfach nur, um nett zu sein? Ich finde, das ist eine Sitte, die wir sehr gerne übernehmen können.

Angenommen, dass mir die Omi von gegenüber ihren leckeren Kartoffelsalat machen würde, immer wenn ich eine Party gebe, wäre das doch eine schöne Nachbarschaft.

Nachdem Kelly in der letzten Stunde »ich habe das Handy gebenutzt« gesagt hatte, was mir zu denken gab, will ich die Perfektbildung wiederholen. Auf jeden Fall hat Kelly überlegt, bevor sie geredet hat. Die meisten Verben bekommen als Partizip Perfekt das Präfix »ge-«: Ich habe gespielt, ich habe gesprochen, ich habe gehabt. Aber leider ist die deutsche Sprache reich an

Ausnahmen. Zum einen werden nicht alle Verben mit dem Hilfsverb »haben«, sondern auch mit »sein« gebildet. Da das zum Beispiel für »laufen«, »gehen«, »fahren« oder »kommen« gilt, liegt die Vermutung nahe, dass es sich dabei um Verben der Fortbewegung handelt. Aber auch »wachsen« oder »einschlafen« werden mit »sein« gebildet, und die lassen sich definitiv schlecht unter Fortbewegung zusammenfassen. Ich nenne sie daher gerne Verben der Positionsänderung. Allerdings: auch »sein« und »bleiben« wird mit »sein« gebildet.

Hat man diese Hürde genommen und will jetzt beispielsweise das Verb »informieren« im Perfekt benutzen, muss man auch noch beachten, dass Verben auf »-ieren« generell kein »ge-« vorangeht. Und das ist immer noch nicht alles. »Ich habe telefoniert« kann Kelly jetzt schon fehlerfrei sagen, aber warum heißt es nicht »gebenutzt«? Benutzen ist ein Verb mit Präfix. Denn es setzt sich aus »be-« und »nutzen« zusammen. Trotzdem ist es nicht trennbar. Wäre es trennbar, wie zum Beispiel ankommen, käme das »ge-« übrigens auch nicht an den Anfang, sondern in die Mitte: Ich bin an*ge*kommen. Es gibt aber auch Verben mit Präfix, die nicht trennbar sind. Um genau zu sein, sind das Verben, die mit »ge-«, »emp-«, »er-«, »ver-«, »zer-«, »ent-« oder »be-« beginnen. Und wenn man nun von einem solchen Verb das Partizip Perfekt bilden will, muss man darauf achten, dass diese kein »ge-« vor den Wortstamm bekommen. Wie benutzen. Das alles hätte Kelly in ihrem Kopf durchspielen müssen, bevor sie so einen einfachen Satz wie »Ich habe mein Handy benutzt« korrekt hätte sagen können. Und deshalb büffeln wir das jetzt wieder bis zum Erbrechen. Dabei habe ich hier noch nicht mal alle Extraformen aufgezählt. Besonders blöd ist es, wenn die Schüler in anderen Schulen lernen, dass diese Verbform Partizip II heißt. Bei mir sollen sie dann plötzlich das Partizip Perfekt bilden. Nicht mal das ist einheitlich. Auch wenn solch ein Unterricht ermüdet, muss ich doch lächeln: Irgendwann werde ich ihnen sagen, dass es Verben gibt, die zwar ganz gleich aussehen, aber unterschiedlich gebildet werden und natürlich auch eine andere Bedeutung haben. Wie »umfahren« und »umfahren«: Ich habe den Baum umfahren. Ich habe den Baum umgefahren. Aber dafür ist es noch zu früh.

Leider läuft trotz aller Erklärungsversuche noch lange nicht alles einwandfrei.

»Ich habe seit 18 Jahre geheiratet«, sagt Basima gerade. Gerade »heiraten« ist ein schwieriges Wort, das häufig falsch verwendet wird. Vor allem den Unterschied zwischen »verheiratet sein« und »geheiratet haben« zu treffen, gleicht oft einem Glücksspiel. Da wird wild alles zusammengeworfen, was ich an die Tafel geschrieben habe.

Genau in dem Moment, als ich den Satz nach langem Ringen (und so etwas dauert wirklich lange) geradegebogen habe, legt Hassan nach: »Ich war in Syrien gebort!«

»Nein«, sage ich, »wie heißt der Infinitiv von gebort?« Schweigen, ratlose Gesichter. »Gebären«, sekundiere ich. Gut, ich gebe zu, das ist schwer, das benutzt ja auch praktisch niemand in dieser Form. Jetzt aber weiter: »Wo gehört es hin, zu sein oder haben?« Dabei deute ich auf die beiden Seiten der Tafel, an der die Beispielwörter stehen.

»Haben«, vermutet er. Das sagt er natürlich nur, weil sein »war« ganz offenbar falsch war.

»Nein, ›sein‹ ist schon ganz richtig.« Dass ›gebären‹ allerdings mit ›haben‹ gebeugt werden kann und dabei wieder eine völlig andere Bedeutung herauskommt, lasse ich lieber beiseite, um Hassan und die anderen nicht noch mehr zu verwirren.

»Aber wo ist dann der Fehler?«, wundert sich Hassan.

Das Partizip Perfekt wird im Normalfall mit -t am Ende gebildet, da hatte Hassan recht. Aber gebären ist ein starkes Verb und endet daher auf »-en«. Das erkennt man eigentlich schon an dem Vokalwechsel von -ä- auf -o-.

Abgesehen davon ist »Ich war geboren« zwar grammatikalisch richtig. Nur sagt das eben niemand.

»Sie haben das mit dem Präteritum verwechselt«, sage ich. »Das hatten wir letzte Stunde. ›Ich bin in Syrien geboren‹ muss es heißen.«

»Puh, deutsche Sprache ist wie Mathematik!«, stöhnt Basima und schüttelt den Kopf.

Auch wenn ich über diesen Vergleich immer wieder lachen muss, er trifft schon etwas Wahres, und wirklich einfach ist die deutsche Sprache nicht. Deshalb freue ich mich auch immer darüber, wenn meine Schüler etwas richtig sagen, anstatt mich zu ärgern, wenn ich etwas Falsches höre. Zumal ich mir ziemlich sicher bin, dass auch Muttersprachlern nicht alle Regeln bekannt sein dürften, die meine Schüler büffeln müssen.

Andererseits unterschätzen meine Schüler manchmal, wie wichtig das Beherrschen der deutschen Sprache ist, um einen guten Job zu bekommen. Das wird am nächsten Tag deutlich, als Hamed mir freudestrahlend erzählt, dass sein Bruder endlich in Berlin ist. Er hat es tatsächlich geschafft, die Meerenge zwischen der Türkei und den griechischen Inseln zu überqueren, von dort eine Fähre ans Festland zu besteigen und sich zu Fuß und per Bahn nach Berlin durchzuschlagen. Hamed ist überglücklich:

»Zaid ist Student an Universität. Er macht Englisch.«

»Hui, das ist aber schön!« Ich freue mich mit ihm. Wie oft schon habe ich andere Geschichten hören müssen, von Schülern, deren nahe Verwandte die Flucht nicht überlebt haben oder von denen zumindest jedes Lebenszeichen fehlt?

»Sicher er wird hier an Universität schnell finden eine Job, wenn fertig mit studieren.«

»Jaaa ...« Da bin ich mir nicht so sicher, aber das verschweige ich in diesem freudigen Moment lieber erst einmal.

Abends spreche ich mit Max darüber. Nach allem, was wir wissen, wird keine deutsche Universität auf die Idee kommen, Zaid als Dozenten anzustellen. Gerade für den Sprachunterricht Englisch mangelt es in Deutschland nicht an Lehrern, viele davon Muttersprachler. Das ist traurig, aber wahr. Andererseits gibt es immer wieder Fälle, in denen Geflohene ganz schnell einen Job finden, gerade weil Unternehmen ein Zeichen setzen wollen. Die Hoffnung stirbt zuletzt. Aber die Chancen, dass Zaids Qualifikation hierzulande anerkannt wird, sind gering, zumal der zerfallende syrische Staat kaum Interesse und Möglichkeiten hat, entsprechende Dokumente bereitzustellen oder zu beglaubigen.

In jedem Kurs gibt es Schüler, die mir erzählen, dass sie in Syrien auf die Universität gegangen sind oder Lehrer waren. Es scheint ihnen ein großes Bedürfnis zu sein zu vermitteln, dass sie keine einfachen Leute, keine Armutsflüchtlinge sind. Und viele klagen darüber, wie ungewohnt es ist, sich plötzlich in der Rolle eines Schülers wiederzufinden, nachdem sie jahrelang selbst Schüler unterrichtet haben oder Chef einer Firma waren. Sie wollen möglichst schnell wieder zurück in ihren alten Beruf.

Zaid hat Glück. Nachdem mir Hamed erzählt hat, wie schwer es Zaid fällt, alles bei den Behörden geregelt zu bekommen, beschließt Max, Zaid im Lager zu besuchen und ihm ein bisschen zu helfen. Zaid ist inzwischen offiziell als Flüchtling anerkannt, aber er findet keine Wohnung in Berlin. Hamed und Basima, die mit ihrem Kind in einer Einzimmerwohnung leben, möchte er nicht zur Last fallen. Aus seinem Zimmer im

Lager, das er mit vier anderen Flüchtlingen teilt, möchte er trotzdem raus. Ein Geflohener, der von einem Deutschen begleitet wird, hat bei den Ämtern einen völlig anderen Stand. Anträge sind schwer auszufüllen und die Vorgänge nicht immer einfach zu durchschauen, gerade für jemanden, der kein Deutsch spricht. Die Beamten weichen nur in Ausnahmefällen auf Englisch aus. Das ist nicht unbedingt böse gemeint. Rechtlich relevante Auskünfte dürfen sie nur auf Deutsch geben, da sie aufgrund mangelnder englischer Sprachkenntnisse etwas Falsches sagen oder – und das ist ebenso wahrscheinlich – falsch verstanden werden könnten. Denn auch das Englisch der syrischen Flüchtlinge ist nicht immer das beste.

Ich habe in Bayern oft Asylsuchende bei ihrem Asylverfahren begleitet und viele Lager von innen gesehen, daher möchte ich Max lieber nicht begleiten. In solchen Unterkünften herrscht immer ein ganz eigener Geruch: nach scharfem Putzmittel, süßem Männerparfum und fettem Essen. Mich deprimieren diese Lager einfach ungemein. Hinter dem Haus liegen Berge von Plastikmüll, weil niemand den Flüchtlingen erklärt, was in welche Tonne kommt. Stattdessen hört man vom Wachpersonal nur Sprüche wie: »Nicht mal das können die.« Auf den kleinen Zimmern findet man keine Ruhe, oft teilen sich vier Personen oder mehr solch einen Raum, in dem man die Luft schneiden kann, weil einige vor Nervosität viel rauchen, die Heizung auf fünf drehen, um ein bisschen Heimatflair zu genießen, und dabei kaum lüften. Dazu klopft alle fünf Minuten jemand an die Tür, sofern es die Runde gemacht hat, dass ein deutscher Helfer da ist, dem man seine Schreiben und Dokumente zeigen kann, in der Hoffnung, etwas erreichen zu können, weil die Flüchtlinge selbst oft gar nicht verstehen, was und wie sie alles ausfüllen müssen. Ein häufiges Problem ist etwa, dass Flüchtlinge von einem Lager in ein anderes umgesiedelt werden, ohne zu wissen, dass sie sich in solch einem Fall eigenständig beim Jobcenter ummelden müssen. Sie kennen die deutsche Bürokratie eben noch nicht. Das Jobcenter schickt dann einen Brief an die alte Adresse mit der Aufforderung, zu einem Termin zu kommen. Nimmt ein Flüchtling diesen Termin nicht wahr, weil er den Brief überhaupt nicht bekommen hat, werden ihm wiederum die Bezüge gekürzt.

Wenn man abends nach Hause kommt, hat man vielleicht einem Menschen geholfen, aber hundert weitere Geschichten gehört, bei denen man das Gefühl hat, dringend etwas tun zu müssen. Freiwillige Hilfe in Aufnahmezentren ist ein Fass ohne Boden, und man darf nicht zu zart besaitet sein und sich alles zu Herzen nehmen, damit man unter dieser Last nicht kapituliert. In Bayern habe ich schnell gemerkt, dass ich ein Netzwerk, eine Organisation brauche – allein ist die Hilfe kaum zu stemmen, auch wenn es um den nötigen Druck bei den Ämtern geht, die Fälle zu bearbeiten. Abschiebungsbescheide nach zehn Jahren, die Situation am LAGeSo in Berlin – wie ein Asylverfahren in Deutschland abläuft, ist nur schwer vorstellbar, wenn man es nicht erlebt hat. Immerhin wurden die Verfahren endlich beschleunigt. Nichts ist schlimmer als das unbestimmte Warten der Asylsuchenden und die ewige Unsicherheit, was ihre Lage angeht. Das zermürbende Warten schürt auch schnell Aggressionen in den Unterkünften, vor allem wenn Nationalitäten, die traditionell ein angespanntes Verhältnis zueinander haben, oder auch Anhänger verschiedener Konfliktparteien aufeinandertreffen. Bei den Syrern in meiner Klasse höre ich auch immer wieder die Wut, die sie im Lager packt, wenn sich Menschen aus anderen Ländern als Syrer ausgeben, weil sie sich dadurch eine Bewilligung ihres Asylgesuchs erhoffen. Allerdings gibt es Profis beim BAMF, die anhand des Sprachbildes erkennen können, aus welchem arabischsprachigen Land man kommt. Dann werden solche »falschen Syrer« wieder aussortiert.

Eine Unterkunft außerhalb des Lagers für Zaid zu finden gestaltet sich nicht einfach, gerade in Berlin, wo der Wohnungsmarkt angespannt ist. Problematisch ist nicht nur, dass sich die Vermieter bei diesem Mangel an bezahlbarem Wohnraum ihre Mieter aussuchen können und sie Arbeitnehmer den Arbeitslosen stets vorziehen, Zaid hat weder eine Meldebescheinigung noch ein Konto. Es ist praktisch unmöglich, mit solchen Voraussetzungen an eine Wohnung zu kommen. Aber eine Meldebescheinigung bekommt er nur durch die Bestätigung des Vermieters und das Konto nur, wenn er einen Wohnsitz nachweisen kann. In Berlin ist jedoch prinzipiell alles möglich, und so findet Max eine Pension, die Zimmer an Asylberechtigte vermietet. Solche Zimmer genügen wiederum dem Einwohnermeldeamt, um eine Meldebescheinigung auszufüllen.

Noch ist das Zimmer allerdings nur reserviert, und das auch nur für drei Tage. In der Zeit muss Zaid die Erklärung zur Kostenübernahme vom Jobcenter vorweisen. Damit alles reibungslos läuft, begleitet ihn Max. Dort heißt es natürlich erst einmal Nummer ziehen und warten.

Man kann sich nicht vorstellen, wie all die Flüchtlinge, ohne Deutsch sprechen zu können und ohne Kenntnisse des deutschen Wohnungsmarktes (d. h. Ausstattung, Lage, Mietkosten, Kündigungsfristen), sich selbst Unterkünfte organisieren sollen. Viele Syrer neigen auch dazu, nach zu großen Wohnungen zu suchen, da sie Küche und Bad je als Zimmer zählen und davon ausgehen, dass eine Dreizimmerwohnung nur ein Zimmer neben Küche und Bad hat. Auch die Stockwerke zählen sie anders. Dass in Deutschland die zweite Etage erster Stock heißt, ist wahrscheinlich sowieso weltweit einmalig. Es ist doch kein Wunder, dass die, die keine Unterstützung durch Freiwillige erfahren, sich dorthin orientieren, wo bereits andere Flüchtlinge aus ihrer Heimat wohnen und alles ein bisschen einfacher geht. Das allerdings wird ihnen postwendend negativ ausgelegt, Stichwort: mangelnder Integrationswille und Parallelgesellschaft.

Zaid zeigt Max in der gemeinsamen Zeit viele Bilder aus seiner Heimat Homs auf dem Handy. Einige schöne von vor dem Krieg, einige schlimme von heute. Zaid war Student an der lokalen Universität, bis der Krieg und die totale Zerstörung der Stadt kein Studium mehr zuließen. Als Homs, die einstige Hauptstadt der Rebellen, schließlich wieder von den Regierungstruppen erobert wurde, sollte Zaid zum Militärdienst eingezogen werden. Das war der Punkt, an dem er nicht mehr in Syrien bleiben konnte. Im Krieg zu leben sei eine Sache, erklärte er auf Englisch, aber noch für den Diktator zu kämpfen sei etwas völlig anderes.

»Ich habe Bilder gesehen, wie Berlin nach dem Zweiten Weltkrieg aussah«, erzählt er. »Kennst du das Bild, wo Frauen direkt neben dem Brandenburger Tor im Kartoffelacker sitzen? Heutzutage kann man sich das nicht mehr vorstellen. Wenn wir Syrer Bilder vom zerstörten Berlin sehen, gibt uns das Hoffnung. Wenn wir in unsere Heimat schauen, können wir uns nicht vorstellen, dass es jemals wieder so aussehen wird wie früher. Aber ihr habt es geschafft, alles wiederaufzubauen. Also werden wir es auch schaffen!«

Zaids Sachbearbeiter unterschreibt tatsächlich ohne zu zögern die Kostenübernahme für das Zimmer. Nur an das Geld zu kommen wird für Zaid zum Problem, da er ja noch kein Konto hat. Direkt an den Vermieter will das Amt die Miete nicht überweisen, da es sich nur um eine vorübergehende Unterkunft handle. Man könne einen Scheck verschicken, aber das lehnt Zaid ab, weil er der Post nicht traut. Also bleibt nur, sich das Geld bar auszahlen zu lassen. Dafür muss Zaid jeden Monat in diesem sowieso vollkommen ausgelasteten Amt anstehen. Zumindest soll es nun ein neues Gesetz geben, dass die Banken verpflichtet, jedem, auch Obdachlosen und Flüchtlingen, ein Konto zu geben. Das würde vieles erleichtern.

Einen Zuschuss zur Anschaffung von Winterkleidung bekommt Zaid allerdings trotz seines deutschen Helfers nicht. Es geht um die Einmalzahlung von etwa 120 Euro. Von selbst wäre Zaid wohl nie auf die Idee gekommen, dass man so etwas beantragen kann, aber Max hat ihm gesagt, er solle doch beim berühmt-berüchtigten LAGeSo in Berlin danach fragen. Dort erhält er nach tagelangem Anstehen allerdings die Auskunft, der Zuschuss werde ihm vom Jobcenter ausgezahlt, da er ja einen anerkannten Flüchtlingsstatus besitze, sei das für ihn zuständig.

Also sitzen Max und Zaid beim Jobcenter, freuen sich über die Bewilligung der Kostenübernahme für das Zimmer, mit der nun ein fester Wohnsitz und rasch auch ein Konto beantragt werden kann, und reichen dem Sachbearbeiter den bereits vorbereiteten Antrag.

»Hmmm«, überlegt der. Und zu Max: »Hat er denn schon irgendwo anders Geld bekommen?«

Max übersetzt die Frage, und Zaid erklärt, er habe nirgends Geld bekommen, das LAGeSo habe ihn ja hergeschickt.

»Aha«, sagt der Sachbearbeiter. »Er war also beim LAGeSo mit dem Antrag?«

Ja, das war er.

»Und er hat nichts bekommen?«

Nein, hat er nicht.

»Kann er das beweisen, hat er das schriftlich?«

»Hast du irgendein Papier vom LAGeSo bekommen?«, fragt Max.

Nein, hat er nicht.

»Hm, da kann ich nichts machen«, erklärt der Beamte. »Ich brauche einen Negativbescheid vom LAGeSo, damit ich das Geld bewilligen kann.«

Max ist entsetzt. Wie soll man denn jetzt an solch einen Negativbescheid kommen?

»Da müsste er noch mal zum LAGeSo, am besten zu dem Sachbearbeiter, der ihm das damals gesagt hat.«

Das ist natürlich unmöglich. Wer die Zustände beim LAGeSo kennt, kann das nur lächerlich finden. Kein interner Dienstweg, keine gemeinsame Datei auf einem Zentralrechner: Jobcenter und LAGeSo haben nichts miteinander zu tun.

Als Zaid erfährt, dass es keinen anderen Weg gibt, als sich noch einmal beim LAGeSo anzustellen, kann er es nicht fassen. Es würde wieder mehrere Tage dauern, um überhaupt ins Amt eingelassen zu werden, draußen hat es wenige Grad über null, es ist Dezember. Und das alles, um sich einen Negativbescheid abzuholen, dass man kein Geld für Winterklamotten bekommt, um sich erneut beim Jobcenter anzustellen? Den einzelnen Beamten kann man keinen Vorwurf machen, sie tun, was sie können. Auch Zaids Sachbearbeiter ist eigentlich sehr nett. Aber anstatt funktionierende Strukturen aufzubauen, die sich auch unter Stress bewähren, hat man jahrelang gespart, wo man nur konnte, vor allem am Personal. Die Flüchtlinge haben dieses System, das eh nie richtig funktioniert hat, nun durch ihre schiere Masse als das geoutet, was es ist: eine bürokratische Katastrophe.

Abends treffen Max und ich uns mit Zaid zum Essen. Wir

haben den libanesischen Imbiss bei uns in der Nähe ausgesucht, bei dem wir gerne essen.

»Schade«, bemerkt Zaid, als er hereinkommt. »Ich hätte auch gerne mal deutsche Küche gegessen.«

Zaid spricht auf Englisch, bisher hat er noch keinen Deutschkurs besuchen können.

»Weißt du«, erzählt Max, »Deutsche essen nicht so gerne Deutsch, das ist ein bisschen komisch bei uns. Die deutsche Küche ist sehr fett, mit sehr viel Fleisch. Das ist irgendwie out.«

Er lacht.

»Viel Fleisch ist doch gut«, bemerkt Zaid.

»Okay, nächstes Mal gehen wir deutsch essen«, verspricht Max. »Aber das meiste Fleisch ist vom Schwein.«

Zaid macht eine wegwerfende Handbewegung. »Jetzt, da ich in Deutschland lebe, kann ich genauso gut Schweinefleisch essen.«

»Oder du wirst Vegetarier«, rate ich ihm. »Das ist in Deutschland noch viel angesagter als Schweinefleisch. Und so gesund!«

Als Beweis bestelle ich eine große vegetarische Platte für uns, mit Falafel, Makali, Halloumi, Tabouleh und viel Hummus.

»Wie sehen denn deine Pläne aus, Zaid?«, erkundigt sich Max. »Wirst du bald ein Schüler von Inga sein?«

»Ich glaube nicht. Dafür habe ich keine Zeit. Ich muss möglichst schnell Geld verdienen, weil meine Frau noch in Syrien ist. Die muss ich holen, und die deutschen Behörden wollen so viele Papiere in so kurzer Zeit, dass ich vielleicht doch bezahlen muss, damit sie herkommen kann. Also muss ich schnell fertig studieren. Aber es ist kompliziert, mein bisheriges Studium hier anerkennen zu lassen, und ganz von vorne anfangen will ich nicht.«

»Ich habe gehört, es gibt in Berlin auch eine Universität

für Refugees«, erzählt Max, »vielleicht wäre das auch was, da brauchst du keine Nachweise.«

»Nein, das ist nichts für mich«, wehrt Zaid ab. »Ich will richtig studieren, als normaler deutscher Student. Alles andere ist Quatsch.«

»Und wenn das jetzt mit den Nachweisen nicht klappt?«, frage ich.

»Dann muss ich mir einen Job suchen. Dann muss es eben so sein. Ich bin bereit, alles zu machen.«

»Und in deiner Pension, wie ist es da?«, erkundigt sich Max.

»Nicht besonders, aber auf alle Fälle besser als im Lager. Ein Freund hat mir letztens erzählt, dass jemand sehr krank war und sie versucht haben, einen Rettungswagen zu rufen. Aber dort haben sie immer wieder aufgelegt, weil niemand richtig Deutsch konnte und sie nichts verstanden haben. Dreimal haben sie es versucht, aber es ist kein Notarzt gekommen.«

Ich bin schockiert. Noch am selben Abend beschließen Max und ich, möglichst bald ins Lager zu fahren, um dort Poster aufzuhängen, die nach dem Schema »Wer? Wo? Was? Wie?« erklären sollen, wie man sich bei der 112 verhält.

Bei all diesen Problemen ist für mich klar: Ohne Sprachkenntnisse geht es nicht. Man kann diese unsinnigen Diskussionen, ob Syrer besser in den Arbeitsmarkt einzugliedern seien, wenn man für sie eine Ausnahme beim Mindestlohn macht, so lange führen, wie man will. Richtig helfen wird ihnen nur das Verständnis der deutschen Sprache. Nur so können sie ihre Kompetenzen voll in den Arbeitsmarkt einbringen, ihre Arbeitnehmerrechte wahrnehmen, soziale Kontakte aufbauen und pflegen und in dem Land, in dem sie leben, an der öffentlichen Kommunikation teilnehmen.

Als ich am nächsten Morgen in die Schule komme, trifft

mich der Schlag. Im Korridor stauen sich die Menschen förmlich vor dem Büro. Heute soll ein neuer A1-Kurs beginnen, und anscheinend gibt es eine Menge Fragen. In dem schmalen Flur stehen bestimmt vierzig Menschen an, die sich für einen Kurs eintragen wollen, Bücher kaufen wollen, Fragen zur Organisation haben oder andere Informationen brauchen. Mittendrin schlängelt sich Frau Lemberg durch die Wartenden und notiert sich, welche Anliegen es gibt. Damit wird sie heute kaum noch fertig werden, und die Masse an Menschen macht ein geordnetes Anstehen und damit auch einen adäquaten Umgang mit den Fragen nahezu unmöglich. Dazu kommt, dass alle diese Menschen kaum bis gar kein Deutsch sprechen und Frau Lemberg kein Arabisch. Ich frage, ob ich helfen kann, ernte aber nur ein genervtes Augenrollen. Um ihren Job beneide ich Frau Lemberg wirklich nicht, und als der Unterricht vorbei ist, bin ich froh, dass ich mich aus der Tür stehlen und das Chaos hinter mir lassen kann.

Am nächsten Tag ist alles wieder wie früher. Auf den Fluren stauen sich keine Menschen mehr, in meinem Klassenraum riecht es familiär nach den Energydrinks von Erkan, und Mohannad und Mohannad unterhalten sich lautstark auf Arabisch.

»So, jetzt sprechen wir mal wieder Deutsch«, begrüße ich meine Klasse.

In unserem Lehrbuch geht es darum, dass Larissa, die in Deutschland ein Jahr als Au-pair bei einer Patchworkfamilie wohnt und arbeitet, das erste Mal ein Date hat.

Fortschrittlich, wie sie ist, hat Larissa ihr Date über das Internet kennengelernt und steht jetzt das erste Mal – schockiert – vor ihm: Er hat eine Glatze!

»So, das Wort ›Glatze‹ kennt ihr doch schon, nicht wahr?«, frage ich in die Runde.

Ratloses Schweigen. Ich deute auf Igors Kopf.

»Ihr erinnert euch noch an die dunklen Haare?«

Ah ja, jetzt fällt der Groschen.

Dass Larissas Date überraschenderweise eine Glatze hat, ist natürlich nur ein Aufhänger dafür, wie man Menschen nach ihrem Aussehen beschreiben kann. Wir sammeln allerlei Wörter an der Tafel, wie dick, dünn, lange Beine, muskulös, Brille, große Nase, große Ohren oder dicke Lippen. Richtig interessant wird es, als wir auf Frisuren zu sprechen kommen. Gestenreich werde ich dann nach Locken, Sidecut, Irokese, Vokuhila und Scheitel gefragt. Alle diese Wörter rufen ebenfalls große Verwunderung hervor. Selbst so ein absurdes Wort wie Stirnglatze muss ich an die Tafel schreiben. Dann deutet James, der clevere Engländer, auf sein Ohr und zieht den Finger am Kiefer entlang. Ich brauche einige Sekunden, bis ich begreife, und antworte dann:

»Das sind Koteletten.«

Jetzt kennt die Begeisterung über die verrückte deutsche Sprache keine Grenzen mehr.

»Koledde«, versucht James das ungewöhnliche Wort nachzusprechen.

»Kotelett, das ist etwas zu essen«, beschwert sich Beata. »Das ist stimmt nicht. Auf Polnisch wir sagen *bokobrody*. Auf Englisch *sideburns*, und auf Deutsch diese Haare sind Fleisch?«

Andere pflichten ihr bei. »Ja, Frau Inga, Kotelett ist Fleisch«, sie lachen dabei, sodass ich mir fast selbst nicht mehr glaube.

»Doch, doch«, setze ich noch einmal nach, »in Deutschland heißt das ›Koteletten‹. Ich glaube, das kommt vom Französischen Wort *côté*, der Seite«, dabei deute ich ebenfalls auf die Stelle, wo bei mir Koteletten wachsen würden, hätte ich einen etwas stärker ausgeprägten Bartwuchs.

»Ich glaube, das heißt so, weil Deutsche Fleisch lieben«, ruft Igor, »besonders vom Schwein.«

»Viele junge Menschen essen auch wenig Fleisch jetzt. Ich habe gesehen«, gibt Beata zu bedenken.

»Ach, nein«, Igor lässt meinen Einwurf nicht gelten, »Apfel fällt nicht weijt von Stamm.«

Ich lächle und lasse das so stehen. Die Klasse hat einen heiteren Moment aus dem Unterricht mitgenommen, und das Wort »Koteletten« werden sie zumindest nicht so schnell vergessen.

Französischstämmige Wörter waren lange kein großes Problem im Kurs. Meist handelt es sich dabei um Internationalismen, die daher recht gut verstanden werden. Internationalismen waren immer ein gutes Mittel für mich, um schnell Verständnis herzustellen. Es ist dann zwar mitunter schwierig, Wörter wie »Journalist«, »Garage« oder »Vase« typisch deutsch auszusprechen, aber zumindest ist der Sinn klar.

»Was bedeutet Ausbildung?«, fragt James, weil Larissa im Buch gerade davon erzählt, was sie gerne arbeiten würde.

»Man lernt einen Beruf«, erkläre ich. »Man macht gleichzeitig *Theorie* in der Schule und *Praxis* bei der Arbeit. Es dauert drei Jahre.«

Theorie und Praxis dürften klar sein, so hoffe ich. Zumindest nicken alle. Unglücklicherweise träumt Larissa ein paar Zeilen weiter davon, einmal ihre eigene Praxis als Ärztin zu eröffnen.

»Praxis?«, fragt Yasmin.

Jetzt habe ich mich in eine schwierige Situation gebracht. Zwar versuche ich zu erklären, was eine Arztpraxis ist, vergleiche sie mit einem Büro, aber der Groschen will nicht richtig fallen, bis ich schließlich den Schwamm nehme und *Theorie* und *Praxis* wieder von der Tafel wische: »Vergessen Sie das.«

Manchmal haben die Internationalismen auch ihre Tücken.

Jetzt, da viel mehr arabischsprachige Schüler im Kurs sitzen als früher, funktionieren sie sowieso nicht mehr so gut. Früher konnte ich ein Wort wie *Option* nennen und wurde verstanden. Stattdessen höre ich jetzt:

»Frau Inga, was ist Option?«

»Das ist eine Variante.« Wieder hoffe ich, dass dieses Wort verstanden wird.

»Was ist Variante?«

»Das ist eine Möglichkeit«, versuche ich es auf Deutsch.

»Was ist Möglichkeit?«

»Sie können etwas wählen«, erkläre ich und häufe zwei Buchstapel auf meinem Pult auf, »wählen Sie A oder B?« Dabei deute ich erst auf den linken, dann auf den rechten Stapel.

»Ah, ist also wie aussuchen, ja?«

In Gedanken mache ich mir die Notiz, mich nicht mehr allzu sehr auf die Internationalismen zu verlassen, um solche Gespräche zu umgehen.

Im Buch geht es damit weiter, dass sich der Mann mit der Glatze als netter Kerl entpuppt, der sich gut mit Larissa versteht. Allerdings bringt er auch die Frage auf, warum Larissas Gasteltern alles von ihr machen lassen und selbst nichts im Haushalt tun. Zwischen ihnen entbrennt eine Diskussion, was die Vorteile an einem Jahr als Au-pair sind, aber darum geht es in Wirklichkeit nur am Rande. Eigentlich soll das Verb »lassen« eingeführt werden. Und »lassen« gefällt allen im Kurs ziemlich gut. Ich stelle einen Stuhl in die Mitte des Klassenzimmers und erkläre ihn zum Thron des Königs. Der König darf über alles bestimmen. Er darf machen lassen.

Als Erster ist James dran:

»Ich lasse mir ein Glühwein bringen. Und meine Job beim Flohmarkt, den lasse ich einen anderen machen.«

Dann kommt Beata:

»Ich lasse diese Männer für mich tanzen«, dabei deutet sie auf Erkan und Sami und lacht. »Und dann wir gehen einkaufen. Aber ich lasse sie die Taschen tragen, und ich lasse … sie … bezahlen.«

»Wunderbar«, juble ich, trotz des kurzen Stockens zum Schluss.

Kelly weiß ebenfalls, was sie will:

»Ich lasse mir die Haar schneiden von die beste Friseur. Und ich lasse mir die Nägel machen.«

Die längsten Nägel in unserem Kurs hat allerdings nicht Kelly, sondern Hassan. Viele Araber setzen lange Nägel bei Männern mit Wohlstand gleich. Ich kann mich daran nur schwer gewöhnen.

Yasmin lässt sich Wein machen, der *halal* ist, und dann noch maßangefertigte High Heels.

Nidal sieht die Probleme, die er lösen kann, eher politisch.

»Ich lasse den Krieg in Syrien stoppen.« Freudenrufe und Inschallah werden gerufen. »Ich lasse Friede auf die ganze Welt. Dann ich lasse Deutsche kommen nach Syrien und lasse zeigen unser schönes Land.«

Wieder erklingen Inschallahs, und mir treten direkt die Tränen in die Augen. Ja, das wäre schön.

Stattdessen machen wir weiter mit der Grammatik. Larissa hat im Buch nämlich die Nase voll von ihrem Date. »Das lasse ich mir nicht länger bieten«, ruft sie. Für uns ist das der Aufhänger, sich mit anderen Bedeutungen des Verbs »lassen« auseinanderzusetzen. Man kann nämlich nicht nur andere Leute etwas für einen tun lassen, man kann auch selbst etwas lassen. Insgesamt gibt es vier verschiedene Möglichkeiten, »lassen« zu verwenden:

Modalverbähnlich im Sinne einer Erlaubnis: Ich lasse das Kind fernsehen.

Modalverbähnlich im Sinne von veranlassen: Ich lasse meine Haare schneiden.

Als reflexiver Passiversatz in der 3. Person Singular: Da lässt sich nichts machen, das Auto lässt sich nicht reparieren.

Als Vollverb: Ich lasse das Rauchen.

»Ich lasse mein Handy zu Hause«, fällt Yasmin dazu ein.

»Richtig«, lobe ich. »Sami, fällt Ihnen auch etwas ein?«

»Ich lasse mein Handy nie zu Hause«, antwortet Sami. »Sonst meine Frau kann nicht anrufen, und sie denkt, ich bin mit andere Frau.«

Alle lachen und die Stimmung ist wieder gelöst. Kommt das Thema auf den Krieg in Syrien oder den Terror, ist es oft schwer, den Kurs noch irgendwie geordnet fortzusetzen. Besonders schlimm ist es nach Anschlägen in Europa. Dann macht sich unter vielen Schülern die Angst breit, dass der Krieg auch nach Europa kommt oder dass man sie jetzt für potenzielle Attentäter hält, nur weil sie Muslime sind und aus Syrien kommen.

Um meinen Schülern den Winter in Deutschland etwas angenehmer zu machen, schlage ich am Ende der Stunde vor, dass wir am Donnerstag gemeinsam einen Weihnachtsmarkt besuchen. Der Vorschlag wird mit Begeisterung angenommen. Wir beschließen, den Weihnachtsmarkt am Charlottenburger Schloss zu besuchen, dort ist immer viel los, und das Schloss bietet eine schöne Kulisse.

Fast alle sind dann auch da, die Stimmung inmitten der Düfte von frisch frittierten Reibekuchen, Quarkkeulchen und gebrannten Mandeln ist ausgelassen. Es schneit sogar ein bisschen. Was tut man zuerst mit einer Gruppe »Arbeitskollegen«

auf einem Weihnachtsmarkt? Richtig, man bedient sich am Glühweinstand.

»Glühwein, das ist mit Alkohol, oder?«, fragt Fatima, während wir diskutieren, wo wir uns anstellen sollen.

»Genau«, pflichte ich ihr bei. »Aber es gibt auch Glühwein ohne Alkohol, das ist kein Problem.«

Misstrauisch beäugt sie die Tafeln, an der die Getränke und Preise angeschrieben sind.

»Da steht nicht nix Alkohol.«

»Sie müssen den Kinderpunsch bestellen«, erkläre ich, »der ist ohne Alkohol.«

»Kinder?«, fragt sie irritiert und lacht dann. »Wir müssen für Kinder trinken«, ruft sie den anderen Syrern zu. Darüber können nicht alle lachen. Nidal weigert sich sogar, »Kinderpunsch« zu kaufen.

»Ich bin kein Kind«, sagt er zu mir. »In Deutschland nur Kinder trinken kein Alkohol? Heißt das, für Deutsche wir sind Kinder?«

»Ach, Nidal«, versuche ich ihn zu beruhigen. »Das ist nur ein Witz. Auch viele deutsche Erwachsene trinken keinen Alkohol.«

»Trinken Sie auch keine Alkohol?«, fragt er hoffnungsvoll.

»Nein, ich halte das sonst hier nicht aus«, rufe ich und nehme den Becher aus dem Stand entgegen. Ich bin kein großer Weihnachtsmarktfan, ohne das Versprechen auf Glühwein würden mich keine zehn Pferde herziehen können.

Die Muslime nehmen also den Kinderpunsch, alle anderen Glühwein. Das führt leider zu einer gewissen Gruppenbildung, und zwischen diesen Gruppen muss sich Beata nun entscheiden. Das vermute ich zumindest, denn sie kauft sich einen Glühwein, nur um zehn Minuten später schwankend und rotbackig zu mir zu kommen und mir ihre halb volle Tasse in die Hand zu drücken.

»Frau Inga, Hilfe, nehmen Sie, ich habe Alkoholallergie. Wenn noch mehr trinke, dann ich vergesse sie«, dabei deutet sie vage auf ihre kleine Tochter, die an ihrem Rockzipfel zieht und sie fragend mit großen Augen anschaut.

Hamed hat sich inzwischen ein Brötchen mit frisch gegrilltem Lachs gekauft und ist vollauf begeistert.

»Das ist eine gute Alternative zu Fleisch«, lobt er, »und so lecker.«

»Haben Sie sich inzwischen gut in Berlin eingelebt?«, frage ich.

»Ja, es ist wunderbar hier«, antwortet er. »Und jetzt Zaid ist hier, ich bin glücklich.« Er fasst sich ans Herz. »In Berlin es gibt so viele Dinge zu tun. Ich habe gesehen, bald ist Konzert von André Rieu, da will ich gehen. Aber es kostet 120 Euro. So teuer! Aber ich überlege. Man hat nur einmal Chance. Und dann Fußball. Hertha gegen Bayern oder Dortmund. Das ist eine Traum von mir.«

Basima hat sich ein Handbrot geholt, und auch sie freut sich: »Einfach und gut und ist ohne Schwein. Hat mir der Mann gesagt.«

Yasmin, die mit ihrem Mann Deniz gekommen ist, gesellt sich zu uns.

»Es ist schön hier, Frau Inga, vielen Dank. Deniz kommt aus Berlin, aber war noch nie hier.«

»Das freut mich«, antworte ich. »Wie geht es Ihnen denn?«

»Ah, sehr gut. Ich weiß nur nicht, was machen nach die Kurs. Einfach Hausfrau ist ein bisschen langweilig. Es gibt so viel zu lernen, so viele schöne Dinge.«

»Wenn Sie nach der B1-Prüfung noch weitermachen, können Sie eine Zugangsberechtigung für eine deutsche Universität bekommen«, erzähle ich. »Dann können Sie kostenlos hier studieren.«

»Ach, wirklich, ganz kostenlos? Ich habe das nicht gekennt. Das wäre ein Traum. Anders als mit Kindern zu Hause. Aber mein Mann sicher sagt Nein.«

»Sie sollten mit Deniz darüber sprechen«, schlage ich vor.

Deniz tritt derweil in einiger Entfernung von einem Fuß auf den anderen. »Vielleicht«, antwortet Yasmin. »Aber ich glaube, er will jetzt gehen«, fügt sie mit einem Seitenblick auf ihren Partner hinzu.

»Aber dann können Sie doch noch hierbleiben!«, sage ich.

»Ja«, antwortet sie. »Ich gerne noch hierbleiben, aber ich kann nicht allein mit der U-Bahn fahren.«

»Ich kann Sie doch nachher nach Hause bringen«, biete ich an.

»Ach, Frau Inga, Sie sind immer so nett. Es wäre schön, wenn wir das machen können. Ich sage Ihne: Wir können uns gerne bei mir oder bei Ihne treffen und essen und quatschen. Das wäre mal schön.«

»Das können wir gerne machen«, antworte ich, obwohl ich mir einmal vorgenommen habe, privat nichts mit meinen Schülern zu unternehmen. Aber Yasmin ist mir ganz besonders ans Herz gewachsen.

Aus den Augenwinkeln sehe ich, dass Azad beschlossen hat, Fatimas beiden kleinen, süßen Kindern je ein Lebkuchenherz zu kaufen. Gerade hängt er sie ihnen um den Hals und posiert für ein Foto. Das sieht sehr gut aus.

»Ich schicke nach Hause«, erklärt mir Fatima und deutet auf das Foto. »Sogar mit Schnee, alle bestimmt happy, wenn sie sehen.«

Beim Blick auf die Herzen, die ja immer mit einem lustigen Spruch aus Zuckerguss beschriftet sind, stutze ich. Die kleine Maya trägt ein Herz mit der harmlosen Aufschrift »Sorry«, aber auf dem Herz ihres Bruders Ibo steht doch tatsächlich »Schwein«. Abgesehen davon, dass so ein Scherz selbst für einen Schweinefleischesser recht derb sein dürfte, ist dieses Tier ja ein überaus heikles Thema für Muslime. Soweit ich weiß, dürfen sie nicht mal einen Schweineanhänger am Schlüsselbund haben oder ein Schwein berühren. Wie ist die Lage wohl, wenn man mit einem Schild, auf dem »Schwein« steht, umherläuft?

»Aber Fatima«, frage ich, »ist es denn gut, dass Ibo mit ›Schwein‹« umherläuft?«

»Was Schwein?«, fragt sie entrüstet. »Ist doch kein Schwein.«

Damit wendet sie sich von mir ab und zeigt ihr Foto stolz den anderen Schülern. Ich lasse das Thema lieber sein, denke ich. Die Zuckergussschrift ist eine geschwungene, verschnörkelte Schreibschrift, und anscheinend, kombiniere ich, können meine Schüler das gar nicht lesen. Da wecke ich lieber keine schlafenden Hunde, indem ich sie noch einmal darauf anspreche. Plötzlich steht Kelly neben mir:

»Ich habe auch gesehen«, sagt sie, »aber sicher, bald werden Kinder Herz essen und ist weg.«

Ich nicke.

»Das Beste ist, dass hat Azad nicht nur ›Schwein‹ gekauft, sondern gleich auch ›Sorry‹.«

Darüber müssen wir beide lachen.

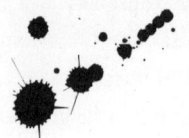

Lektion 5
Fastenbrechen mit Snickers und Banane

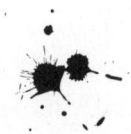

An Silvester fahre ich mit Max nach Neukölln, um mit meinen Freunden zu feiern. Der Berliner Stadtteil Neukölln galt lange Zeit als Paradebeispiel für die schlechte Integration von Arabern, Türken und Kurden in Deutschland: Hier herrsche ein unkontrollierbares Paralleluniversum, der ehemalige Stadtteilbürgermeister Heinz Buschkowsky schrieb darüber sogar ein aufsehenerregendes Buch. Die Party ist direkt an der Karl-Marx-Straße, also mitten im Zentrum. Doch den ganzen Abend bleibt alles ruhig.

Ich stehe gut gelaunt auf einem Balkon im vierten Stock, kneife die Augen zusammen, weil es unangenehm nieselt, und schaue die rauchgeschwängerte Straße hinab, in der man unten, auf Straßenniveau, penibel darauf achtet, keine Böller zu zünden, wenn Passanten vorbeikommen.

Mit der einen Hand halte ich mein Sektglas, mit der anderen kratze ich am Hosenbund herum, weil ich heute zum ersten Mal meine neue rote Unterwäsche anhabe. Ich habe mir vorgenommen, dieses Jahr möglichst viele Neujahrsbräuche umzusetzen, um sicherzustellen, dass 2016 ein gutes Jahr wird. Die deutschen Traditionen, die ich kenne, geben da nicht so fürchterlich viel her. Wunderkerzen, einander umarmen und ein Frohes Neues wünschen und dann dieses so unvermeidliche wie unsägliche Bleigießen. Nicht nur, dass unnötig Blei verschwendet wird, das im Hausmüll landet, obwohl es sich kaum abbauen lässt und giftig ist, es kommt doch bei jedem am Ende das Gleiche raus: ein langer Faden mit einem Pfropfen. Und dann sagen alle: »Ein Spermium!«, und kichern albern.

Nein, ich muss die Sache anders angehen, schließlich habe ich allein gut fünfzig geflüchtete Schüler, denen ich im nächsten Jahr alles erdenkliche Glück wünsche. Also habe ich beschlossen, möglichst viele Neujahrsbräuche zu kombinieren, um mir Fortunas größtmögliche Zuneigung zu sichern. Aufwendig recherchieren musste ich dafür nicht, schließlich überhäuften mich meine Schüler in den Wochen vor Neujahr mit Vorschlägen, was ich alles beachten solle.

Die Höschen-Idee hatte ich von Yasmin; angeblich ist in Italien rote Unterwäsche unverzichtbar, wenn das Liebesleben und das Glück im nächsten Jahr gesichert sein wollen.

Kelly legte mir nahe, ein weißes Oberteil zu tragen, um meine Unschuld zu demonstrieren, und darüber hinaus drei Kerzen anzuzünden: eine rote für die Liebe, eine gelbe für das Geld und eine weiße für den Frieden.

Nejeb Nejeb schenkte mir einen Kuchen, in den eine Münze eingebacken ist. Wer das Stück mit der Münze bekommt, kann sich sicher sein, dass seine Wünsche im nächsten Jahr mit Sicherheit in Erfüllung gehen werden. Das sei ein bulgarischer Brauch.

João verpflichtete mich, zwölf Weintrauben um Mitternacht zu essen, zu jedem Glockenschlag eine. Das kenne er aus Spanien.

Und eine Argentinierin erzählte, dass man in Buenos Aires

gern Konfetti aus dem Fenster wirft, nachdem man alle belastenden Unterlagen des letzten Jahres geschreddert und sich so nicht nur im übertragenen Sinne frei von den Altlasten gemacht hat.

Ich bin so gut es geht vorbereitet: Die Weintrauben und der Kuchen befinden sich in meiner Tasche. Ich trage ein weißes Top unter meiner Bluse und ein rotes, gerade gekauftes, juckendes Höschen. Ich glaube nicht, dass die Rote-Schlüpfer-Industrie in Deutschland viel Umsatz macht, zumindest nicht außerhalb der Erotikfachgeschäfte. Die Verkäuferin bestätigte mit ihrem Blick meine Vermutung.

»Das ist für Silvester«, versuchte ich zu erklären. Aber das machte es nicht besser. Ich denke, wir sollten den roten Höschen eine Chance geben und den Brauch auch hier pflegen. Auch für meinen Freund habe ich eine rote Shorts besorgt, die wirklich schwer zu bekommen war und die er einigermaßen befremdet entgegennahm.

Die brasilianischen Kerzen habe ich schon zu Hause angezündet, vom Konfettiregen halte ich nicht viel. Nicht dass ich meinen Steuerbescheid und andere, wenig erfreuliche Dokumente meiner Selbstständigkeit nicht gerne geschreddert hätte, aber einfach so Müll aus dem Fenster werfen, das geht mir dann doch zu weit.

Später am Abend erzähle ich jedem, der mir über den Weg läuft, dass ich und Max heute in Partnerunterwäsche unterwegs sind und dass man das doch bitte im nächsten Jahr nachmachen soll – bis ich auf zwei Italienerinnen treffe.

»Darf ich euch eine intime Frage stellen?«, gluckse ich und wiege mich in der Sicherheit, gleich einen Volltreffer zu landen und für einen guten Einstieg in den Abend zu sorgen.

»Ja ...«, antworten die mir völlig unbekannten Mädchen und gucken leicht irritiert.

»Welche Farbe hat eure Unterwäsche?«

Das sorgt tatsächlich für einige Lacher, und die Italienerinnen beginnen, sich gegenseitig an den Hosenbünden rumzufummeln. Offensichtlich halten sie die Sache für ein lustiges Silvesterspiel, was wiederum mich irritiert.

»Habt ihr denn keine rote Unterwäsche an?«, frage ich.

»Nein, warum?« Und dann: »Haben wir jetzt verloren?«

»Ich dachte, alle Italiener hätten an Silvester rote Unterhosen an«, bringe ich noch hervor angesichts ihrer großen fragenden Augen.

Es dauert einige Zeit, bis sie begreifen, was ich von ihnen will, dann aber lachen sie und sagen im Grunde, dass das nur irgendwelche hinterwäldlerischen und abergläubischen Trottel in Italien machen. Kein Unterschied also zu unserem Bleigießen. Ich bin konsterniert. Die beiden Mädchen wechseln an diesem Abend kein Wort mehr mit mir. Später sehe ich sie jauchzend ihre Löffel über eine Kerze und einen Topf mit kaltem Wasser halten.

Die nächste Challenge sind die Weintrauben. Ich schaffe es nicht. Es ist quasi unmöglich, zwölf Weintrauben in 60 Sekunden hinunterzuschlingen; vielleicht habe ich da etwas falsch verstanden. Wenn nicht, kann ich davon nur abraten. Es ist zwar lustig, aber auch ziemlich eklig. Den Kuchen schneide ich zwar an, aber unter den ersten Stücken ist keine Münze zu finden. Kurzum: Ich bin mit weitaus weniger Glück ins neue Jahr gestartet als erwartet. Und mein stümperhaftes Verhalten hat anscheinend auch direkte Auswirkungen, nicht nur aufs Weltgeschehen, sondern auch auf mein persönliches Wohlbefinden.

Keine drei Wochen nach Silvester habe ich einen richtig miesen Tag. Ich fahre wie immer, wenn es das Wetter zulässt, mit dem Fahrrad in einem Affentempo die gut 15 Kilometer von der Schule zu mir nach Hause. Eigentlich mache ich das wirklich gerne. Es hält fit, es ist sogar, wenn ich ehrlich bin, die einzige Bewegung, die ich mir im Alltag gewähre, zu richtigem Sport kann ich mich abends nicht aufraffen. Und ich habe inzwischen eine heftige Abneigung gegen die Berliner Ringbahn entwickelt, mit der ich alternativ fahren muss. Dann lieber morgens ordentlich in die Pedale treten. Inzwischen kann ich allerdings die Ampelphasen auf der kompletten Strecke auswendig und werde fast irre, wenn jemand in einem Schneckentempo vor mir fährt und ich deshalb eine grüne Ampel verpasse. Ich habe gezählt: 40 Ampeln muss ich passieren, da will ich mir meine grüne Welle natürlich nicht vereiteln lassen. Überholen ist aufgrund der schmalen Radwege und der unberechenbaren Verkehrsteilnehmer allerdings nicht so einfach. Generell ist Radfahren in Berlin eher etwas für die Lebensmüden – leider muss man das wörtlich nehmen.

Ich radle also die 15 Kilometer nach Hause und stehe an der letzten Ampel vor meiner Wohnung. Ich muss die Hauptstraße verlassen und stehe quer zur Fahrradwegrichtung. Die Führung der Fahrradwege hier ist nicht immer eindeutig. Man hat sie so auf den Bürgersteig gemalt, wie es eben gerade passte. Als Fahrradfahrer muss man sich auskennen. Aus welchen Querstraßen kommen oft Lkws rausgeprescht, welche Ampeln schalten unvorteilhaft, bei welchem U-Bahn-Ausgang bremse ich mal lieber vorher etwas ab? An der Ampel, an der ich quer zur Fahrrichtung stehe, macht der Fahrradweg einen Schlenker auf die Autofahrbahn und kommt nach der Kreuzung zurück auf den Bürgersteig. Warum, wieso, weshalb, das weiß niemand so genau. Wahrscheinlich auch nicht der Fahrradfahrer, der mit über 30 Sachen auf mich zubrettert und nicht nach vorne schaut, also auch nicht sieht, dass er hier nicht geradeaus fahren kann, weil ich dastehe. Er muss bestimmt abbiegen, denke ich in dem Moment, bevor sich sein Vorderrad in mein Bein bohrt, wir mit den behelmten Köpfen aneinanderkrachen und ich über den grauen Asphalt schleife, er über mir.

In solchen Momenten denken Menschen oft an alles Mögliche, aber nicht an das Naheliegende. Der Mann hilft mir auf, schaut entschuldigend auf meine blutenden Beine und das verbeulte Fahrrad und fragt mich, ob alles in Ordnung sei. Ob ich einen Krankenwagen brauche, was ich verneine, es sei schon alles in Ordnung. Dass er mir seine Daten gebe, falls doch noch was sei. »Nein, nein«, murmele ich, »ich wohn da vorne, es ist alles okay.« Und dabei denke ich nur daran, dass ich schnell nach Hause muss, weil ich den Unterricht noch nicht vorbereitet habe, den ich in eineinhalb Stunden halten muss.

Erst als ich humpelnd den Imbiss im Erdgeschoss meines Hauses erreiche und vertraute Gesichter sehe, breche ich in Tränen aus. Ich werde mit Jodtinktur betupft, verbunden und getätschelt, wir verfluchen den blöden Fahrradfahrer, von dem allerdings ich selbst nicht einmal die Adresse wollte. Ich will gleich weitermachen und zur nächsten Schule zum Unterricht fahren, obwohl ich meine Knie kaum beugen kann. Man muss mich regelrecht dazu überreden, anzurufen und abzusagen. Einen Kurs abzusagen, noch dazu so kurzfristig, ist eigentlich ein No-Go. Es wird keinen Ersatz für mich geben, der Kurs wird also ausfallen. Das ist mit einem ganzen Rattenschwanz verbunden, denn er muss ja nachgeholt werden, zur Not auch am Wochenende, wenn kein anderer Termin gefunden wird. Für die

Schule ist das ein riesiger Aufwand, vor allem wenn die Raumplanung sich deshalb ändert und andere Kurse verspätet anfangen. Wenn sogar der Prüfungstermin verschoben werden muss, nur weil ich an einem Tag nicht konnte, brennt wirklich der Baum.

Auch für mich ist es doof: Ich verdiene jetzt nichts, Krankengeld gibt es für mich nicht, auch wenn ich als freiwillig Versicherte jeden Monat um die 400 Euro in die Kranken- und Pflegekasse buttere.

Am nächsten Tag schleppe ich mich schon wieder in die Schule. Zum Vormittagskurs fahre ich heute lieber mit der guten, sicheren Ringbahn. Hier kann es jedoch immer passieren, dass ich schon vor dem Unterricht auf Schüler treffe. Es ist eine Sache, im Unterricht langsam und bedächtig zu sprechen und sich holprig vorgetragene Alltagsprobleme anzuhören, aber eine andere, das bereits über die halbe Stunde meines Hinwegs auszudehnen. Vor allem vor Abdullah muss ich mich in Acht nehmen. Abdullah fährt gerne mit seinem Kinderrollkoffer mit Felix-der-Hase-Motiv umher und klebt schon seit einiger Zeit im Alphabetisierungskurs fest. Die Verständigung fällt also dementsprechend schwer. Das ist wirklich schade, weil Abdullah ein netter Kerl ist und gerne mehr Anschluss an Deutsche hätte. Wenn ich ihn treffe, zeigt er mir auf dem Handy Bilder von seiner Wohnung und lädt mich und meinen Freund überschwänglich ein, ihn zu besuchen. Für viele Schüler bin ich so etwas wie eine Freundin und mitunter der einzige direkte Kontakt zur deutschen Gesellschaft, aber für mich bedeutet eine Unterhaltung mit ihnen Arbeit, besonders, wenn ich in meiner freien Zeit mal die Seele baumeln lassen möchte.

An diesem Tag habe ich aber Glück, kein Schüler weit und

breit. Ich mache auch nicht unbedingt die beste Figur. Eine Hose konnte ich trotz aller Mühe nicht über meine angeschwollenen Beine ziehen, also laufe ich bandagiert im Rock herum. Gesicht und Unterarme haben auch was abbekommen.

»Frau Inga, wie sehen Sie denn aus?«, ist das Erste, was ich höre, als ich an der Schule ankomme. James schaut mich besorgt an.

»Ein Unfall«, erwidere ich wortkarg. »James, ab mit Ihnen in die Klasse. Der Unterricht fängt gleich an. Schnell, zack-zack!«

»Schnell« und »zack-zack« sind meine Lieblingswörter. Das weiß ich freilich erst, seit mich die Kollegen darauf angesprochen haben, dass meine Schüler in deren Unterricht immer nachfragen, wenn sie eine Aufgabe bekommen: »Zack-zack?«

»Ich bin heute nur um 8.15 Uhr aufgewacht«, entschuldigt sich James und schlüpft in den Klassenraum.

Erst und nur, notiere ich in meinem Kopf, das muss ich also auch noch einmal wiederholen, und humple ihm hinterher.

»Aha«, so leicht will ich James noch nicht entkommen lassen. »Wieso das denn?«

»Ah, wir haben ein bisschen gefeiert«, entschuldigt sich James und grinst Beata und Kelly an. Die beiden sehen ebenfalls etwas derangiert aus.

Kaum lässt sich im neuen Jahr mal wieder die Sonne blicken, scheint die Winterstarre auch von Mohannad und Mohannad abzufallen, und sie wollen endlich etwas Neues kennenlernen. Das ist jedenfalls mein Eindruck, als ich in die Klasse komme und die beiden vor mir herumdrucksen und mich mit diesem Blick anschauen, der sagt: Wir wären gerade überall lieber als hier.

»Frau Inga, wir wollen in andere Kurs«, erklärt Mohannad, der Styler.

»Wieso wollen Sie denn in einen anderen Kurs?«, frage ich überrascht. »Sie passen vom Sprachniveau doch perfekt hierher.«

»Wir wollen auf andere Schule«, beharrt der Ältere. »Hier ist zu viele aus Syrien. Alle sprechen Arabisch. Das ist schlecht für unsere Deutsch.«

Ich bin perplex. Den Grundgedanken finde ich ja ziemlich gut und vorbildlich, aber dass das gerade von den beiden Mohannads kommt, den beiden, die selbst dafür sorgen, dass ständig arabische Satzfetzen durch den Klassenraum fliegen, überrascht mich jetzt doch. Auch in den Pausen zeigen sie sich nicht unbedingt als ambitionierte Deutschsprecher. Vielleicht brauchen sie gerade den Druck, nicht Arabisch sprechen zu können, um besser Deutsch zu lernen. Aber Klassen ganz ohne Araber würden sie schwerlich in Berlin finden. Außerdem bezweifle ich, dass sie ihren Small Talk im Klassenzimmer abstellen würden. Dennoch lasse ich sie natürlich ziehen, was bleibt mir auch anderes übrig.

Wenigstens herrscht im Rest der Klasse heitere Stimmung. Ab heute beginnt der B1-Kurs, und fast alle sind wieder mit dabei und sitzen überraschend pünktlich und diszipliniert auf ihren Plätzen. Der Minutenzeiger rückt von 29 auf 30. Die Show geht los. In dem Moment, in dem ich die Klasse begrüßen möchte und das ritualisierte Wie-geht's-Ihnen-und-Was-haben-Sie-am-Wochenende-gemacht-Kettenspiel starten will, klopft es.

Die Tür wird energisch aufgestoßen, und eine neue Schülerin kommt herein. Sie ist voller Feuer und Energie, das merkt man sofort. Nachdem sie sich einen Platz links hinten ausgesucht und sich umständlich hingesetzt hat, fordere ich sie auf: »Bitte stellen Sie sich vor.«

Doch anstatt zu antworten, schaut sie in die Luft, als ob sie angestrengt überlegen würde. Dann sagt sie:

»Okay, dann ich bin ein Vogel. Und jetzt?«

James bekommt einen Lachkrampf, und auch sonst stößt ihre Äußerung auf viel Freude.

»Nein, ich habe nicht gesagt ›stellen Sie sich etwas vor‹, sondern ›stellen Sie sich vor‹«, wiederhole ich noch einmal meine Frage. »Wie heißen Sie?«

Lucy kommt aus Ghana und lebt schon seit dreizehn Jahren in Deutschland. Ihr ganzes Auftreten macht klar, dass sie sich gleich als Oberhaupt des Kurses fühlt. Das Alter und die Erfahrung geben ihr das Recht dazu. Zudem hat sie elf Jahre lang ein Restaurant geleitet, das nun allerdings pleite ist. Dass sie aus Ghana kommt, erfahre ich erst im zweiten Anlauf. Auf meine Frage, woher sie komme, antwortet sie selbstbewusst und eine Spur zu laut:

»Ich bin eine Berlinerin!«

Recht hat sie. Trotzdem ist ihr Deutsch noch lange nicht perfekt, und dass ich sie mitunter berichtigen muss, kränkt sie, das merke ich. Auch die anderen Schüler entwickeln so etwas wie Neid, weil da jemand Neues ist, dessen Wortschatz und Erfahrung deutlich größer sind. Das kann produktiv sein, aber auch zu Problemen führen.

Sami und Erkan kommen etwa zehn Minuten später ohne anzuklopfen in den Raum gestolpert.

»Entschuldigung, Frau Inga, es gab Problem mit die S-Bahn, das ist, warum wir sind spät«, ruft Sami.

»Das sehe ich«, antworte ich.

Dass sie zu spät sind, hält die beiden aber nicht davon ab, erst einmal eine Runde durch die Klasse zu drehen und Azad, Nidal und Hassan mit Handschlag und Küsschen rechts und links zu begrüßen.

»Wo ist denn Mohannad?«, fragt Sami. »Ist er jetzt wirklich weg?«

»Was redest du da? Kannst du dich nicht melden?«, wird er daraufhin von Lucy angeblökt, die das Verhalten der beiden von Anfang an kritisch beäugte. Ich bin Lucy ein bisschen dankbar, merke aber auch, dass ich ihr Kontra geben muss, wenn ich mir die Lehrerinnen-Rolle nicht aus der Hand nehmen lassen will.

Wollen wir doch mal testen, wie gut sie wirklich ist, denke ich und wiederhole die Präpositionen. Neben den Präpositionen mit Akkusativ, Dativ und den Wechselpräpositionen sollen nämlich in B1 auch solche mit Genitiv gelernt werden, obwohl sie in der deutschen Sprache praktisch im Aussterben begriffen sind. Während ich

Du bist die Sahne _____ Eis.
Du warst das Haar _____ Suppe.

an die Tafel schreibe, stöhnt der Großteil der Gruppe, Lucy hingegen guckt etwas irritiert, und Yasmin jubelt als Einzige: »Ich habe zwei Tage nur Präpositionen gelernt.«

»Du bist die Sahne für mein Eis«, versucht sich Fatima als Erste. Mutig. Und nicht komplett falsch.

»Und wie würde es mit *auf* heißen, Sami?«, frage ich.

»Du bist die Sahne … auf … das Eis«, rät er. Blitzschnell tippe ich mir mit dem Zeigefinger an den Mund. »… auf dem Eis«, verbessert sich Sami und grinst. Geschafft.

Jetzt kommt Lucy: »Du warst das Haar in meiner Suppe«, schreit sie geradezu, beäugt dabei Sami neben sich und bricht in ohrenbetäubendes Gelächter aus. Sami ist offensichtlich irritiert, da er den Ausdruck nicht richtig versteht. Ich lasse ihn lieber im Unwissen. Der Rest der Klasse guckt angewidert, ein Haar in der Suppe ist wohl international ekelerregend.

Yasmin macht weiter: »Wir sind an die Brücke gestanden.«

Jetzt ist es an Sami, in Gelächter auszubrechen: »Zwei Tage hast du geübt?«

Yasmin wird knallrot. Ich versuche die Situation, die für Yasmin höchst blamabel ist, möglichst schnell zu retten.

»Wo stehen Sie?«, frage ich sie und deute von oben auf den Tisch.

»Ich stehe auf … auf der Brücke.«

»Na, sehen Sie«, lobe ich, »geht doch.«

Den nächsten Satz überspringe ich lieber. Er lautet:

»_____ meiner Schwester habe ich keine Verwandten mehr.«

Verwandte, das ist immer ein heikles Thema bei Kriegsflüchtlingen und führt oft zu Tränen. Bereits ganz am Anfang im A1-Kurs, wenn die Schüler gerade einmal eine Woche im Deutschunterricht sitzen, gibt es eine ganze Lektion über die Familie. Das ist natürlich wichtig, um elementare Ausdrücke wie Vater und Mutter und die Possessivpronomen, wie »mein« und »dein«, zu lernen. Vor einigen Jahren war das auch noch schön, weil es viele türkische Mamas in den Kursen gab, die mit einer wahren Inbrunst alle Verwandten bis zur Cousine dritten Grades aufgezählt und unterhaltsam charakterisiert haben. Inzwischen ist das Familienthema allerdings Gegenstand kontroverser Diskussionen im Lehrerkollegium.

Kriegsgeflüchtete zu fragen: »Wie heißt dein Vater?« oder »Hast du eine Schwester?«, endet selten mit einer kurzen Antwort. Es fällt mir dann sehr schwer, passende Worte zu finden in dieser doch sehr lockeren und spaßigen Klassenatmosphäre. Was antwortet man, wenn man erfährt, dass der Vater im Krieg kämpft und die Schwester auf der Flucht ums Leben gekommen ist? »In Ordnung, der Nächste, bitte?« Wohl kaum. Einen tschetschenischen Familienvater habe ich einmal gefragt, ob er Geschwister habe, woraufhin er ganz trocken antwortete: »Ja, fünf Brüder. Aber alle tot. Krieg«, und lethargisch mit den Schultern zuckte. Deshalb versuchen wir, das Thema jetzt immer möglichst kurz zu halten, oder ich bestimme, dass wir uns »Wahlverwandte« aussuchen können, wie Vater Arnold Schwarzenegger und Mutter Angela Merkel. Seitdem kommt das Thema ein bisschen besser an.

Und manchmal gibt es in meinem Kurs auch richtig frohe Nachrichten. In der Pause stehe ich neben Sami auf unserer Terrasse.

»Wie geht es Ihnen, Sami, fasten Sie jetzt an Ramadan?«

»Manchmal ja, manchmal nein«, antwortet er.

»Wie?«, frage ich erstaunt. »Wie geht das denn?«

»Na ja, meine Freundin findet nicht gut, wenn ich faste. Also ich faste nur, wenn ich bin nicht zu Haus.« Er lacht.

»Gibt es noch immer Probleme mit Ihrer Frau?«

»Nein, gar nicht. Ich muss Ihnen etwa sagen, Frau Inga: Meine Frau ist schwanger. Wir bekommen eine kleine Baby.«

»Herzlichen Glückwunsch!«, juble ich. »Und Sie sind der Vater?«

»Was?«, fragt Sami verwirrt. »Ja, ich bin Vater ... was ... wieso?«

»Das war nur ein Scherz, Sami«, beschwichtige ich ihn lachend.

»Ha, ha, ja, ein gute Scherz. Das war Quatsch.« Jetzt lacht auch Sami. »Aber ich glaube: Ist mir auch so egal. Ich bin sehr, sehr froh. Bald ich habe Familie, und Familie ist am wichtigste. Dann alle anderen Probleme sind ganz klein. Kinder klein,

Probleme klein«, erklärt er und macht dabei mit seiner Hand die Größenverhältnisse klar. »Kinder groß, Probleme groß. Aber bis groß ist noch lange.«

Nach einer Pause fügt er hinzu:

»Selbst Schwiegermutter ist glücklich. Hat gesagt: ›Darauf stoßen wir an!‹ Und hat geholt Sekt. Ich habe lieber nicht gesagt, ist Ramadan und so, habe einfach getrunken, weil war ich so froh. Dann ich habe auch telefoniert mit meine Mutter. Sie hat gesagt: ›Aber Kind wird muslimisch!‹ Und ich habe geantwortet: ›Ja, ja‹, und habe nichts gesagt von Sekt. Ha, ha! Jetzt muss nur noch haben eine Job.«

»Das bekommen wir hin, Sami«, sage ich. »Aber erst einmal machen Sie den Sprachkurs fertig, damit Sie sich auch mit den Fahrgästen unterhalten können.«

Im Ramadan hängen die Köpfe meist tief. Der Magen knurrt und der Mund ist trocken, da arbeitet auch das Gehirn nicht gut. Zudem macht vielen die Abstinenz von Zigaretten und Kaffee zu schaffen. Da traue ich mich selbst kaum, mal einen Schluck aus meiner Wasserflasche zu nehmen. Das ist ja geradezu Folter, besonders wenn der Ramadan in den Sommer fällt und es über 30 Grad hat. Auch die Einrichtung in unserem Klassenraum trägt nicht unbedingt zu einer positiven Stimmung bei. Die Vorhänge sind alt und zerschlissen, sodass der hinteren Reihe die Morgensonne direkt auf die Nacken knallt. Die Neonröhren, die es trotz der Sonne braucht, um den Klassenraum auszuleuchten, flackern und geben ein Geräusch von sich, das an die Luftblasen in der Badewanne erinnert.

Weil also gerade etwas wenig Elan im Kurs ist, reden wir viel über Privates. Das ist aber auch nicht schlecht, denke ich, das fördert den freien Redefluss. Vor allem die Jobsuche beschäftigt gerade viele. Denn nach B1 kommt nur noch der kurze Orientierungskurs, und dann ist mit den Prüfungen auch die Schonfrist des Arbeitsamts vorbei. Auch wenn sich alle Lehrer einig sind, dass das B1-Niveau nach dem B1-Kurs noch lange nicht erreicht ist.

Das Berufsleben ist ein zentrales Thema in den Lehrwerken des Integrationskurses. Es kommt sowohl in A1 als auch in A2 und B1 jeweils einmal ausführlich dran. Fast alle Syrer, die ich kennengelernt habe, geben als gelernten Beruf »Ingenieur« an. Bei genauerem Nachfragen treten dann aber viele unterschiedliche »Ingenieure« zutage. Vom Kommunikationsingenieur über den Stahlingenieur bis zum Importingenieur ist alles dabei. »Wie heißt das auf Deutsch?«, werde ich dann immer gefragt, und oftmals habe ich absolut keine Ahnung, wie die genaue Berufsbezeichnung auf Deutsch lautet, selbst wenn ich verstehe, was sie meinen. Das ist allerdings nicht immer möglich, wenn sie mir mit Händen und Füßen erklären, was sie bisher gearbeitet haben. Wie gesagt, als ich mich so durch den Klassenraum frage, antwortet fast jeder »Ingenieur«. Nur nicht Hassan. Hassan sagt:

»Ich bin Gemmologe!«

»Wie bitte?«, frage ich.

»Gemmo-lo-ge«, wiederholt Hassan gedehnt und guckt mich dabei an, als wäre das das Selbstverständlichste der Welt. Ich gebe zu, dass ich erst beim Schreiben dieses Textes recherchiert habe, dass Gemmologe mit doppeltem M geschrieben wird. Mit anderen Worten: Gemmologe sagt mir überhaupt nichts.

»Ich arbeite mit Steine«, erklärt Hassan. »Kleine Steine …«, er schaut sich um und zeigt auf Beatas Halskette, »für Schmuck. Ich schaue durch Mikroskop«, dabei kneift er sein linkes Auge zusammen und tut, als würde er mit einem Mikroskop arbeiten, was die Klasse wieder wahnsinnig witzig findet, »habe kleine Hammer und so ...«

Das ist ja höchst interessant. Hassan kennt sich also mit Edelsteinen aus.

»Warst du deshalb in Holland?«, frage ich.

»Natürlich, dort habe ich gelernt. Ich komme aus Niederlande.«

Stimmt, das habe ich schon wieder vergessen.

»Aber ist kein guter Beruf«, erklärt Hassan. »Viel Geld, aber auch immer viel Stress. Deshalb ich bin jetzt in Deutschland. Ich muss neu anfangen mit andere Beruf.«

Nidal erzählt, er sei »Aluminiumarbeiterchef«.

»Ach so, also Metallarbeiter?«, frage ich.

»Aluminiumarbeiterchef«, korrigiert er mich.

»Was ist das?«, frage ich. »Ich glaube, auf Deutsch sagt man eher Stahlbauer, Metallarbeiter oder Maschinenschlosser.«

»Nein, nein«, beharrt Nidal auf seiner Bezeichnung, »ich bin Chef-Aluminiumarbeiter.«

Aber beim Thema Berufe geht es lange nicht nur um die Männer. Okay, Dina wird wohl für immer zu Hause sitzen und ein Kind nach dem anderen großziehen. Aber die anderen brüten darüber, was sie machen könnten. Yasmin erzählt:

»Ich würde gerne im Altenheim arbeiten. Ich glaube, ich kann das gut. Ich mag es, mich um Menschen zu kümmern, besonders alte Menschen finde ich interessant und sehr nett.«

»Aber sie sind so alt«, stöhnt Sami, »ist das keine Problem für dich?«

»Sie sind senil«, ergänzt der vorlaute Hassan.

»Das ist mir egal«, schneidet ihm Yasmin das Wort ab. »Gott sagt, wir sollen helfen anderen Menschen. Aber habe ich ein Problem.«

Alle lauschen gespannt.

»Ich muss auch Essen servieren. Das ist Problem für mich, weil es gibt auch Schwein. Und Schwein ist doch *haram*. Ich denke viel darüber, ob ich das tun darf.«

Haram bezeichnet alles, was nach islamischem Recht verboten ist.

»Natürlich darfst du das«, ruft Sami.

»Auf keinen Fall«, hält Hamed dagegen.

Es entbrennt eine hitzige Debatte darüber, wie wichtig einem gläubigen Muslim der Umgang mit Schweinefleisch in Deutschland ist. Die Meinungen gehen von sehr streng bis zu »Ich trinke doch hier auch Alkohol«. Auch wenn ich es persönlich im ersten Moment absurd finde, keinen Job anzunehmen, weil man nichts mit Schweinefleisch zu tun haben will, muss ich mich gleich darauf selbst korrigieren. Ich würde mich auch davor ekeln, jeden Tag billiges, schlechtes Fleisch aufzutischen. Das würde mir als Vegetarierin wahrscheinlich auch den Spaß an der Arbeit verderben.

»Wenn man ganz streng glaubt, nach Koran«, sagt Fatima gerade, »dann darfst du gar nicht leben in Deutschland. Du darfst nur leben in muslimische Land mit muslimische Gesetze.«

Das wundert fast alle Anwesenden. Davon hat noch niemand gehört, außer Hamed. Erst einmal herrscht Schweigen, viele denken nach. Oft dreht es sich bei den syrischen Flüchtlingen darum, wie offen man sich auf die neue, deutsche Kultur einlassen soll und wie viel man von seiner nun »alten«, syrischen Kultur bewahren soll. Eine Frage, die sich in Syrien selbst nie gestellt hat, wird nun akut: Wie wichtig ist einem selbst das alles? Und was werden die anderen Syrer dazu sagen? Sami hat es da einfacher. Er kann frei über Sex sprechen. Zwar ist er auch Muslim, aber als Tunesier inmitten von Syrern hat er einen Sonderstatus. Seine berufliche Zukunft sieht er immerhin ganz pragmatisch.

»Ich werde Busfahrer«, verkündet er der Klasse.

»Dann werde doch besser U-Bahn-Fahrer«, schlägt Hassan vor. »Dann kannst du Zug fahren. Ist alles ganz modern. Und sicher auch mehr Geld.«

»Nein, auf keinen Fall«, wehrt sich Sami. Er hat sich dazu seine Gedanken gemacht: »Ich will mit Mensche reden. Wenn sie kommen in meine Bus, ich sage ›Hallo, wie geht's?‹, ›Fußball gestern war sehr interessant‹, ›Kino war spannend‹, ›ja, die Fahrkarte bitte‹. In U-Bahn ich kann nicht reden, ist langweilig. Und dann, ab und zu, fällt Mensch in Gleis und kaputt. Dann kannst du reden, aber mit Therapistinnenfrau!«

»Arbeit finden in Deutschland ist nicht schwer«, meldet sich James zu Wort. »Es ist leicht. Ich bin jede Wochenende im Mauerpark, und ich wundere mich immer: Die Leute kaufen und kaufen.« James ist Selbstzahler und nicht wegen des Jobcenters hier.

»Was verkaufst du?«, will Azad wissen.

»Ich habe diese Jutebeutel, T-Shirts, Tücher, Poster, alles, wo etwas drauf gedruckt ist.«

»Und bringt das Geld?«, hakt Azad nach.

»Jaaa, ich kaufe ganz billig, und oft die Leute geben viel Geld. Aber es ist nicht einfach. So lange draußen stehen, es ist kalt, viele Leute nerven. Ich kaufe immer viel Glühwein, sonst schaffe ich Sonntag im Winter nicht.« Er lacht.

»Vielleicht ich kann das auch machen«, überlegt Azad. »Oder vielleicht ich kann Auto fahren. Für kranke Menschen. Mercedes.«

»Du hast kein Führerschein«, lacht Sami.

»Sie kaufen mir dann Führerschein«, antwortet Azad.

»Oder ich verkaufe Getränke in Parks. Im Sommer alle Menschen sind in Park, aber es gibt nichts zu kaufen. Kann ich das machen, Frau Inga?«, fragt er mich.

Ich stelle mir Azad mit einem Bauchladen mit Zigaretten und einem Bollerwagen gefüllt mit Bier und Limonade vor.

»Das kannst du machen«, sage ich, »aber du brauchst eine Erlaubnis vom Amt.«

»Ach, immer man braucht Erlaubnis. Dann ich verkaufe doch weiter Haschisch im Görlitzer Park.« Er lacht.

Azad hat jeden Tag eine andere Idee, wie er Geld verdienen könnte. Er ist 17, jung und energiegeladen und spricht am liebsten davon, Shisha zu trinken. Ich musste nachfragen, was er damit meint. Im Arabischen »trinkt« man anscheinend eine Shisha, also die Wasserpfeife, die oft in Cafés mit einer Vielzahl aromatisierter Tabaksorten angeboten wird. Von Melone bis Aprikose oder Himbeere gibt es da alles. »Und dann ich mache ein bisschen Haschisch ...«, ergänzt Azad dann immer, reibt seine Finger und schaut schelmisch in die Runde. Dann lacht er und sagt: »Nein, nein, ist Quatsch«, aber ich könnte mir vorstellen, dass er und Sami in der Pause ab und zu eine Tüte rauchen. Jedenfalls kichern sie danach nur noch und können sich nicht mehr konzentrieren. Nach seiner Idee, im Park Drogen zu verkaufen, nehme ich ihn nach der Stunde zur Seite:

»Azad, warum erzählst du, du willst Haschisch im Park verkaufen? Du weißt, dass das illegal ist. Das ist nicht erlaubt. Das ist nicht gut. Und selbst wenn du das machst, dann rate ich dir, nicht davon zu sprechen. Sei nicht dumm.«

»Nein, nein«, wehrt er erschrocken ab. »Ich habe Quatsch gesagt. Ich mache so was nicht. Nie. Ich weiß. Es war nur Quatsch.«

Dass Azad Cannabiskonsum offensichtlich für relativ normal hält, liegt sicherlich auch daran, wie alltäglich er in Berlin ist. Dauernd wird man damit konfrontiert, mal riecht man es, mal wird man angesprochen, mal sieht man jemanden, der sich ungeniert einen Joint in aller Öffentlichkeit dreht. Trotzdem tut es mir leid zu sehen, dass sich Azad offenbar außerhalb des Deutschkurses total langweilt und deshalb immer neue Pläne schmiedet. Er ist jetzt gut sechs Monate in Deutschland und hat sich sein Leben sicher anders vorgestellt.

Gerade von jungen Syrern, die allein hier sind, höre ich oft, dass sie arbeiten wollen, dass sie Menschen kennenlernen und endlich richtig ankommen wollen. Sie sind es nicht gewöhnt, zur Untätigkeit verdammt zu sein, sie wollen sich ins deutsche Leben werfen, können aber nicht. Von allen höre ich, dass sie gerne deutsche Freunde hätten. Ich denke, dass Arbeitslosigkeit kein großes Problem für sie sein wird, wenn sie mit dem Sprachkurs fertig sind, dafür juckt es ihnen zu sehr in den Fingern. Es ist ein Leichtes, auf sie zuzugehen, sie sind für alles dankbar und engagieren sich gerne. Jeder kennt aus der Zeitung Geschichten von Syrern, die völlig überraschend den Nachbarn ihrer Flüchtlingsunterkunft bei alltäglichen Arbeiten unter die Arme greifen. In meiner Heimat erzählt man sich die Geschichte von einer Frau mit Hüftschaden und ihrem Mann, der vor Kurzem einen Bandscheibenvorfall erlitten hatte, und die einen Anhänger voll Holz für ihren Ofen geliefert bekamen. Für die beiden war es schrecklich: Ganz langsam trugen sie ein Stück Holz nach dem anderen ins Haus oder stapelten es in der Garage. Die Nachbarn halfen nicht oder waren schlicht nicht zu Hause. Da kam eine Gruppe Syrer aus dem nahe gelegenen Lager angeradelt, sah das Ehepaar und beschloss spontan, ihm zu helfen. In nicht einmal einer halben Stunde war die Arbeit erledigt. Die Frau war zu Tränen gerührt, lud die fünf Syrer zu Kaffee und Kuchen ein und wollte ihnen für ihre Hilfe noch Geld zustecken, das die Männer aber entrüstet ablehnten.

Der Zeitung, die darüber berichtete, sagten die beiden, sie seien fassungslos gewesen, weil alles ablief, ohne dass sie sich mit Worten verständigen konnten und sie vor den radelnden Arabern im Ort bisher immer Angst hatten.

Azad sucht jedenfalls weiter nach Beschäftigung, ganz legal, versteht sich. Am nächsten Tag fragt er mich im Unterricht:

»Frau Inga, wie heißen die Leute, die immer Auto aufschreibt auf der Straße? Ich glaube, das will ich machen.«

»Das ist das Ordnungsamt«, antworte ich. »Wie man den Beruf genau nennt, muss ich mal nachgucken.« Was soll ich sonst sagen? Wieder ein gutes Beispiel dafür, dass ich manchmal nicht weiß, wie Berufe in Deutschland richtig heißen. In solchen Momenten verfluche ich die von mir ansonsten geachtete Political Correctness. Ich weiß nicht mal mehr, wie man den Hausmeister heutzutage nennt. Gebäudepfleger? Der Bäcker an der Ecke vor der Schule sucht neuerdings »Brotberater«. Klar weiß ich, wie die Menschen heißen, die Falschparker aufschreiben. Aber dass es mit »Politesse« dafür im Volksmund nur eine weibliche Bezeichnung gibt, die noch dazu ziemlich negativ behaftet ist, verschweige ich Azad besser.

Nach dem Kurs lässt mich die Berliner S-Bahn mal wieder im Stich. Laut Anzeigetafel ist der Zugverkehr wegen eines Polizeieinsatzes unterbrochen. Es ist bereits Abend, mein Magen grummelt vor Hunger, und ich will eigentlich nur nach Hause.

»Frau Inga«, höre ich da plötzlich, »hallo!«

Es ist Azad, der vom anderen Ende des Bahnsteigs auf mich zukommt.

»Hallo, Azad«, begrüße ich ihn. »Schauen Sie mal, der Zug fällt mal wieder aus.«

»Das ist schlecht«, bestätigt er.

»Vor allem steht nicht mal dran, wie lange es dauert«, beschwere ich mich.

»Das ist blöd, ja«, antwortet er. »Mögen Sie vielleicht Banane und Snickers für Warten?«

»Oh, das wäre toll.«

»Hier, nehmen Sie, bitte zwei Snickers. Ich habe abends immer viel dabei. Wir können zusammen Fastenbrechen.«

Azad strahlt, und ich bin glücklich. Manchmal ist es doch wirklich nett, seine Schüler in der S-Bahn zu treffen. Wir haben dann auch noch gemeinsam eine halbe Stunde gewartet. Wäre Azad nicht gewesen, ich hätte wahrscheinlich die Scheibe des Süßigkeitenautomaten eingeschlagen.

Nachdem sich Azad verabschiedet hat, grüble ich über das Politessen-Problem nach. Dass ich so gar nicht weiß, wie man sie eigentlich korrekt nennt, fuchst mich schon ein bisschen. Aber an diesem Problem soll mein berufliches Selbstverständnis nicht zugrunde gehen. Wie es der Zufall will, sehe ich tatsächlich vor meinem Haus Mitarbeiter des Ordnungsamts bei der Arbeit. Diese Gelegenheit darf ich mir nicht entgehen lassen, denke ich und gehe kurz entschlossen auf eine Frau zu, die sich gerade das Kennzeichen eines Kleinwagens aufschreibt:

»Entschuldigen Sie?«

Keine Antwort. Nur ein Blick, der gleichzeitig Angst und Abweisung ausstrahlt. Wenn man Politessen anspricht, gehen sie automatisch in Abwehrhaltung. Klar, in nahezu hundert Prozent der Fälle müsste sie jetzt mit einer Beschwerde oder einer Beleidigung rechnen.

»Ich wollte Sie nur was Allgemeines fragen«, erkläre ich. »Ich bin Lehrerin und wurde von meinen Schülern gefragt, wie man eigentlich Ihren Beruf nennt. Jetzt wollte ich natürlich nicht ›Politesse‹ antworten, aber ehrlich gesagt habe ich keine Ahnung, wie man sonst dazu sagt.«

Die Frau wendet sich mir nun doch langsam zu und schaut mich freundlich an. »Wir sind Mitarbeiter im Außendienst des Ordnungsamts im Bereich der Parkraumüberwachung im ruhenden Verkehrsraum.«

Mir klappt die Kinnlade runter.

»Gibt es …«, stammle ich, »gibt es da nichts Einfacheres? So etwas wie ›Köchin‹ oder ›Lehrerin‹?«

»Wenn Sie wollen, können Sie uns auch Verwaltungsangestellte oder Außendienstmitarbeiter nennen. Aber das trifft es natürlich nicht richtig.«

»Okay …«, bedanke ich mich und will schon gehen, als sie sagt:

»Aber mal unter uns: Politesse passt schon am besten. Nett, dass Sie sich darüber Gedanken machen, aber wir nennen uns auch selbst so. Und die Männer nennen wir Politesser«, dabei lacht sie schallend.

Offenbar kann man es nicht jedem recht machen, und nicht jeder fühlt sich von den gleichen Begriffen angegriffen. Für mich geht so wieder ein Tag zu Ende, an dem ich etwas Neues gelernt habe.

Der Ramadan lastet jedoch weiterhin schwer auf unserem Kurs. Alle Fastenden sind extrem müde, und im Unterricht klappt es von Tag zu Tag schlechter. Anders als die Araber sehen es die Türken oft nicht ganz so problematisch mit dem Ramadan. Allerdings scheint sich in den letzten Jahren auch bei ihnen eine deutliche Tendenz zur strengen Auslegung abzuzeichnen.

Yasmin kommt zum Beispiel nach der Pause oft nicht wieder, dabei ist sie sonst eine Musterschülerin. Wahrscheinlich muss sie einkaufen für die Schwiegermutter und Konsorten. Das Kopftuch und der Glaube sind ihr wichtig.

Eine Woche nach Beginn des Ramadans höre ich schon auf dem Weg zum Klassenraum hitzige Diskussionen. Yasmin steht zusammen mit Kelly, Erkan und Hamed in einer Ecke, und Kelly verabschiedet sich gerade mit einem lauten »Du bist so blöd, Yasmin!«.

»Was ist los?«, frage ich.

»Yasmin will nicht essen und trinken«, antwortet Erkan.

»Ja, aber es ist doch auch Ramadan«, frage ich verwirrt.

»Sie ist krank, und der Arzt hat gesagt, sie muss essen und trinken. Aber sie will nicht.«

»Es ist aber nicht so schlimm«, verteidigt sich Yasmin. Ich bemerke erst jetzt, wie blass sie ist.

»Yasmin, du musst essen, wenn der Arzt es sagt. Das ist doch auch erlaubt.«

Immerhin können wir sie schließlich dazu bewegen, über den Tag eine Flasche Wasser zu trinken. Am Tag darauf sehe ich sie sogar in den Pausen etwas essen, möglichst weit weg von den anderen. Sie sieht aus, als hätte sie eine große Niederlage erlitten.

Es ist nicht leicht, den ganzen Tag komplett zu fasten, das sehe ich meinen Schülern an. In Bayern hatte ich zwar auch einige fastende Muslime in der Klasse gehabt, aber erst in Berlin wurde mir die Bedeutung des Ramadans so richtig bewusst. Hier fastet fast die ganze Klasse, und dementsprechend ist die Stimmung. Es geht überhaupt nicht mehr voran, alle sind lethargisch, immer wieder fehlen auch Schüler.

In der Pause treffe ich meine Kollegin Susann. »Du, das ist ja toll«, lobe ich sie. »Ich hab schon die ganze Zeit bemerkt, dass du nicht mehr rauchst. Hat es endlich geklappt, ja?«

Da guckt sie mich komisch an: »Nee, wieso? Ist ja Ramadan – ich faste doch!?«

Susann erzählt dann, dass sie bereits vor 30 Jahren zum Islam konvertiert ist. Das habe ich weder vermutet noch bemerkt.

»Inga«, sagt sie. »Es ist so toll zu fasten. Man fühlt sich richtig gesund, wenn man nicht raucht.«

»Ja, aber abends?«, fragte ich.

»Da schmeckt die Zigarette dann doppelt so gut«, zwinkert sie. Ich muss sagen, das ist es, was ich an Ramadan echt komisch finde. Dass alle Entbehrungen, die man tagsüber erduldet, abends wieder in Völlerei umschlagen.

Irgendwann ist auch diese Phase wieder vorbei, aber meine Schüler stehen schon vor neuen Problemen. Basima beklagt sich bitterlich bei mir, dass ihre Tochter Nemi neuerdings nicht mehr zu den Geburtstagen ihrer Mitschülerinnen eingeladen wird. Die Mädchen nahmen es Nemi anscheinend übel, dass sie nie zurück eingeladen wurden.

Die Krux dabei ist nur, dass einige Muslime keinen Geburtstag feiern, was die anderen Schüler ziemlich sicher gar nicht wissen. Nachdem Nemi begriffen hatte, was das Problem war, bettelte sie Basima an, auch Geburtstag feiern zu dürfen, was Basima aber ablehnte. Laut dem Koran ist es verboten, sich selbst zu feiern, nur Allah gebührt diese Ehre. Aber hier in Deutschland ist man als Mutter natürlich im Zwiespalt: Genau wie sich die Kinder zu Weihnachten Geschenke wünschen, möchten sie sich auch in der Geburtstagsfeierei nicht von ihren Klassenkameraden unterscheiden.

Nach langem Hin und Her finde ich mit Basima einen

Kompromiss: »Wie wäre es denn, wenn Nemi einmal im Jahr eine kleine Party für ihre Freundinnen machen darf? Sie sagen ihr, dass es keine Geburtstagsfeier ist, aber sie gerne alle einladen darf. Am besten am Wochenende nach ihrem Geburtstag, dann fällt es den Deutschen nicht so auf.«

Dass Nemi mitten im Jahr Geburtstag hat, ist fast ein bisschen ungewöhnlich. Auffallend viele Flüchtlinge haben nämlich am ersten Januar Geburtstag. Das ist in den Flüchtlingsunterkünften oft ein richtiger Running Gag. Von Menschen aus Äthiopien weiß ich, dass für sie die Geburt als so unbedeutend gilt, dass sie sich den genauen Tag gar nicht merken, was bei der Beantragung von Ausweisdokumenten natürlich zu Problemen führt. Auch syrische und libysche Flüchtlinge können bei der Einreise nach Deutschland oft keine Dokumente vorweisen. Sie geben zwar ein Geburtsdatum an, das sich aber nicht verifizieren lässt, weil es keine staatlichen Stellen in den Heimatländern gibt, die ihnen dabei helfen können oder wollen. Deshalb tragen die deutschen Behörden den 1.1. in die Ausweisdokumente ein. Das führt dann dazu, dass viele Flüchtlinge am gleichen Tag »Geburtstag« haben, was die Syrer sehr lustig finden.

Für Basima fangen die Probleme nach der Entscheidung, eine Party zu feiern, allerdings erst an. Am nächsten Tag kommt sie wieder zu mir.

»Frau Inga«, fragt sie, »was macht man auf Party für Kinder in Deutschland? Was ich muss kochen, was die Kinder geben? Kommen Eltern auch? Wann ich muss Einladung machen?«

Ich glaube, ich würde mir über eine Kinderparty in Syrien gar keine Gedanken machen, einfach mein Ding durchziehen, und mich darüber freuen, Einheimische in die typisch deutschen Geburtstagstraditionen einweisen zu können. Aber Basima ist da klüger, sie will wissen, was man von ihr erwartet, um absolut nichts falsch zu machen. Aber ihr Dinge wie Schaumküsse, Luftschlangen und Topfschlagen zu erklären, ist nicht einfach. Unser Gespräch wird sehr lang und nur mithilfe einer auf dem Boden robbenden Frau Inga endlich fruchtbar. Und natürlich gehe ich danach auch noch mit Basima in den Supermarkt.

Auch deutsche Mütter und Väter stellt es vor Probleme, wenn ihr Kind arabische Freunde mit nach Hause bringt. Christian erzählte mir völlig entgeistert, dass er beim Geburtstag seines Sohnes Pizza auf den Tisch gestellt hatte und die Hälfte der Kinder gefragt hat, ob die auch *halal* sei. Das konnte er auf die Schnelle nicht beantworten, und die Kinder aßen dann wirklich nichts.

»Ich hab ja schon darauf geachtet, kein Schweinefleisch zu kaufen. Da hat sich mein Kleiner schon beschwert: Pizza ohne Salami, das geht doch nicht! Und jetzt essen die Gäste das nicht mal, weil ich nicht weiß, ob der Putenschinken *halal* ist. Muss ich jetzt ernsthaft immer nachfragen, wie die Pute geschlachtet wurde?«

Als *halal* bezeichnet man Lebensmittel, die nach den muslimischen Speisevorschriften zubereitet worden sind. Im Wesentlichen betrifft das die Zubereitung von Fleisch. Der Impuls zu sagen: »Nein, das musst du nicht. In solchen Momenten können Muslime doch auch mal über ihren Schatten springen, umbringen wird sie's wohl kaum«, liegt nahe. Und dennoch: Die meisten Gastgeber akzeptieren es, ohne mit der Wimper zu zucken, wenn sich jemand vegetarisch ernährt. Und die Zahl der Menschen, die keinen Weizen essen, auf Laktose verzichten oder sich sogar vegan ernähren, wird immer größer. Warum hat Christian also ein so großes Problem damit, dass jemand kein Schweinefleisch isst? Ich kann mir das nur so erklären, dass viele Deutsche gerade Schweinefleisch und Alkohol als nationale Kulturgüter ansehen und eine Ablehnung dieser Traditionen per se als Affront wahrnehmen. Ich als Vegetarierin kenne die Blicke, die einem begegnen, wenn man das freundlich angebotene Fleisch ablehnt und dann nichts essen kann, weil überall irgendwie Fleisch mit dran ist. Schließlich komme ich aus dem tiefsten Bayern. Allerdings habe ich dort das Glück und die Möglichkeit, jene Blicke durch meinen Bierkonsum mild zu stimmen. Trotzdem: Ich fühle mich oft unwohl und unwillkommen.

Es ist wie so oft in einer Demokratie. Solange nur wenige Individuen gegen den gesellschaftlichen Konsens verstoßen, wird darüber hinweggesehen. Werden es mehr (wie in den letzten Jahren auch die Vegetarier), fühlen sich Menschen in ihrem Selbstverständnis angegriffen und positionieren sich offensiv gegen die Einstellung der anderen. Ich hoffe, dass sich die Situation in dem Maße erledigen wird, wie es normal sein wird, überall auch Essen *halal* zu bekommen. In Berlin habe ich kein Problem damit, mit Freunden in den Burgerladen zu gehen, weil ich ohne Probleme auch vegetarische Burger bekomme. So entwickelt sich gar nicht erst eine Diskussion darum. Allerdings halte ich es nicht für despektierlich, arabisch aussehenden Gästen auf einer Party Alkohol anzubieten, wenn ich sie nicht näher kenne. Kann ich allein durch ihr Aussehen denn bestimmen, aus welchem Land sie kommen und ob sie religiös sind? Sie von vornherein nicht einzubeziehen fände ich schlimmer.

Am nächsten Tag trommelt Frau Lemberg die Lehrenden vor dem Unterricht zusammen:

»Wir haben heute wieder eine Hospitantin«, erklärt sie knapp. »Wer will?«

Jetzt geht das übliche Spiel unter den Lehrern los. Ihnen allen fallen schlagende Argumente ein, warum sie sich gerade heute nicht um die Hospitantin kümmern können: Wir schreiben einen Test, im Kurs herrscht derzeit eine komplizierte Stimmung, das Klassenzimmer ist eh schon so klein und alles so eng … Wer dann übrig bleibt, muss sie nehmen, und das bin heute ich. Ich habe zwar nichts zu verbergen und stehe zu meinem Unterricht, aber ich wüsste doch gerne vorher, wenn mich jemand im Unterricht begleitet, denn dann will ich natürlich eine richtig gute Stunde abhalten. Und ich habe es gestern nicht geschafft, irgendetwas Außerplanmäßiges vorzubereiten; es heißt also mal wieder »Schwellenunterricht«.

»Na, dann«, sage ich zu ihr, »gehen Sie mal rein und stellen Sie sich vor.«

Wir gehen zusammen rein. Alle hängen gelangweilt auf ihren Stühlen.

»Guten Tag, mein Name ist Sonja Hausmann«, beginnt die Hospitantin ihre Begrüßung, »ich bin heute Zuhörerin hier.«

»Syrerin?«, kreischt Kelly plötzlich los und legt nach: »Sie sind auch Lehrerin? Wir haben viele Schüler aus Syrien hier. Warum haben Sie diese deutsche Namen?« Frau Hausmann hat in normalem Tempo gesprochen, und irgendwie hat Kellys Ohr aus »Zuhörerin« »Syrerin« gemacht.

Noch bevor Kelly im Erdboden versinken kann, kommt Beata in die Klasse, wie immer zu spät. Schon auf den ersten Schritten im Klassenraum zögert sie merklich. Auf »ihrem« Platz zwischen Sami und Erkan sitzt schon jemand – die »Syrerin«, von der Beata natürlich jetzt nicht weiß, dass es sich um eine Hospitantin handelt. Wie eine Raubkatze ums Wasser macht Beata einen Bogen um diese fremde Frau, schiebt sich umständlich zur gegenüberliegenden Raumseite durch und blitzt sie mit zusammengezogenen Augen an. Wer hätte gedacht, dass sie so eifersüchtig reagieren würde?

Ich beschließe, Beata noch ein kleines bisschen schmollen zu lassen, bevor ich sie aufkläre, und hoffe, dass sich ihre Angespanntheit positiv auf ihre Auffassungsgabe auswirkt. Denn heute steht kein einfaches Thema auf dem Programm: Es geht um die N-Deklination. Ich hasse dieses »grammatikalische Problem«. Und zwar nicht, weil es mich nicht interessierte. Nein, ich finde es absurd, dass meine Schüler so etwas zu diesem Zeitpunkt lernen müssen. Wir beackern noch das unfruchtbarste Feld der deutschen Sprache, obwohl wir kaum Zeit haben, dabei wäre es meiner Ansicht nach viel besser, die Grundlagen der Grammatik in Ruhe gedeihen zu lassen. In den Niveaustufen A1 bis A2 lernt man die Basis, diese soll nach bereits 400 Unterrichtseinheiten sitzen. In der Praxis bedeutet das dann, dass man jeden Tag ein neues grammatikalisches Thema kennenlernt und kaum Zeit hat, dieses im Laufe des Kurses zu wiederholen, geschweige denn zu festigen.

Damit es nicht mehr passiert, dass ein Schüler in B1 sagt: »Ein Stall ist, wo diese Muh-Muhs wohnen«, bräuchte ich definitiv mehr Zeit, um individuell auf die Schüler eingehen zu können und den Unterricht so zu strukturieren, dass sie die vier essenziell wichtigen Fertigkeiten (Lesen, Schreiben, Hören, Sprechen) trainieren können, ohne dabei die interkulturellen Kompetenzen zu vergessen. Die N-Deklination finde ich deshalb überflüssig, weil ich mir ziemlich sicher bin, dass nur wenige Muttersprachler damit etwas anfangen können. Das ist mein Maßstab. Was Manuela Musterfrau über ihre Sprache nicht weiß, muss man im Integrationskurs auch nicht lernen.

»Sie kennen ja die Substantive«, versuche ich die Schüler in Sicherheit zu wiegen. »Und was passiert mit Substantiven im Akkusativ? Richtig, der Artikel ändert sich, allerdings nur bei Maskulina. Machen wir ein Beispiel. Dort sitzt ein Mann«, ich zeige auf Hamed. »Beata, wen sehen Sie dort?«

»Dort sitzt Hamed«, antwortet Beata bockig.

»Sehr witzig. Aber jetzt mit ›Mann‹ und mit ›sehen‹.«

»Dort sehe ich einen Mann«, Beata guckt entschuldigend.

»Richtig. Und jetzt im Plural.«

»Ich sehe die Männer«

»Genau. Das heißt, Substantive ändern sich von Nominativ zu Akkusativ nicht, aber im Plural haben sie eine andere Form.«

Nachdem ich meinen Schülern das noch einmal bewusst gemacht habe, wiederhole ich auch den Dativ im Plural, der ein Extra-N braucht:

»Ich sehe die Männer. Aber ich gebe den Männern einen Stift.«

Alle nicken, außer Lucy, die mit weit aufgerissenen Augen ihren Kopf schüttelt. Ich vermute, dass sie noch nie etwas von Nominativ, Akkusativ und Dativ gehört hat. Beata ist das ebenfalls nicht entgangen, sie schielt in Lucys Richtung und kichert still in sich hinein, so sehr freut sie sich über die Wissenslücken der neuen Streberin. Für mich sind sie jedoch alles andere als ein Anlass zur Freude, denn ich muss noch einmal schnell, aber umfassend wiederholen, wann man Akkusativ und Dativ braucht, und verspreche, nach der Pause ein Übersichtsblatt mitzubringen. Das ist das Problem mit neuen Schülern im Kurs. Irgendwann merkt man immer, dass etwas ganz Elementares noch nicht sitzt.

Nachdem ich für Lucy im Schnelldurchlauf die vier Fälle im Deutschen erklärt habe, bleiben mir nur noch 45 Minuten bis zur Pause, und ich habe von der N-Deklination gerade mal die Überschrift an die Tafel geschrieben.

»Normale Substantive ändern sich nur im Plural und speziell im Dativ Plural. Das ist die Deklination I. Und wenn es eine erste Deklination gibt, gibt es selbstverständlich auch die Deklination II, die N-Deklination genannt. Das Nomen ›der Junge‹ gehört dazu. Es heißt: ›Der Junge isst eine Banane.‹«

»Warum das heißt N-Deklination?«, unterbricht mich der besserwisserische Hassan. »Ich höre kein N.«

»Das war nicht die N-Deklination. Das war ein Beispiel für den normalen Nominativ«, sage ich betont ruhig.

»Jetzt sitzt dort ein Junge. Hamed, wen sehen Sie dort?« Dabei schreibe ich bereits

Junge – Jungen

an die Tafel.

»Ich sehe …«, stammelt Hassan, »einen … Jungen?!«

»Richtig«, antworte ich erfreut.

Sofort lärmt es in der Klasse.

»Aber Jungen ist auch Plural, oder?«, fragt Yasmin.

»Genau. Bei der N-Deklination schreibt man den Akkusativ wie im Plural. Genau gleich.«

Alle schreiben fleißig mit.

»Aber bei welchen Nomen ist das so?«, will James wissen.

Zumindest gibt es hierzu mehrere konkrete Regeln. Der Plural eines Nomens ist gleich der Akkusativ-, Dativ- und Genitiv-Form bei

1. maskulinen Personen und Tieren, die mit -e enden: der Bote, der Experte, der Laie, der Kollege, der Zeuge, der Neffe, der Brite, der Bulgare, der Däne, der Franzose (aber nicht bei

›der Deutsche‹, hier wird das Nomen wie ein Adjektiv dekliniert!), der Affe, der Hase, der Löwe, der Bär (auch wenn er kein -e hat) etc.;

2. einzelnen weiteren maskulinen Personen: der Nachbar, der Herr, der Bauer, der Held, der Prinz, der Narr;

3. Nomen auf -and, -ant, -ent und -ist: der Doktorand, der Elefant, der Lieferant, der Demonstrant, der Präsident, der Journalist, der Terrorist.

»Und viertens«, füge ich noch hinzu, »bei männlichen Nomen, die aus dem Griechischen kommen.« Wir entwerfen zusammen eine Liste an der Tafel: der Biologe, der Soziologe, der Fotograf, der Architekt, der Automat, der Demokrat, der Diplomat.

Der letzte Punkt macht im Normalfall die größten Schwierigkeiten: Nomen der N-Deklination haben kein Genitiv-s, mit Ausnahme der folgenden Wörter, die man einfach auswendig lernen muss: der Name, der Gedanke, der Buchstabe, das Herz (das!).

Anschließend gehen wir in die Übungsphase über: Ich lese Sätze vor, und die Schüler müssen entscheiden, ob die Nomen im Singular oder im Plural stehen. Das machen sie, indem sie eine Karteikarte hochhalten, auf der vorne »Singular« und hinten »Plural« steht. Wie bei einer Abstimmung im Parlament.

Hier einige Beispiele:

Grüßen Sie Ihren Kollegen von mir.

Waren Sie schon bei Ihren Kollegen im Büro?

Er ruft seinen Assistenten an.

> Der Professor spricht mit seinen
> Assistenten.
> Hier ist ein Brief von unseren Kunden.

Danach bekommen sie einen Lückentext, in dem sie die Nominativendungen, also »-n/-en«, ergänzen müssen. Dann haben sie aber nur noch die N-Deklination im Kopf. Plötzlich wird aus dem Satz »Ich sehe den Hund«: »Ich sehe den Hunden.« Jetzt müssen wir also erst noch einmal wiederholen, wann die N-Deklination benutzt wird. Im letzten Schritt erhalten sie noch ein Arbeitsblatt mit Sätzen, bei dem das Objekt vertauscht ist. Die Schüler müssen die Sätze richtigstellen.

> Der Automat konstruiert einen Ingenieur.
> Der Bundespräsident interviewt einen
> Journalisten.
> Die Zeitung druckt den Drucker.
> Der Hase frisst den Löwen.
> Der Student verhaftet den Polizisten.

Wir machen die ersten drei Sätze als Beispiele im Kurs, den Rest gebe ich als Hausaufgabe auf. Damit sie nicht nur von Grammatik gequält nach Hause gehen, spielen wir in den letzten zehn Minuten noch das allseits beliebte Stadt-Land-Fluss-Spiel, nur eben mit anderen Kategorien wie Nationalität, Beruf, Verb und Adjektiv. Die Schüler verlassen mit glühenden Köpfen den Unterricht.

Danach schreibe ich noch mein Unterrichtsprotokoll in den

Lehrerordner. Da fällt mir auf, dass die Hospitantin »aus Syrien« noch immer da ist.

»Und, kannten Sie die N-Deklination?«, frage ich schelmisch.

»Nein, ehrlich gesagt war mir das neu«, antwortet sie und wird ein bisschen rot.

Das überrascht mich kein bisschen. Auch ich habe während meiner studienbegleitenden Hospitation zum ersten Mal davon erfahren.

Lektion 6
Fragen wir mal Gott

Wenn Syrer nach Deutschland kommen, müssen sie erst einmal eine ganze Menge darüber lernen, wie Partnerschaften bei uns funktionieren: Sie finden es komisch, dass es im Deutschen kein Wort für den Partner vor der Ehe gibt, analog zum englischen *boy-* bzw. *girlfriend*. Es endet ja praktisch immer in einer peinlichen Situation, wenn zum Beispiel ein Mann eine Frau als »seine Freundin« vorstellt. Was ist nun gemeint? Ist es »eine« Freundin oder »seine« Freundin? Sind sie zusammen? Man muss immer nachfragen, wenn man es genau wissen will.

»Wenn schon alles ist so liberal hier und es gibt fast keine Ehemann und Ehefrau mehr, wieso gibt es dann kein Wort für das davor?«, fragt sich nicht nur Hamed, der es seit dieser Diskussion immer für notwendig hält, den unbestimmten Artikel dick zu unterstreichen: »Ich treffe mich mit <u>einem</u> Freund Hassan.«

Ein anderer komischer deutscher Brauch ist das mit den Nachnamen. Hierzulande nimmt in den meisten Fällen die Frau den Namen des Mannes an, sollten sie dann doch einmal heiraten. Meine Eltern wurden bei der Passkontrolle in Chile aufgrund des gleichen Nachnamens mal für Bruder und Schwester gehalten. Als sie dann erklärten, dass sie verheiratet sind, sorgte das erst für sehr befremdete Gesichter, dann für einige Lacher.

Viele Syrer sehen das genauso, denn auch in ihrem Heimatland behält jeder Ehepartner seinen Nachnamen.

Neu lernen müssen sie auch die Kosenamen, die deutsche Paare einander geben.

Unsere Lehrbuchfamilie hat nämlich erfahren, dass Gabi schwanger ist, und das beflügelt anscheinend die Hormone. Plötzlich nennt Robert seine Frau nicht mehr einfach Gabi, nein, beide schnurren wie liebestolle Tiger umeinander herum. Das ist für alle Schüler natürlich ein hochinteressantes Thema. Leider sind wir Deutschen nicht wirklich einfallsreich, was Kosenamen angeht, und auch nicht sonderlich begabt. Das zeigt sich am besten bei Ikea: Ruft eine Frau »Schatziiii«, dreht sich garantiert die Hälfte aller anwesenden Männer nach ihr um. Ich muntere meine Teilnehmer an dieser Stelle immer dazu auf, das doch einmal im Möbelkaufhaus oder im Supermarkt auszuprobieren.

Natürlich hat das Thema auch einen grammatikalischen Hintergrund. Es geht nämlich um die Diminutivform mit -chen.

»Mein Dickerchen«, schnurrt Gabi verführerisch. Die Schüler lachen, das kommt ihnen durch die Bank bekannt vor.

»Ich sage meine Mann auch immer so«, ruft Basima.

»Ich auch«, bestätigt Dina neben ihr. Die beiden geben sich ein High-Five und lachen. Basimas nicht wirklich schlanker Mann Hamed brummt daneben.

»Mein Nüdelchen«, antwortet Robert im Buch darauf.

»Nudeln sind lecker und toll?«, fragt Sami überrascht.

»Bei uns Kosename ist immer lecker«, wirft Fatima ein. »Zucker zum Beispiel man sagt oder Honig.«

Doch auch das nächste Beispiel aus dem Buch geht mit diesem Anspruch nicht ganz konform:

»Hey, Schneckchen«, ruft Robert.

»Was ist Schnecke?«, will Azad wissen.

Ich male meinen besten Versuch einer Weinbergschnecke an die Tafel. Alle Schüler verziehen angewidert den Mund.

»Iiih«, ruft Kelly. »Ist nicht schöner Name für Frau. Ist eklig, schleimig.«

Na gut, die Deutschen sind also nicht so gut darin, liebe Worte füreinander zu finden. »Schatzi« finden meine Schüler noch am besten, ein Schatz ist schließlich was Tolles. Das kann ja heiter werden, demnächst im Supermarkt. Immerhin klappt die Integration auf dieser Ebene schon mal.

Mit dem Suffix -chen wird die deutsche Sprache ganz weich und plüschig, was den Schülern gut gefällt. In den Klassenräumen stehen Tischchen und Stühlchen, die Männer kleiden sich mit Schühchen und Höschen, die Damen mit Stiefelchen und Röckchen, draußen laufen süße Tierchen wie Hündchen, Schäfchen und Kätzchen herum. Selbst für die zusätzliche Regel – a, u und o werden im Diminutiv zu Umlauten – können sich meine eingelullten Schüler plötzlich begeistern. Und was das Tollste am Diminutiv ist: Man braucht plötzlich keinen Artikel mehr. Das kommt vor allem Azad recht, der auf der Stelle dazu übergeht, alle Nomen im Diminutiv zu gebrauchen.

»Was gibt es noch für kleine Tiere?«, frage ich, weil das Spiel allen Spaß zu machen scheint und ich es noch ein bisschen verlängern will.

»Kälbchen«, weiß Hamed.

»Kätzchen«, antwortet João.

»Sehr gut«, bestätige ich. »Das kann man auch gut als Kosenamen nutzen.«

»Hähnchen«, meldet sich Igor.

»Das ist schwierig«, unterbreche ich. »Wenn die Tiere leben, sind es Hähne und Hühner. Wenn sie tot sind und man sie isst, sind es Hähnchen oder Hühnchen. Andersrum geht es nicht.«

Dass das so ist, fällt mir auch erst in diesem Moment auf. Schon ein bisschen eklig, dass Hähne erst niedlich werden, wenn sie tiefgekühlt im Supermarkt liegen oder sich am Spieß drehen.

Im Buch wird übrigens auch erwähnt, dass die kleine Familie nun bald mit Kindergeld rechnen kann. Robert und Gabi überlegen schon mal, welche Wickelkommode sie davon kaufen können. Dass man in Deutschland fürs Kinderhaben Geld vom Staat bekommt, überrascht meine Schüler.

»Also, ich kann habe zehn Kinder und dann habe ganz viel Geld?«, fragt Azad.

»So ist das jetzt auch nicht«, antworte ich. »Es ist nur ein bisschen Geld, und Kinder sind teuer in Deutschland. Denken Sie an Windeln, Essen, immer neue Kleidung – Kinder wachsen schnell. Dann der Kindergarten und die Klassenfahrten. Das ist nicht einfach.«

Dina ist ganz verwirrt.

»Gibt es Kindergeld auch für Ausländer? Oder nur für Deutsche?«, fragt sie.

»Auch für Ausländer. In Deutschland sind alle gleich«, antworte ich.

»Aber ich verstehe nicht, habe ich nie Kindergeld bekommen.«

»Vielleicht ein Fehler«, vermute ich. »Vielleicht muss man es beantragen, ich kenne mich da nicht genau aus.«

»Ah, ah, ah«, fährt Fatima plötzlich dazwischen. »Vielleicht es ist wie bei mir. Eine Freundin hat mir gesagt: ›Du bekommst doch Kindergeld.‹ Habe ich gesagt: ›Nein, was ist das?‹, und habe meinen Ex-Mann gefragt. Er hat gesagt, bekommen wir nicht. Er hat alles mit Geld gemacht. Als er einmal weg war, ich habe diese Papier von die Bank gefunden.«

»Kontoauszüge«, souffliere ich.

»Ja, diese Kontoauszüge«, bestätigt Fatima. »Da war genau die Geld, das haben meine Freunde gesagt. Wir haben immer Kindergeld bekommen. Aber mein Mann hat gespielt. Du weißt, Automaten. Er hat alles Geld verliert. Da ich habe mich getrennt.«

»Woher weißt du, dass er hat gespielt?«, fragt Dina nach.

»Ich habe ihn gefragt. Ich habe ihm gezeigt diese Kontoauszüge. Da hat er mir alles gesagt. Ein halbes Jahr hat er mir nie etwas gesagt. Nicht von die Geld, nicht von Spielen. Da habe ich gesagt: ›Geh! Ich brauche gute Mann. Es ist nicht einfach hier, in neue Land. Mit dir alles noch mehr schwer.‹«

»Und er ist wirklich gegangen?«, fragt Dina.

Innerlich juble ich: Ein perfekter Satz im Perfekt!

»Habe ich gesagt: ›Wenn du bist Mann, du gehst und nicht ich. Willst du, dass deine Kinder sind auf Straße?‹ Er ist dann zu ein Freund. Manchmal er kommt und geht mit die Kinder raus, er bringt Blumen. Ich weiß nicht, ob ich will noch mal mit ihn. Aber Kinder immer: ›Papa, Papa!‹«

»Nein, mein Mann spielt nicht«, schließt Dina das Thema.

»Am besten, du fragst ihn«, schlägt Fatima vor. »Guck, was er sagt.«

Wie die Geschichte ausgegangen ist, ob Dina ihn gefragt hat, was er geantwortet hat, weiß ich nicht. Aber sollten sich die Vermutungen bewahrheiten, weist der Name der Spielhalle, in die Dinas Mann ihr gemeinsames Geld trägt, sicher einen der häufigsten Fehler der Schriftsprache auf. Denn gerade solche Etablissements heißen oft »Willi's Würfelbar« oder »Stefan's Sportwetten«. Den meisten scheint dieser sogenannte Deppenapostroph allerdings gar nicht aufzufallen. Doch selbst meinen Schülern entgeht diese Diskrepanz zwischen Gelerntem und Gesehenem nicht.

»Frau Inga, ich habe einen Imbiss gesehen, da stand dran ›Berlin's schärfste Currywurst‹. Aber Sie haben uns das doch ganz anders gesagt«, eröffnet Yasmin die Runde.

Wie auf Kommando holt einer nach dem anderen sein Handy heraus und zeigt mir unter lautem Fragen seine Fotos von »Oma's Quarkkeulchen«, »Sören's Transportunternehmen«, »Wichtige Info's« oder »Jana's Haushaltswaren Laden«.

»Ich hab einmal im Supermarket ›Bio-Kiwi's‹ gesehen«, meldet sich Hamed.

»Und auf meinem Shampoo steht ›für's Haar‹«, ruft Basima.

Apostrophe fliegen auf Produkten und Reklamen wild durcheinander, sodass keiner mehr durchblickt. Am wenigsten noch meine Schüler, die es natürlich irritiert, dass das, was sie lernen, im Alltag keine Anwendung findet.

Ein besonderer Schatz ist natürlich auch ›Jana's Haushaltswaren Laden‹, nicht nur wegen des Apostrophs, sondern auch wegen der falschen Leerzeichen. Auch das sehe ich immer öfter. Wörter werden getrennt, obwohl sie eigentlich zusammengeschrieben werden müssten. Da herrscht anscheinend die Furcht vor dem Unaussprechlichen. Meine Schüler hingegen sind ganz begeistert davon, wenn die Sprache auf ellenlange Nomen kommt. Meist geschieht das, wenn im Buch ›Sehenswürdigkeiten‹ abgebildet sind. Für die Schüler ist das schon ein wahres Wortungeheuer.

»Was sind Sehenswürdigkeiten?«, frage ich in die Runde.

Sami meldet sich.

»Die Herbertstraße in Hamburg!«

Ich stöhne. Das war ja mal wieder klar. Weil das natürlich allen vollkommen unverständlich ist, liegt es jetzt wieder an mir, die Situation zu retten.

»Und eine weitere Sehenswürdigkeit ist das Brandenburger

Tor«, setze ich nach. »Oder der Eiffelturm in Paris, die Blaue Moschee in Istanbul.«

Dazu mime ich eine Touristin, die Fotos schießt. Das verstehen alle, und nach der Herbertstraße fragt keiner mehr.

Weil die langen deutschen Wörter so faszinieren, schreibe ich als Zulage immer noch die

Donaudampfschifffahrtsgesellschafts-
   Kapitänsmütze

an die Tafel. Alle staunen. Hassan steht sogar auf und zählt die Buchstaben an der Tafel.

»Achtundvierzig«, ruft er. Alle klatschen. Hassan bittet Sami, dass er ihn vor der Tafel fotografiert, und lädt das Bild bei Facebook hoch, damit alle seine Freunde es sehen können.

Ich weiß gar nicht, wie oft ich schon auf irgendwelchen Fotos im Internet bin, denn wenn meine Schüler zu faul zum Schreiben sind, kommt es auch mal vor, dass sie die Tafel einfach fotografieren.

»Schon fünf Likes«, ruft Hassan und lacht.

Weil die Stimmung im Augenblick so gut ist, zeige ich das Video von der Rhabarberbarbara, einem bekannten Zungenbrecher mit langen Wörtern. Dafür muss ich zuerst einmal erklären, was Rhabarber ist. Anscheinend isst das außerhalb Deutschlands kein Mensch. Ich weiß zwar, dass Rhabarber auf Italienisch *il rabarbaro* und auf Spanisch *el ruibarbo* heißt, aber selbst in ihrer Landessprache können die Schüler damit manchmal nichts anfangen.

Kaum läuft das Video, kommt dann auch schon die erste Zwischenfrage. Denn beim ersten Bild kann man lesen, dass es sich um eine Quatschgeschichte handelt.

»Frau Inga«, meldet sich James, »ich habe eine Frage: Sie sagen oft ›Quatsch‹, aber mein Wörterbuch sagt, dass Quatsch ist *bullshit*. Und *bullshit* ist doch böse Wort.«

Plötzlich ist die ganze Klasse entrüstet. Die Lehrerin flucht andauernd im Unterricht?! Denn es stimmt, ich sage relativ oft »Quatsch«, wenn ich zum Beispiel verdeutlichen will, dass es sich um ein erfundenes Beispiel handelt.

»Nein«, beschwichtige ich, »das ist kein Schimpfwort. Es ist schon ein bisschen *bullshit*, aber ganz nett. Sogar meine Oma sagt ›Quatsch‹.«

Das beruhigt fürs Erste wieder alle. Dann kann es ja endlich weitergehen:

»In einem kleinen Dorf, da lebte einst ein Mädchen mit dem Namen Barbara.

Und Barbara war überall für ihren Rhabarberkuchen bekannt.

Deshalb nannte man sie auch Rhabarberbarbara.

Rhabarberbarbara merkte schnell, dass sie mit ihrem Kuchen Geld verdienen könnte.

Und eröffnete eine Bar, die Rhabarberbarbarabar.

Die Rhabarberbarbarabar lief gut und hatte schnell Stammkunden.

Und die drei bekanntesten unter ihnen, drei Barbaren, kamen so oft in die Rhabarberbarbarabar, um von Rhabarberbarbaras leckerem Rhabarberkuchen zu essen, dass man sie auch kurz die Rhabarberbarbarabarbarbaren nannte.

Die Rhabarberbarbarabarbarbaren hatten schöne Bärte.

Und wenn die Rhabarberbarbarabarbarbaren ihre Rhabarberbarbarabarbarbarenbärte pflegen wollten, gingen sie zum Barbier.

Der einzige Barbier, der einen solchen Rhabarberbarbarabarbarbarenbart bearbeiten konnte, hieß Rhabarberbarbarabarbarbarenbartbarbier.

Der Rhabarberbarbarabarbarbarenbartbarbier ging auch gern in die Rhabarberbarbarabar, um von Rhabarberbarbaras leckerem Rhabarberkuchen zu essen, zu dem er gerne ein Bier trank, dass er dann feierlich das Rhabarberbarbarabarbarbarenbartbarbierbier nannte.«

Danach liegen alle lachend auf dem Fußboden, darauf kann ich inzwischen schon wetten.

»Das ist doch gar kein Deutsch«, ruft Yasmin mit Tränen in den Augen.

»Doch, das war alles korrekt«, erwidere ich. »Das klingt ja wie im Arabischen, ungefährlich«, behauptet Sami.

Ich lache.

»Sie meinen ›ungefähr‹«, verbessere ich ihn. »Ungefährlich ist etwas ganz anderes, das Gegenteil von gefährlich.«

»Das ist so verwirrend«, bestätigt Yasmin, »ungefähr und ungefährlich ist doch fast gleich, sagt aber etwas ganz anderes.«

»Deutsch ist so unlogisch manchmal. Zum Beispiel: Warum heißt ›ganz gut‹?«, legt sie nach. »Ganz ist doch ›viel, alles‹. Aber ganz gut ist nicht viel gut, sondern wenig gut. Das ist doch unlogisch.«

Diese neuen Erkenntnisse erzähle ich in der Pause im Lehrerzimmer und erwähne ebenfalls, dass alle sich mal wieder über die Rhabarberbarbara schlapp gelacht haben.

»Yasmin hat sogar bezweifelt, dass es sich dabei um Deutsch handelt.«

»Apropos nicht Deutsch«, wirft Nina ein. »Wisst ihr was? Eine Freundin von mir arbeitet in Rosenheim in einem Flüchtlingswohnheim. In Rosenheim kommen ja viele der Flüchtlinge an, die über die Balkan-Route nach Deutschland kommen. Und da hatte sie letztens einen jungen Syrer, der nach drei Tagen zu ihr gesagt hat: ›Das ist ja ganz schön hier, vielen Dank, aber ich will jetzt weiter nach Germany.‹ Na, ihr könnt euch vorstellen, wie sie geguckt hat. ›Wir sind in Germany‹, hat sie geantwortet, aber der wollte es nicht wahrhaben. Er hat nur immer und immer wiederholt, dass er nach »Germany« will. Er ist dann sogar ausgebüxt und zum Bahnhof gerannt, wo er bei der Frau am Fahrkartenschalter ein Ticket nach Germany verlangt hat. Weil er so penetrant war und nicht weggehen wollte – was sollte sie ihm denn verkaufen? –, hat sie schließlich die Polizei gerufen, die ihn wieder ins Heim gebracht hat.«

Wir lachen.

»Vielleicht haben sie auch einfach so stark Bairisch gesprochen da, dass er sich einfach nicht vorstellen konnte, in Deutschland zu sein«, vermute ich.

Gerade eben im Unterricht hat mich Yasmin dazu gebracht, Dialekte vorzustellen – eine unmittelbare Folge von Rhabarberbarbaras Barbarendeutsch.

»Frau Inga, Sie kommen doch aus Bayern. Spricht man da genauso wie hier?«

»Das kommt darauf an«, antworte ich. »Auf dem Land, wo ich herkomme, spricht man ganz anders. Wollt ihr mal ein Beispiel hören?«

»Oh ja«, jubeln alle und spitzen die Ohren.

Ich werfe eine Deutschlandkarte an die Wand, und die Schüler müssen den Regionen dann kurze Sätze im Dialekt zuordnen. Aber natürlich wollen sie auch mal hören, wie sich das wirklich anhört.

»Also dann passt mal auf und übersetzt:

›Dou dadierder da. Dou dadierderda aa. Dou dada da aa dadiern.‹ So spricht man in der Oberpfalz, einer Region in Bayern.«

Vollkommene Stille und Ratlosigkeit.

»Kennen die Menschen in der Oberpfalz auch andere Buchstaben außer *D*?«, fragt Yasmin trocken.

»Also gut«, sage ich, »dann gebe ich euch einen Tipp: Ein Mensch hat eine Pflanze in der Hand, und der Sprecher erklärt ihm etwas.«

Ich wiederhole die Sätze noch einmal.

»Ist das wirklich Deutsch?«, fragt Azad. »Ich verstehe gar nichts. Nicht ein Wort.«

»Also gut, dann übersetze ich: Dort verdorrt er dir. Dort verdorrt er dir auch. Dort täte er dir auch verdorren.«

»Oh Gott«, jammert Hamed. »In Bayern ich würde nicht verstehen. Das ist schrecklich.«

»Und es hört sich ganz komisch an«, pflichtet ihm João bei.

»Ja«, bestätige ich. »Man sagt auch, die Oberpfälzer würden bellen, wie die Hunde. Es gibt den Spruch: Wie bringt man einen Oberpfälzer zum Bellen? Wenn man ›Freibier‹ ruft. Dann fragen alle: ›Wou? Wou?‹«

Einige lachen, aber die meisten haben es nicht ganz verstanden.

»Können Sie noch mehr?«, fragt Hamed. »Gibt es auch Dialekt in Berlin?«

»Ja, natürlich, einen ganz bekannten sogar. Nur spricht ihn kaum jemand mehr. Aber es gibt noch immer viele Sprüche. Zum Beispiel: ›Meen Portmonee is aus Zwiebelleder. Imma wenn ick rinkieke, muss ick weenen.‹«

Das verstehen die meisten und lachen.

»Noch mehr«, ruft Kelly.

»Na ja, sonst kann ich nur noch ein paar Sachen auf Platt-deutsch. Das spricht man ganz im Norden von Deutschland. Plattdeutsch ist dem Englischen ein bisschen ähnlich. ›De door‹ heißt zum Beispiel die Tür. Und wisst ihr, was ›lütte deern‹ heißt?«

Schweigen.

»Lütte ist *little*, also klein. Und deern ist Mädchen. Jetzt noch was, was ihr bestimmt versteht: ›Wat mutt, dat mutt!‹«

»Was muss, das muss!«, übersetzt Igor. Klar, unser Sprich-wortmeister.

»Aber jetzt ist gut«, schließe ich den kleinen Exkurs. »Nächste Woche ist der Test.«

»Wann denn genau?«, will James wissen.

»Am Samstag um neun Uhr«, erkläre ich, »hier im Klassen-raum.«

»Oh nein, am Samstag?«, ruft Dina. »Da kann ich nicht. Ist Schabbat.«

»Das tut mir leid, Dina. Aber ich glaube, das kann man nicht verschieben. Können Sie wirklich nicht? Vielleicht als Ausnahme?«

»Da muss ich Gott fragen«, erklärt sie.

Ich hoffe nur, dass Gott Ja sagt. Denn jeder, der dazu ver-pflichtet ist, einen Integrationskurs zu machen, muss diesen auch mit der abschließenden Sprachprüfung beenden.

»Dann wiederholen wir jetzt noch mal das Passiv«, rufe ich nach der Pause und teile die Übungsblätter aus. Die Lek-tion handelt von den Arbeitsschritten bei der Post, die das Pas-siv ganz gut verdeutlichen: Der Brief wird in den Umschlag ge-packt, zugeklebt, frankiert, gestempelt etc.

Hamed meldet sich: »Frau Inga, ich habe eine ganz wichtige Geschichte. Darf ich erzählen? Ist auch mit Post. Ist passiert, als ich war ganz neu in unsere Wohnung und konnte gar kein Deutsch. Ist ganz wichtig für alle.«

»Na gut, Hamed«, sage ich, »dann erzähl mal.«

»Aber war nicht die Post, war von Paket«, erklärt er.

»Ich glaube Hermes«, springt seine Frau Basima bei.

»Diese Post-Mann klingeln an unsere Tür«, erzählt Hamed weiter, wobei er aufsteht und eine Klingelbewegung mit seiner Hand macht.

»Er sagt: Hier Paket für Sie«, Hamed gibt ein imaginäres Paket an seinen Sitznachbarn, woraufhin einige zu lachen beginnen und »F-S-Sch«-Geräusche von sich geben. »Aber er hat geredet sehr komisch. Ich glaube, war kein Deutscher.«

»Wir haben nicht verstanden«, pflichtet Basima bei.

»Also«, setzt Hamed fort, »wir haben gefreut.«

»Und aufgemacht«, beschleunigt Basima die Erzählung und macht typische Aufreißbewegungen mit den Händen, wie man sie vom Geschenkeauspacken kennt. »Aber war komisch, war Föhn. ›Was ist das?‹, frage ich Hamed. ›Ich habe nicht das gekauft.‹«

»Ich auch nicht«, sagt Hamed, und es wirkt, als würden die beiden die Situation jetzt gerade von Neuem erleben.

»Und dann, wir haben verstanden«, erzählt Basima weiter, »ist gar nicht für uns, ist für Nachbar. Ist auch Name auf Paket.«

In der Klasse bricht ein fürchterliches Gelächter los. Obwohl auch Basima lacht, ist sie doch recht rot vor Scham geworden.

»Wir wussten nicht«, versucht sich Hamed zu rechtfertigen, aber bringt dadurch das Lachen nicht zum Abflauen.

»Abends, wir sind gegangen zu Nachbar«, erzählt Basima weiter, »mit frische Brot und haben gesagt: Entschuldigung Sie. Es war sehr peinlich. Aber Nachbar hat gelacht.«

»*Maschallah*, es war nur Föhn«, brüllt Sami in der ersten Reihe.

»Ja«, bestätigt Basima, »zum Glück nichts Privates. Uff, ich will nicht denken an.«

Sofort bricht eine wilde Diskussion darüber aus, dass man in Deutschland Pakete bekommen kann, die gar nicht für einen selbst bestimmt sind. Und dass andere Menschen folglich Pakete bekommen können, die eigentlich für einen selbst bestimmt sind. Dass so viel Vertrauen unter den Menschen hier herrscht, verblüfft die meisten. Aber dieses Vorgehen findet Anklang.

James erzählt bei der Gelegenheit noch, dass das Konzept von Briefkästen für ihn vollkommen neu ist. In England gebe es nicht mal ein Wort dafür. Post werde ausschließlich durch einen Schlitz in der Tür geschoben, einen Kasten für diesen Zweck an der Hauswand kenne er nur aus Deutschland.

Ich bin mir ziemlich sicher, dass alle Kursteilnehmer in Zukunft erst die Etiketten auf den Paketen lesen werden, bevor sie sie öffnen. Aber ich kann Basima und Hamed auch sehr gut verstehen. Woher soll man wissen, dass es hier an der Tagesordnung ist, Pakete für Nachbarn anzunehmen, wenn man davon noch nie gehört hat? Dann denkt man, das Paket, das man bekommt, ist auch für einen selbst. Und schon steht man in der Küche, backt frisches Brot und betet, dass der Nachbar die Sache lustig findet.

Seit Lucy im Kurs sitzt, wird die Stimmung zunehmend schlechter. Lucy hat eine laute Stimme, und sie scheut sich nicht, überall ihren Senf dazuzugeben. Wahrscheinlich kommt das einfach daher, dass sie von allen mit Abstand am längsten in Deutschland ist und über ein großes Vokabular verfügt. Allerdings macht sie noch viele Fehler, gerade auch beim Schreiben, was ihrem Wunsch entgegensteht, Sekretärin zu werden. Zudem hat sie sich durch die vielen Jahre als Chefin, vor allem in einer Branche wie der Gastronomie, ein gewisses Gefühl der Allmacht angeeignet, mit dem man schnell andere vor den Kopf stößt. Das dürfte nicht nur als Sekretärin problematisch werden. Ständig weist sie andere bei Fehlverhalten zurecht und verbessert während der Antworten ungefragt Fehler, wie damals Herr Thießen. Dinge also, die eigentlich ich tun müsste. Zuerst ging das Getuschel hinter ihrem Rücken los, inzwischen wird sie auch ganz offen von den anderen Schülern die »zweite Lehrerin« genannt.

Igor hörte ich das trocken mit »Zu viele Köche värdärben den Brei« kommentieren.

Zum ersten Mal muss ich in einem Kurs richtig darum kämpfen, meine Autorität zu wahren. Fehlverhalten, manchmal auch eklatantes, hatte ich zwar schon oft erlebt. Aber meist war das ein kurzer Ausbruch und so krass, dass die Schüler danach nicht mehr kamen oder kommen durften. Mit anderen »Problemkindern«, wie dem ständig quasselnden Sami, habe ich mich arrangiert und weiß, wie ich ihn anzupacken habe. Bei Lucy ist das anders, schleichender und nachhaltiger. Sie fällt mir mit donnernder Lautstärke ins Wort und duldet von niemandem Widerspruch. Daher hat sie auch keine Freunde oder Verbündete im Kurs, und niemand will Gruppenarbeiten mit ihr zusammen machen, was so unangenehm ist, dass ich inzwischen vermehrt zu Frontalunterricht übergegangen bin.

Nur zu James fühlt sie sich hingezogen, schließlich kann sie mit ihm auf Englisch parlieren. In der Pause geht sie oft zu ihm und fängt an, ihm irgendetwas zu erzählen, ihn in ein Gespräch zu verwickeln. Aber ihr Englisch ist von einem so starken ghanaischen Akzent gefärbt, dass James sie oft einfach nicht versteht. Man kann dann an seinem Gesichtsausdruck sehen, wie peinlich es ihm ist, dass Lucy mit ihrer schrillen Sopranstimme, die durch das ganze Haus schallt, auf ihn einredet, er aber einfach nicht versteht, was sie exakt meint. Ich gehe dann dazwischen und ermahne die beiden, dass ab B1 auch in der Pause nur Deutsch gesprochen werden soll.

Der Tag, bevor die Situation eskaliert, verläuft noch weitgehend normal. Sami hat seinen Rucksack wieder auf den Tisch gelegt, damit ich nicht sehen kann, dass er dahinter sein Croissant isst und mit dem Handy spielt, was ich natürlich dennoch bemerke. Aber ich bin es leid, darüber zu diskutieren. Lucy nicht:

»Sami, du bist unmöglich«, regt sie sich auf. »Du bist ein schlechte Schüler, du zeigst keine Respekt, du lernst nichts und störst alle. Du kannst gleich zu Hause gehen.«

Lucy steht sogar auf, guckt Sami drohend in die Augen und zeigt mit ihrem rechten Arm zur Tür. Sami gerät nun ebenfalls in Rage und schimpft, aber ich kann die beiden schnell wieder beruhigen. Letztlich nimmt Sami auch den Rucksack vom Tisch.

»Bitte, Lucy«, ermahne ich sie, »schreien Sie keine anderen Schüler an.«

»Das ist nicht schreien«, verteidigt sie sich. »Ich bin afrikanische Frau, ich spreche mit meine Körper. Ich muss laut sprechen, wenn ich habe etwas zu sagen, viele Europäer verstehen das nicht.«

»Ich bin auch Afrika!« Plötzlich meldet sich Aaliyah. »Und ich spreche leise und ohne Körper.«

Die Klasse lacht, und Lucy antwortet genervt: »Aber nicht richtiges Afrika!«

»Aaliyah hat recht«, entscheide ich, »Sie sollten das nicht verallgemeinern, Lucy. Nur weil Sie laut sind, heißt das nicht, dass alle Afrikanerinnen und Afrikaner so sind.«

»Wenn man eine Vorurteil zustimmt, stimmt man alle Vorurteil zu«, mischt sich plötzlich James ein, woraufhin Igor sich verwundert umdreht.

»James hat recht. Auch ein blindes Huhn findet mal ein Korn«, kommentiert er und lacht schallend.

Kurz darauf nehmen wir den Komparativ durch, was Lucy zu dem Beispiel »Ich mag Beata mehr als Sami, weil Sami nervt« verleitet.

Danach ist die Stimmung endgültig mies, sodass ich eingreifen muss und ein Spiel vorschlage. Das Spiel ist ganz einfach: Alle sitzen im Kreis, ein Stuhl bleibt frei. Die Person rechts vom freien Platz rutscht nun rüber und sagt dabei »Ich«. Die zweite Person, die auf den jetzt leeren Platz rutscht sagt »sitze«, das geht dann so zügig wie möglich weiter, bis der Satz »Ich sitze im Grünen und bin heimlich total verliebt in …« gesagt worden ist. Dann muss natürlich ein Name eingefügt werden, den der letzte »Rutschende« sich aussuchen darf. Die genannte Person läuft dann zum freien Platz, und dort, wo sie aufgestanden ist, geht das Spiel wieder von vorne los.

»Frau Inga, nein, das ist für Babys«, beschwert sich Lucy.

Aber, und ich lüge nicht, je kindischer ein Spiel, desto besser kommt es an. Natürlich ist dieses Spiel erst einmal blamabel, aber das gibt viel Gekicher und macht folglich gute Laune. Außerdem werden Verbindungen sichtbar, wo man sie vorher nicht vermutet hätte. Als »Nebeneffekt« lernen meine Schüler noch, was »im Grünen« bedeutet, verinnerlichen die Stellung der Satzteile und behalten sicherlich, dass »verlieben« immer mit der festen Präposition »in« benutzt wird.

Hassan darf als Erster verraten, in wen er heimlich verliebt ist:

Ich sitze im Grünen und bin heimlich total verliebt in … »Yasmin«.

Wildes Gekichere, eine knallrote Yasmin, das fängt doch gut an. Dann ist Fatima dran:

Ich sitze im Grünen und bin heimlich total verliebt in … »James«.

Kelly lacht schallend. In der Klasse macht sich Entspannung breit. Dann kommt João an die Reihe:

Ich sitze im Grünen und bin heimlich total verliebt in … »Nidal«.

Dabei zuckt João entschuldigend mit den Schultern. Azad ist vergnügt. Schließlich kommt Hamed an die Reihe:

Ich sitze im Grünen und bin heimlich total verliebt in … »Lucy«.

Er hat also nicht seine Frau Basima genommen, sondern Lucy. Während Basima ihm auf Arabisch Vorwürfe macht, die wohl halb ernst, halb belustigt sind, und alle lachen, zeichnet sich in Lucys Gesicht erst Verblüffung, dann ein Ausdruck großen Geschmeicheltseins ab. Die Stimmung ist gerettet. Am Ende ist jeder drangekommen, alle sitzen sie glücklich im Grünen.

In der Pause sitze ich an meinem Pult und korrigiere schnell ein paar Aufgaben, nur Kelly, Beata und Yasmin sind im Klassenraum geblieben. Sie blättern zusammen in irgendeinem Modekatalog und unterhalten sich über die Kleider und die Frauen, die darin abgebildet sind. Es ist irgendwie süß, die drei so zusammen zu sehen. Die stark geschminkte Beata, die immer viele Ketten und Armreifen trägt und sich stets elegant kleidet, Kelly mit den riesigen falschen Wimpern und Fingernägeln, die heute ein knappes Tanktop anhat, und Yasmin, die wie immer ein Kopftuch trägt und deren ausdrucksstarke Augen durch den schwarzen Kajal noch hervorgehoben werden.

»Oh, so eine Figur hätte ich auch gerne«, ruft Beata.

»Du hast doch eine super Figur«, höre ich Yasmin antworten.

»Ich gehe alle zwei Tage nach McFit«, sagt Kelly.

»Darfst du eigentlich in Fitnessstudio?«, wendet sich Beata an Yasmin und deutet auf ihr Kopftuch.

»Ja, ich gehe. Es gibt welche nur für die Frauen, da gehe ich hin.«

»Ach, ich muss auch«, seufzt Beata.

Da springt Kelly plötzlich auf: »Du musst keinen Sport machen. Wenn ich so schlank wäre wie du, dann würde ich nicht nach McFit gehen. Aber du hat einen sehr großen Busen, ich auch.« Dabei deutet sie mit den Händen eine enorm große Oberweite an. Ich gucke inzwischen interessiert zu, wie sich dieses Gespräch entwickeln wird. »Es ist schwer, so Sport zu machen.«

»Du kannst kaufen Sport-BH«, schaltet sich Yasmin ein.

»Sport…, was ist das?«

»Ein BH«, wiederholt Yasmin.

»Ich verstehe nicht.«

Yasmin geht nach vorn und schreibt

beha

an die Tafel.

»Du kennst nicht? Das ist dieses Ding für Brüste.«

»Ah«, Kelly geht ein Licht auf. »Aber ›beha‹ ist komisches Wort, was bedeutet es?«

»Ich weiß nicht. Frau Inga, hat ›beha‹ eine Bedeutung?«

»›BH‹ ist eine Abkürzung«, antworte ich und korrigiere den »beha« an der Tafel, »und bedeutet ›Büstenhalter‹.«

»Ah, Brüstehalter, von halten.«

»Nein, Büstenhalter«, korrigierte ich.

»Büste?«, wundert sich Beata. »Ich denke, es heißt Brüste.«

»Das hier«, ich deute auf meine Brust, »heißt auch Brüste, aber das Kleidungsstück heißt Büstenhalter, bitte fragen Sie mich nicht, warum.«

Die Frauen lachen und wenden sich wieder dem Katalog zu.

Der folgende Tag, an dem alles eskaliert, ist ein Freitag. Freitag, der 13. Ich kann mich gut daran erinnern. Es fängt an mit einem Wettstreit. Weil nächste Woche die Prüfung stattfindet, lasse ich es langsam angehen.

»Ich teile euch jetzt in vier Gruppen ein«, erkläre ich, »dann habt ihr zehn Minuten Zeit, um so viele Wörter mit den Endungen -in, -los und -ung zu finden wie möglich.«

Unglaublich, mit welchem Ehrgeiz alle an die Aufgabe gehen. Überall wird »los, los« und »schnell, schnell« gezischt. Als die zehn Minuten um sind und alle mir ihre Zettel geben, gucke ich überall in wilde, fordernde Augenpaare.

»Wer hat gewonnen?«, ruft Sami und stiert dabei Lucy in der anderen Gruppe an.

Ich entscheide mich dafür, niemanden zum Gewinner zu erklären, um die Lage nicht noch zusätzlich zu verkomplizieren. Heute scheinen alle mit den Nerven irgendwie am Ende zu sein. Aber mein allgemeines Unentschieden wird nicht akzeptiert, vor allem nicht von Lucy.

»Ich glaube das nicht, Frau Inga, sagen Sie, wer hat die meiste Punkte? Ich will wissen, wer hat gewonnen«, ruft Lucy. Und dann krächzt sie noch einmal schnell hintereinander: »Wer? Wer? Wer?«, und schaut mich mit ihren dunklen Augen geradezu hypnotisch an.

Auf meine Antwort, dass das doch keine Rolle spiele, werden diese Augen plötzlich klein und zornig.

»Nein, ich will wissen. Ich bezahle die Preis für Gewinner? Wer? Wer?«

Zum Glück ist es jetzt auch Zeit für die Pause, was mir die Möglichkeit gibt, dieses unangenehme Schauspiel einfach abzubrechen.

In der Pause stehe ich wie so oft auf der Terrasse. Dort kann ich mich mit meinen Kollegen unterhalten und den Schülern, die dort rauchen. An diesem Freitag kommen zum ersten Mal auch Yasmin, Basima, Beata und Fatima auf die Terrasse. Wir machen ein paar Witze darüber, dass heute Freitag, der 13., ist und was wohl noch passieren wird. Beata erzählt, dass sie ihren Mann ausgerechnet an einem Freitag, den 13., kennengelernt hat. Dass es inzwischen irgendwie nicht mehr so richtig läuft bei den beiden, schiebt sie auf das Datum:

»Nächstes Mal, ich passe besser auf«, lacht sie.

Auch Yasmin fängt an zu lamentieren: »Ich habe keine Lust mehr, immer zur Schule zu gehen. Ich mag morgens nicht mehr aufstehen, wenn ich weiß, ich muss in Schule.«

Ich bin erschüttert. Das aus dem Mund meiner besten Schülerin. Die anderen Mädels nicken, offensichtlich geht es ihnen ebenso. Ich bin froh, wenn dieser Kurs vorbei ist, irgendwie stimmt die Chemie nicht mehr, auch wenn das Spiel gestern lustig war. Seit Lucy da ist, ist irgendwie der Wurm drin. Es ist nie leicht, »Neue« in die Klasse zu integrieren – man darf ihnen nicht zu viel Aufmerksamkeit schenken, aber auch nicht zu wenig. Es ist wie ein Tanz mit zwei Partnern gleichzeitig – den neuen und den alten Schülern.

Vor Kurzem kam auch noch ein weiterer neuer Schüler dazu, Ahmed. Er kam ganze drei Mal, beschwerte sich dann im Sekretariat, dass er noch nie so schlechte Lehrer hatte wie Christian und mich, und verschwand wieder. Frau Lemberg versuchte, uns damit zu beschwichtigen, dass er auch bei seiner letzten Schule nur eine Woche war, aber so etwas verletzt mich. Ich werde nicht gerne eine schlechte Lehrerin genannt, und wenn, dann will ich wissen, warum.

»Warum ist das so?«, frage ich Yasmin.

»Es ist wegen Lucy. Sie sagt immer ›das ist falsch‹ zu uns und erklärt es uns dann, als wären wir Kinder. Sie lässt nie ausreden, sie ist unmöglich.«

Als wir zurück in den Klassenraum kommen, geraten wir mitten in einen lautstarken Streit. James steht vor Samis Tisch und schreit ihn an. Dessen Rucksack liegt wieder als Sichtschutz auf dem Tisch.

»Du hast keine Respekt. Du ständig nervst. Was ist so schwer, die Rucksack auf Boden zu stellen? Muss Frau Inga jede Stunde das sagen? Und du spielst immer mit Handy und schaust Zeitschriften in Unterricht. Du isst die ganze Zeit und machst alles so laut, kommst immer zu spät, weil du noch eine Kaffee holst und mit irgendwelche Mädchen sprichst. Du machst immer sinnlosen Fragen, weil du nichts aufpasst. Es ist mir egal, wenn du willst nicht lernen, aber wir schon! Denk mal ein bisschen an alle!«

Bevor Sami oder ich nach dieser Tirade reagieren können, ergreift Lucy das Wort. Wie könnte es auch anders sein? Doch zur Verwunderung aller ergreift sie Partei für Sami. Sie steht auf, stemmt die Hände in die Hüfte und fährt mit ihren blitzenden Augen durch die Reihen.

»James, wie kannst du so zu Sami sagen? Ihr seid doch alle nicht besser. Ihr könnt nicht Deutsch sprechen und strengt euch nicht an. Es ist wie eine Kindergarten hier.«

Da explodiert plötzlich die kleine Yasmin neben mir und fängt an, wie ein Rohrspatz zu schimpfen.

»Lucy, halt endlich deine Klappe! Alle sind genervt von dir. Du bist so böse und gemein. Warum kannst du nicht nett sein und so sprechen? Du bist nicht die Lehrerin! Du machst es alle schwer zu lernen, niemand hat mehr Lust, in die Kurs zu kommen wegen dich. Du machst alles kaputt!«

Das lässt Lucy natürlich auch nicht auf sich sitzen. Sie fängt davon an, dass alle nur neidisch auf sie seien, weil sie so gut Deutsch könne, und dass sie nicht schweigen müsse, nur weil sie schwarz sei und Erfolg in Deutschland habe, während alle anderen Flüchtlinge seien und ganz neu in Berlin.

Dann mischt sich plötzlich auch Kelly ein, die ausführen will, dass sie es nicht gut finde, dass alle über Lucy lästern, aber da ist die Situation schon vollkommen außer Kontrolle geraten, und alle schreien durcheinander, schimpfen und brüllen sich an.

Ich hätte die Diskussion an dieser Stelle komplett abbrechen und mit jedem einzeln sprechen sollen, stattdessen erringe ich mit einigen Schwierigkeiten wieder die Macht über die Moderation und versuche, in einer Art Gruppendiskussion jeden seinen Standpunkt erklären zu lassen. Dann erstellen wir ein Tafelbild mit Regeln, dass wir respektvoller und toleranter mit den anderen umgehen wollen. Trotzdem ist die Stimmung total im Keller. Das ist sicher nicht ideal, vor allem da wir jetzt eigentlich alle Kräfte mobilisieren müssten, um für den Test zu lernen. Die letzte Viertelstunde hören wir Musik, und alle reißen sich noch mal zusammen.

Igor fasst die Situation wieder perfekt zusammen: »Das geht mirr tierisch auf die Nerven.«

Nach der Stunde hole ich Lucy zu mir, um mit ihr zu sprechen. Doch wieder komme ich kaum zu Wort. Stattdessen redet sie mich in Grund und Boden und spricht vom Hass und dem Neid der anderen, ihrem Charakter, ihrer Andersartigkeit und ihrem »Bodytalk« – das sollen alle respektieren. Zum Schluss sagt sie mir noch ins Gesicht, dass ich zwar ganz nett sei, sie meine Lehrerpersönlichkeit aber nicht wirklich überzeuge. Ich sei hier falsch. Dann rauscht sie ab. Ich bin fix und fertig und stolpere niedergeschlagen ins Lehrerzimmer, wo Nina sofort sieht, dass etwas mit mir nicht stimmt.

»Vergiss es einfach«, sagt sie, um mich zu beruhigen. »Entspann dich, das wird schon wieder!«

Aber ich frage mich, warum die Situation so aus dem Ruder laufen konnte. Und wie soll es weitergehen? Schließlich fängt bald der Orientierungskurs an, und da wird nur noch diskutiert. So eine disharmonische Klasse hatte ich wirklich noch nie.

Auf dem Heimweg bin ich den Tränen nah und verfluche meinen Job. Ich rackere mich ab und stecke so viel Energie in die Vorbereitung und Durchführung der Kurse, nur für was? Um beleidigt zu werden, um mit undankbaren Lohn- und Arbeitsverhältnissen abgespeist zu werden? Ein Bündnis freier DaF-DozentInnen hat einen offenen Brief an den Innenminister geschrieben, in dem sie vorrechnen, dass uns im Schnitt bei 25 Unterrichtseinheiten in der Woche 1200 Euro netto im Monat bleiben. Die 25 Stunden sind deshalb gewählt, weil das ungefähr dem Arbeitsaufwand eines Lehrers an einer Regelschule entspricht. Wir hingegen arbeiten ja meist viel mehr. Allein 400 Euro im Monat gehen von meinem Lohn für die Rentenversicherung drauf, als DaF-Lehrerin bin ich pflichtversichert. Dazu kommen rund 400 Euro Krankenkasse, das ist der Mindestbeitrag, der schnell aufs Doppelte steigt, wenn ich *zu viel* verdiene.

Eine Freundin von mir, Gymnasiallehrerin in Bayern, sagte

einmal während eines gemeinsamen Frühstücks zu mir: »Ich finde das schon okay, dass wir ein höheres Gehalt bekommen als ihr. Wir haben das nun mal auch studiert!« Fast wäre ich ihr mit meinem Eierlöffel an die Kehle gegangen. Auch wenn ihr dieser »Fehler« unbewusst passiert ist und es ihr danach fürchterlich peinlich war, das sagt schon einiges über den Stand von DaF-Lehrkräften aus.

Hinzu kommen die Probleme mit den Schülern. Wenn man von ihnen Unverständnis erfährt, ist das besonders frustrierend. Mein Kollege Christian scheint solche Probleme in besonderer Weise anzuziehen. Er hat eine voll verschleierte Frau in einem Kurs, mit der er regelmäßig aneinandergerät:

»Das ist ja nicht nur eine Art von Mode, wie Baggy-Pants, blaue Haare oder diese Tunnel-Ohrringe. Und es ist auch nicht bloß religiös, wie sie behauptet. Ich kann es ja akzeptieren, wenn jemand eine Kette mit einem Kreuz trägt oder eine Kippa auf dem Kopf hat oder ein Kopftuch. Aber das Gesicht nicht sehen zu können, empfinde ich direkt als Vorwurf. Das ist, als sagte sie mir: ›Ich bin eine Frau und so schön, dass du gar nicht anders kannst, als mich zu verführen, und dann müsste mein Mann uns beide töten. Also verstecke ich besser mein Gesicht.‹ Ich würde gerne mal zum BAMF gehen und fragen, wie ich überhaupt prüfen soll, ob da immer die gleiche Person in meinem Kurs sitzt. Nur um die zu ärgern«, erzählt Christian und lacht dabei.

»Letztens haben wir darüber gesprochen, welche Religionen es gibt und was die Menschen in Deutschland glauben. Wie viel Prozent katholisch sind, wie viele evangelisch und so. Und da meldet sich Mahmut und sagt: ›Das sind ja insgesamt gar nicht 100 Prozent, ob das ein Fehler ist?‹ Sage ich: ›Nein, die anderen sind Atheisten, die glauben gar nicht.‹ Da lacht er und glaubt das nicht. Da sage ich: ›Ich zum Beispiel bin Atheist. Ich bin in der DDR aufgewachsen, da hat man halt an den Sozialismus geglaubt und nicht an Gott. Deshalb bin ich kein Christ, ich bin gar nichts.‹ Hab so ein bisschen übertrieben. Aber da hättest du mal die Gesichter sehen müssen, totales Entsetzen. Dann fängt diese Verschleierte an zu lamentieren: ›Aber Herr Christian, das ist ja eine schwere Sünde!‹ Na, ich antworte dann, dass mir das egal ist, weil ich bin ja eh nicht gläubig. Und ob ich jetzt Christ bin oder Atheist, das kann ihr doch eh egal sein. Aber dann kommt raus, so ist das nicht. Ich mein, dass ist jetzt die Auslegung von der Verschleierten, das ist bestimmt besonders fundamentalistisch, aber die sagt doch tatsächlich, dass Christen zwar in die Hölle kämen, aber die seien ja ›nur‹ falschgläubig. Atheisten hingegen seien gar nichts, gar keine Menschen sozusagen. ›Wer‹, fragt sie mich, ›wer wird dir in der Hölle Essen bringen? Niemand! Du wirst fürchterlich leiden!‹ So was muss ich mir anhören, ohne auszurasten. Ab sofort, das habe ich mir fest vorgenommen, werde ich das Thema Religion nie mehr anschneiden.«

Nach und nach richtet man das, was man sagt und macht, nach dem aus, was die Klasse mutmaßlich darüber denkt. Bei der Kleidung zum Beispiel: Ich trage fast keine Röcke mehr und achte darauf, dass ich nichts anziehe, bei dem man das Dekolleté sieht. Das ist einerseits ganz normal, schließlich muss man sich auch an Kleidungsvorschriften halten, wenn man etwa in der Bank arbeitet. Aber man fühlt sich dabei fremdgesteuert. Meiner Freundin Julia ist es einmal passiert, dass sie im Hochsommer einen Privatkurs unterrichten sollte und in einer Jeans-Hotpants zum Unterricht ging. Es stellte sich dann heraus, dass nur arabische Geschäftsmänner im Kurs waren, teilweise sogar in traditioneller Bekleidung. Das war ihr so peinlich, dass sie sich noch in der Pause irgendwo schnell eine Hose kaufte. Dennoch kam die Hälfte des Kurses nicht wieder. Ein anderes Mal erzählte sie mir, dass sie eine Vertretungsstunde in einem Orientierungskurs halten sollte und laut Lehrplan eine Reportage zum Thema Diskriminierung gelesen werden sollte: Sie handelte von einem homosexuellen Schwarzen. Weil sie schon einmal die Erfahrung gemacht hatte, dass gerade Muslime bei diesem Thema einen hohen Redebedarf haben, da es in ihren Ländern nicht üblich ist, dass Homosexuelle die gleichen Rechte haben, und es damals sogar zu abfälligen Äußerungen gekommen war, entschied sie sich, den Text nicht zu benutzen. Das Risiko, eine schwer zu bändigende Diskussion anzustoßen, die womöglich den ganzen Tag durcheinanderbringen würde, war ihr einfach zu groß.

Das hatte mich damals sehr schockiert, aber ich konnte sie auch verstehen. Die andere Frage aber ist: Wollen wir das so akzeptieren? Und was sind die Alternativen?

Christian kann auch davon erzählen, wie peinlich es ihm war, als ihm vor dem Unterricht von Frau Lemberg eine neue Schülerin vorgestellt wurde und er ihr zur Begrüßung seine Hand hinhielt. Nach etwa fünf Sekunden eisigen Schweigens hatte er begriffen, dass sie eine von denen war, die Männern nicht die Hand gaben. Ich kenne die Situation auch andersherum, dass ich drei muslimische Männer begrüße und mir zwei die Hand geben, einer aber nicht. Mir wurde dann erklärt, dass er zu viel Respekt vor Frauen hat und sich nur Ehepartner oder Familienmitglieder anfassen sollten. Wenn man das weiß, ist die Situation natürlich weniger peinlich, anderseits ist das Händeschütteln in unserer Tradition wirklich tief verankert, und die Verweigerung wird als Affront angesehen. Daher war Christian auch wirklich erzürnt.

Manchmal habe ich das Gefühl, von allen Seiten von Forderungen umgeben zu sein: »Integrier die Zuwanderer!« »Mach besseren Unterricht!« »Kümmere dich um jeden individuell!« »Respektiere das Anderssein!« Aber ich tue mich schwer damit zu definieren, wo Integration anfängt und Individualität aufhört. Gerade hier, in einem Land, das sich nach der Zeit der Hitler-Diktatur über seine Toleranz von Individualität definiert hat. Es gibt praktisch keine allgemeingültigen Regeln des alltäglichen Umgangs miteinander, die für alle gelten, wenn wir ehrlich sind.

Das alles macht mich manchmal unglaublich traurig, gerade nach einem Kurs wie heute. Ich denke dann daran, alles hinzuschmeißen und nur noch Privatunterricht für Firmenkunden zu geben. Das wäre einfach: Die Klassen wären kleiner, die Schüler motivierter und mein Honorar doppelt so hoch. Ich könnte problemlos in diese Sparte des DaF-Unterrichts wechseln. Aber das wäre nicht das Gleiche, es würde mir nicht genügen. Ich finde es toll, mit Sami die Bewerbung an die BVG zu schreiben und nach ein paar Monaten eine SMS mit einem Bild von ihm und seinem Kind zu bekommen, mit dem Text: »Ich hab den Job! Vielen Dank! Busfahrer Sami«.

Solche Geschichten geben mir Kraft und sind mir mehr wert als Bestätigung und Gehalt. Außerdem will ich das Feld nicht den neuen Lehrern überlassen, die nach einer Schnellausbildung in den Klassen stehen und sich nicht anders zu helfen wissen, als jedes neue Wort auf ihrem Handy in ein Übersetzungsprogramm für Arabisch einzugeben und in der Klasse herumzuzeigen. So hat es erst vor Kurzem ein neuer Kollege gemacht. Mein Einwand, dass er zum einen nicht wissen könne, ob die Übersetzung korrekt sei, und zum anderen auch Menschen im Kurs säßen, die kein Arabisch können, nahm er mit einem Achselzucken zur Kenntnis.

Es könnte vieles verbessert werden. Flüchtlinge sind keine Erasmus-Studenten, die ohne Sorgen eine nette Zeit bei uns verbringen und nebenbei ein bisschen die Sprache lernen.

Man sollte sie anfangs nicht durch zu intensive Sprachkurse überfordern. Eventuell wäre es klug, erst mal einen Vorbereitungskurs vorzuschieben, der sie in praktischen Angelegenheiten unterstützt, sie an den Unterricht heranführt und ihre Woche strukturiert. Auch mit einer intensiveren Einzelbetreuung der Geflohenen könnte man viel erreichen. Damit meine ich nicht, dass jedem eine Wohnung und ein Job zugewiesen werden sollen, im Gegenteil. Hilfe zur Selbsthilfe bei den normalen Abläufen des Ankommens würde schon viel ändern: Wohnungen suchen, Bankkonten eröffnen, Bewerbungen schreiben, gemeinsam einen Sportverein besuchen.

Während ich mir Gedanken darüber mache, ob ich wirklich weiter Integrationskurse geben und bei dieser Massenabfertigung mithelfen soll, erscheint auf meinem Handy eine E-Mail von Dina:

»Liebe Frau Inga, komme ich am Samstag zum Test ;) Ich mache Ausnahme!«

Wenn sogar meine konservativste Schülerin über ihren Schatten springen kann, dann sollte auch ich meinem Traumjob trotz aller Schwierigkeiten eine zweite Chance geben.

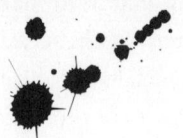

Lektion 7
Diktatoren im Unterricht

Am Ende eines jeden Integrationskurses steht der Orientie-rungskurs. Für mich stellt er eine willkommene Abwechslung zum normalen Sprachunterricht dar. Durch sechs Module habe ich meine Schüler dann oft begleitet, der Orientierungskurs bil-det den (nicht nur symbolischen) Abschluss. Meist spreche ich schon Wochen vorher im B1-Kurs davon, dass bald die glückli-che Zeit anbricht, in der wir viele interessante Dinge lernen. Ich freue mich auf die Diskussionen und auch ein bisschen darauf, dass die Grammatik jetzt erst mal keine Rolle spielt. Wenn ich erwähne, dass wir weniger schreiben und viel sprechen werden, ruft das meist einhelligen Jubel hervor.

Wir haben also alle richtig Lust auf den Orientierungskurs. Nach der vielen Grammatik der Sprachkurse ist jetzt noch ein-mal ein völlig anderes Lernen gefragt, was den Schülern gut ge-fällt. Die Informationen über Deutschland saugen sie meist auf, als würde man Schwämme in einen Eimer Wasser werfen.

Als der Kurs dann endlich anfängt, fällt mir allerdings schnell wieder auf, warum einige Kollegen und Kolleginnen meine Euphorie für den Orientierungskurs nicht teilen: Man hat einfach sehr wenig Zeit für den ganzen Stoff. Sind für die Sprachstufen A1, A2 und B1 noch je zwei Module à 100 Unter-richtseinheiten vorgesehen, haben wir für den Orientierungskurs nur 60 mal 45 Minuten Zeit. Geht man von 20 Stunden in der Woche aus, sind das gerade einmal drei Wochen. Und in den drei Wochen bekommen meine Schüler die volle Dröhnung Deutschland: Im Orientierungskurs lernt man genau das Gleiche wie im Einbürgerungstest. Rechtlich sind der LiD-Test (Leben in Deutschland), der den Orientierungskurs abschließt, und der Einbürgerungstest gleichgestellt, ja, sie entsprechen einander sogar 1:1, sie heißen nur anders. Wer einmal den LiD-Test bestanden hat, braucht theoretisch später einmal, sollte er sich einbürgern lassen wollen, keinen extra Einbürgerungstest mehr zu machen.

Es geht im Orientierungskurs also bereits deutlich über die Orientierung hinaus, und das ist vielleicht etwas zu viel verlangt in der kurzen Zeit. Nach wenigen Monaten in Deutschland wissen meine Schüler oft noch nicht unbedingt, welche Parteien es gibt und welche Bundesländer früher zur DDR gehört haben. Sie wissen noch nicht einmal, wer oder was die DDR ist. Viele meiner Schüler sind nach 1990 geboren und kommen nicht aus Europa, der Kalte Krieg ist ihnen oft nicht einmal dem Namen nach bekannt.

Als ich vor die Klasse trete, freuen sich meine Schüler genauso sehr wie ich auf den Kurs. Zumindest denke ich mir das, als ich sie in der ersten Stunde unruhig auf ihren Stühlen herumrutschen sehe.

»Jetzt ist endlich Schluss mit Dativendungen und Tempusformen, ja?«, fragt Hamed. »Jetzt können wir diskutieren und lernen alles über Deutschland!«

Erst einmal muss ich allerdings erklären, worum es im Kurs geht, und das bremst den Enthusiasmus ein bisschen:

»Wir haben nur drei Wochen Zeit, um uns auf den LiD-Test vorzubereiten. In dieser Zeit werden wir über 310 Fragen sprechen, zu den Themen *Politik in der Demokratie, Geschichte und Verantwortung* sowie *Mensch und Gesellschaft.* Die müsst ihr dann alle draufhaben. Am Ende machen wir eine Exkursion, einen Ausflug, um uns die wichtigsten Plätze in Berlin anzuschauen.«

Natürlich fühlt man sich nach einer solchen Ansage etwas überrumpelt. 310 Multiple-Choice-Fragen in kurzer Zeit zu lernen ist kein Pappenstiel. »Und der Literaturtest?«, erkundigt sich Hamed hoffnungsvoll. Er ist ja derjenige, der in einem Haus voller Bücher aufgewachsen ist.

»Welcher Literaturtest?«, frage ich erstaunt zurück.

»Na, dieser Lit-Test.«

Ich muss lachen.

»Nein, Literatur machen wir leider nicht. Das wäre zu viel. Und LiD bedeutet nicht Literatur, sondern Leben in Deutschland. Das ist der Test, den wir am Ende schreiben. Der einzige!«

Syrer scheinen generell eine Schwäche zu haben, was die Laute d und t sowie b und p angeht. Mit ihrer Abneigung gegen die harten Konsonanten wären sie eigentlich die perfekten Franken.

»Aaah…«, ich höre so etwas wie Erleichterung in der Klasse.

»Und wie ist das mit dem Schreiben? Das müssen wir nicht mehr? Nur Kreuzchen?«, fragt Erkan.

»Das ist richtig. Allerdings müssen Sie sehr viel lesen.«

Und das Lesen ist leider oft ein wunder Punkt. Allein den Text und die Antwortmöglichkeiten der 310 Fragen überhaupt zu lesen und zu verstehen nimmt sehr viel Zeit und Kraft in Anspruch. Ich habe Schüler, die haben an unserer Schule den Alphabetisierungskurs absolviert, können also noch nicht allzu lange die lateinischen Buchstaben lesen. Denen fällt es besonders schwer, sich durch die ganzen umständlich formulierten Aufgaben zu kämpfen, sodass sie oft nah am Verzweifeln sind.

Weil man sich unter den drei Schwerpunktthemen, die der Kurs behandelt, wenig Konkretes vorstellen kann, schreibe ich erst einmal *Politik in der Demokratie, Geschichte und Verantwortung* und *Mensch und Gesellschaft* an die Tafel und frage, was sie in diesem Kurs lernen wollen. Das Genannte ordne ich dann den Themenfeldern zu. Die erste Antwort kann ich mir denken, meist kommt schon in der ersten Stunde irgendjemand singend in den Unterricht: »Deutschland, Deutschland, über alles!«, ruft dann auch diesmal Hamed.

Das erste Mal, als ich das hörte, war ich noch total schockiert. Inzwischen weiß ich, warum die deutsche Hymne stets mit dieser, von uns heute als rechtsradikal eingestuften Zeile begonnen wird. Die schlichte Antwort lautet: Hamed hat sich gut vorbereitet. Tippt man auf YouTube so etwas wie »deutsche Nationalhymne« ein, wimmelt es auf den ersten Plätzen nur so von der »vollständigen Hymne«, »allen drei Strophen des Lieds der Deutschen«.

Hier zeigt sich auch gleich das Grundproblem des Orientierungskurses: Ich würde mir gerne Zeit nehmen zu erklären, warum die ersten beiden Strophen nicht mehr gesungen werden. Ich würde gerne erklären, wie und warum die Hymne entstanden ist und weshalb die Nazis dafür gesorgt haben, dass wir sie heute nicht mehr singen können. Stattdessen muss ich alles stark verkürzen und meinen Schülern klarmachen, dass sie nie, nie wieder öffentlich »Deutschland, Deutschland, über alles!« singen sollten, ganz egal, was man bei YouTube anklicken kann.

Auf Platz zwei der Themen, über die die Schüler etwas lernen wollen, steht, ebenso vorhersehbar, Hitler. Hitler ist das unangenehmste Thema in beinahe jedem Orientierungskurs. Hierzulande gehört es zumindest zum Grundkonsens, dass die Herrschaft des Nationalsozialismus eine fürchterlich schlimme

Zeit in Deutschland war. Andernorts ist das nicht unbedingt so. Dort gilt Hitler zuweilen als großer Feldherr und Visionär, und man scheut sich nicht, in einem Satz den Massenmord mit der Errungenschaft des Autobahnbaus zu relativieren. Christian musste bei seinem studienbegleitenden DaF-Praktikum in Indien sogar feststellen, dass dort Klassenräume mit dem Hitler-Konterfei geschmückt werden.

Ich muss also oft auf einem völlig anderen Level anfangen, wenn ich meine Schüler in drei Wochen zu »Demokraten« machen soll.

Ich teile den Fragenkatalog aus. Alle stöhnen, weil es so viel ist.

»Wie Sie sehen können, ist jedes der drei Themen noch einmal unterteilt.«

Diese Unterteilung steht gleich auf der ersten Seite und raubt allen Enthusiasmus. *Politik und Demokratie* ist in zwölf Unterthemen gegliedert, von *Verfassungsorganen* über *Föderalismus, Grundrechte, Parteien* bis hin zu *Sozialsystem, Wahlen, Staatssymbolen* und den Aufgaben der *Kommunalbehörden*. Das Hauptproblem bei dieser Aufzählung ist, dass ich fast jedes einzelne Wort erklären muss, was im Grunde schon den ganzen ersten Tag in Anspruch nimmt.

Geschichte und Verantwortung ist in die vier Kategorien *Nationalsozialismus, Wichtige Stationen nach 1945, Wiedervereinigung* und *Deutschland in Europa* eingeteilt. Ich werde allerdings auch häufig gefragt, was vor dem Nationalsozialismus in Deutschland war. Das muss ich dann möglichst schnell irgendwie zusammenfassen.

Im letzten Abschnitt *Mensch und Gesellschaft* geht es um die Themen *Religiöse Vielfalt, Bildung, Migrationsgeschichte* und *Interkulturelles Zusammenleben*.

Die Schüler stöhnen. Inzwischen gehört es zu meinem Standardrepertoire, an dieser Stelle zu sagen: »In der ersten Woche werden Sie oft Kopfschmerzen haben. Das ist ganz normal, Sie werden ganz viele neue Wörter lernen. In der zweiten Woche wird es dann besser. Keine Sorge, Sie schaffen das!«

»Ich habe ein Frage«, meldet sich João, »bevor wir anfangen, ich will endlich wissen: Was heißt Deutschland?«

»Deutschland bedeutet das Land der Deutschen«, antworte ich.

»Ja, aber was heißt es wirklich? Was bedeutet Deutsch?«, will João wissen. Als er unsere ratlosen Blicke bemerkt, erklärt er: »Brasil bedeutet etwas wie Feuer. Also Land des Feuers.«

»Deutschland hat leider keine so schön klingende Bedeutung«, erkläre ich. »Bei uns kommt es nur auf den Volksstamm an.«

Der LiD-Test besteht zwar aus 310 Fragen, aber von der Bedeutung des Landesnamens ist dabei nicht die Rede. Im Test werden dann 33 von diesen 310 Fragen gestellt, von denen man wiederum mindestens 17 richtig haben muss. Das ist also zu schaffen, auch wenn der Berg erst einmal sehr hoch aussieht. Den Legenden zufolge, die im Lehrerzimmer kursieren, haben auch schon Schüler den Test bestanden, die sich gar nicht vorbereitet und einfach nur geraten haben. Das verschweige ich aber besser. Die Ambitionen der meisten Schüler laufen eh in eine andere Richtung: alles richtig haben! Da entwickeln sich regelrechte Wettkämpfe, die auch in den Pausen und außerhalb der Schule fortgesetzt werden. Gerade James und Hamed tun sich da hervor. Das fängt schon in der ersten Pause an:

»Hamed, Frage 6: Wie heißt die deutsche Verfassung? A) Volksgesetz, B) Bundesgesetz, C) Deutsches Gesetz oder D) Grundgesetz«, höre ich James im Pausenraum fragen.

»Pah, das ist einfach, das ist das Grundgesetz. Aber Frau Inga«, sagt Hamed zu mir, »ich möchte Sie fragen, was ist das Volksgesetz? Etwas von Hitler? Und das Bundesgesetz? Das ist das über den Föderalismus, oder?«

Solche Fragen muss ich fast bei jeder der Prüfungsfragen beantworten. Allerdings macht es gar keinen Sinn, diese Fragen zu beantworten, weil sie die Schüler zusätzlich verwirren und nichts mit dem Test zu tun haben, für den wir eh schon genug zu tun haben. Außerdem ist es sehr kompliziert, alles mit einfachen Worten zu erklären. Es gibt etwa die Frage, was zu den Grundrechten gehört: A) Waffenbesitz, B) Faustrecht, C) Meinungsfreiheit oder D) Selbstjustiz. Natürlich interessiert es die Schüler dann, was Selbstjustiz überhaupt bedeutet und warum das nicht zu den Grundrechten gehört, aber das zu erklären, würde jeden Rahmen sprengen. Deshalb habe ich bereits nach meinem allerersten Orientierungskurs die Maxime eingeführt, dass ich nur Fragen zur richtigen Lösung beantworte. Um wirklich zu verstehen, warum die anderen falsch sind, bräuchten sie mehr Zeit. Sie verstehen die kleinen Unterschiede oft nicht und mischen in ihren Köpfen alles zusammen, sodass sie am Ende nichts mehr wissen. Viele dieser Probleme könnte man vielleicht umgehen, indem man die Fragen einfach anders aufbaut.

Aber auch das Erklären der richtigen Antwort ist nicht immer einfach. Im letzten Orientierungskurs wurde ich gefragt, was »Meinungsfreiheit« sei, und auf der Stelle fiel mir nichts Besseres ein, als *Charlie Hebdo* als Beispiel zu nennen, das Thema war damals gerade in aller Munde.

Plötzlich sprang Abdel, ein ohnehin schwieriger Schüler, auf und rief:

»*Charlie Hebdo* ist keine Meinungsfreiheit. Niemand hat das Recht, unseren Propheten zu beleidigen!«

216

Erst bekam ich einen fürchterlichen Schreck. Natürlich weiß ich, dass es Menschen gibt, die so denken, sonst würde es ja auch die Attentäter nicht geben, aber im Klassenraum mit jemandem drüber zu diskutieren ist noch einmal etwas anderes. Ruhig antwortete ich:

»In Deutschland schließt die Meinungsfreiheit auch die Religionen mit ein. Da gibt es keine Ausnahmen. Man kann Witze über Jesus machen und auch über Mohammed. Der Glaube sollte doch so fest sein, dass man so etwas akzeptieren kann.«

»Nein, das dulde ich nicht«, widersprach er. »Meine Religion ist mir wichtig. Ich kann nicht akzeptieren, wenn jemand darüber Witze macht.«

»Sie finden doch nicht etwa, dass das Attentat gerechtfertigt war?«, fragte ich nach.

»Es war sicher keine gute Tat. Muslime dürfen nicht töten. Aber diese Menschen bei *Charlie Hebdo* sind selbst schuld, sie haben es herausgefordert und ihre gerechte Strafe bekommen.«

»Abdel, diese Menschen waren Terroristen und hatten kein Recht, Menschen umzubringen, nur weil die ein paar Bilder gemalt hatten.«

»Ein paar Bilder? Terroristen? *Charlie Hebdo*, das ist doch Terror! Es ist eine Frechheit, was Sie sagen! Ich werde gehen zu Direktor!«

Damit stürmte er aus der Klasse. Kurz blieb es ruhig, dann tippte sich sein Sitznachbar Kader gegen die Stirn und sagte zu mir: »Er ist sehr gläubig. Er ist Fanat.«

Kurz darauf stürmte Abdel wieder in die Klasse, nahm, ohne ein Wort zu sagen, seine Tasche und ging. Der Direktor, ein gebürtiger Türke, von dem er sich daher Zustimmung zu seiner Meinung erhoffte, hatte genau das Gleiche zu ihm gesagt wie ich. Ich habe Abdel danach nie wiedergesehen. Aber diesen Vorfall habe ich nicht vergessen.

Wir sprechen immer davon, dass wir die Neuangekommenen in Deutschland integrieren wollen, und nur allzu oft geht man davon aus, dass man ihnen nur unsere Regeln mitteilen müsste und damit wäre alles getan. Natürlich, für die allermeisten Migranten ist meiner Erfahrung nach die Meinungsfreiheit selbstverständlich. Viele wurden selbst aufgrund ihrer Meinung in ihren Heimatländern verfolgt, sie kennen die Geschichte von Raif Badawi, der in seinem Heimatland Saudi-Arabien zu 1000 Peitschenhieben und einer Geldstrafe von knapp 200 000 Euro verurteilt wurde, weil er einen liberalen Blog betrieb, und sie wissen, mit welch eiserner Faust der »Islamische Staat« herrscht. Kurz: Meine Schüler sind froh, unter diesen Regeln hier zu leben. Und doch bleibt die Frage: Was tun mit den anderen, wie Abdel? Ist er gefährlich, muss man solche Menschen ausweisen? Das würde ja bedeuten, mit zweierlei Maß zu messen. Jeden Tag sehen wir im Fernsehen und im Internet Deutsche, die jegliches Gefühl dafür verloren haben, was durch die Meinungsfreiheit gedeckt ist. Sie fordern, Merkel als Volksverräterin zu hängen, und halten das für eine legitime, durch die Gesetze gedeckte Meinung. Und doch: Man müsste an Abdel dranbleiben, mehr tun. Aber für einen solchen Fall sieht die Bürokratie keinen Weg vor.

Natürlich werden die Aufgaben des LiD-Tests nicht einfach stumpf auswendig gelernt. Dazu benutzen wir ein Lehrbuch, das den Schülern mit Aufgaben ein »Basiswissen« über Deutschland vermitteln soll. Es ist extra auf den Einbürgerungstest abgestimmt. Allerdings schafft es nicht mal dieses Buch annähernd, alle 310 Fragen zu behandeln.

Lucy macht keinen Hehl daraus, dass sie von dem Buch

nicht viel hält. Wahrscheinlich geht sie davon aus, dass sie die Fragen locker beantworten kann, nach so vielen Jahren in Deutschland.

»Das Buch ist so dünn. Und so teuer. Wir haben nur drei Wochen Unterricht, ich kaufe kein Buch.«

»Lucy, wir machen sehr viel Stoff in kurzer Zeit, Sie brauchen das Buch, um mitzukommen. Wir behandeln sehr viele komplizierte Fragen. Sie müssen auch zu Hause lernen und lesen«, versuche ich sie zu überreden. Als ich merke, dass das nichts bringt, schlage ich ihr vor, das Buch zu kaufen und nichts reinzuschreiben. Dann könne sie das Buch nach dem Kurs weiterverkaufen.

»Ach, wem soll ich das verkaufen?«

Darauf fällt mir auch nichts mehr ein. Ich verspreche, ihr das Buch am Ende selbst abzukaufen. Das ist es mir wert, sonst habe ich die nächsten drei Wochen ein riesiges Problem. Auf noch einen Orientierungskurs mit Lucy kann ich verzichten.

Zuerst geht es im Buch um die Namen und Hauptstädte der Bundesländer. Dabei stellt sich heraus, dass die meisten keine Ahnung davon haben, was es außer Bayern und Berlin sonst noch gibt. Auch wenn Schleswig-Holstein, Nordrhein-Westfalen oder Baden-Württemberg noch schwer über die Lippen gehen, Yasmin mich verzweifelt fragt, ob das ein Scherz sei und Igor das Ganze trocken mit »Ich verstehe nur Bahnhof« kommentiert, halte ich mich nicht lange damit auf. Denn ich weiß, worauf es im Test ankommt, und zwar auf die Antwort: Elsass-Lothringen ist kein deutsches Bundesland. Das ist zwar im Grunde gut zu wissen, aber ohne die Geschichte dieses Gebiets zu kennen und den Unterton zu begreifen, der bei einer solchen Frage mitschwingt, auch ein wenig sinnlos.

Als Nächstes kommen die Parteien dran, die spielen im Test schon eine deutlich größere Rolle. Im Buch wird den wichtigsten von ihnen Platz eingeräumt, sich selbst vorzustellen. Die Schüler können sich dann eine Lieblingspartei aussuchen. Die AfD steht allerdings (noch) nicht zur Wahl. Ob sie die neuen Mitbürger mit ihren Positionen überzeugen könnte? Eigentlich wäre es schon fast interessant, darüber zu diskutieren.

So schneidet die CDU/CSU meist als beliebteste Partei ab. Dass sich diese gleich im ersten Satz auf den Grundgedanken des christlichen Glaubens beruft, wird von den meisten schlicht überlesen. Von Hassan wird hervorgehoben, dass sie gegen neue Schulden ist und für starke Unternehmen, die wiederum Arbeitsplätze sichern sollen. Die anderen sehen das genauso. Ich bin ehrlich überrascht, dass lauter überzeugte Schäubles vor mir sitzen, aber ich lasse mir nichts anmerken. Politische Einflussnahme ist im Orientierungskurs natürlich nicht erlaubt. Außerdem ist eine sachliche Diskussion oft gar nicht so einfach. Allein dass die beiden Parteien sich als »Schwesterparteien« bezeichnen, zieht viele Schüler aus dem arabischen Raum geradezu magisch an. Da klingt die Familie durch, starke Bande und ein gewisses Stück Heimat, bezeichnen sich Araber doch oft untereinander als Bruder und Schwester.

Auch die SPD findet einige Anhänger, hauptsächlich weil sie Ausbildung und Arbeit fördern will. Die FDP stellt sich als Partei vor, die tolerant gegenüber jedem Lebensentwurf und gegen zu viel Staat und für mehr Freiheit ist. Das klingt in meinen Ohren zwar etwas zu links für die FDP, aber sie kommt damit bei allen an, auch bei jenen, die gerade noch Sympathien für die CDU/CSU geäußert haben. Die Grünen reden von Umwelt und einem friedlichen Nebeneinander unterschiedlicher Kulturen. Ist der Text vielleicht zu kompliziert? Auf jeden Fall gibt es dafür kaum Zustimmung. Die Linke, als letzte Partei, will vornehmlich gegen die Armut kämpfen und für Chancengleichheit sorgen. Mit dem Stichwort Sozialismus verlieren sie allerdings schlagartig alle Sympathien. Zumindest bei den meisten. Nur Nidal ist ein richtiger Linken-Fan, weil sich ein linker Abgeordneter immer sehr gut um das Lager in Brandenburg gekümmert hat, in dem Nidal nach seiner Flucht untergekommen ist. Er ist noch immer mit ihm bei Facebook befreundet und bittet mich hin und wieder, etwas aus dessen Posts zu erklären. Außerdem schreiben sie sich Nachrichten, wie sie es erreichen können, dass Nidal eine Prothese für seinen linken Arm bekommt, einen »Roboterarm«, wie Nidal sagt. Das ist einer der seltenen Momente, in denen seine Augen heiter blitzen.

Jetzt sollen die Schüler die Parteien in ihrem eigenen Land vorstellen. Das sorgt für ironisches Lachen bei den Syrern.

»Bei uns es gibt nur einen: Assad«, erklärt Basima, »er hat auch Partei, aber die ist egal. Er ist alles, Assad ist Bundeskanzler, Bundespräsident, Zeitung und Polizei. Assad ist sogar Gerichte.«

»Assad isst Gerichte?«, frage ich. »Was hat das jetzt damit zu tun? Bestimmt er, was man essen soll?« Manchmal kommt bei mir die Deutschlehrerin eben auch im Orientierungskurs durch.

»Nein, nein, er hat auch Gerichte.«

»Ach, er ist ein Koch?«, frage ich und erhelle damit die Gemüter der anderen.

»Sind in Deutschland viele Menschen in Partei?«, fragt Basima.

»Nein, nicht so viele«, antworte ich.

»In Syria alle sind in Assads Partei.«

Das überrascht mich.

»Ja, als wir waren klein, in der Schule, es kamen Menschen in Anzug in die Klassen, und sie haben Papier verteilt, und wir mussten alle unterschreiben. Und dann wir waren allen in Partei.«

»Das ist ja unglaublich!«

»Ja, aber das ist stimmt doch, oder, Fatima?«, wendet sie sich an ihre Nachbarin. »Bist du in Baath-Partei?«

»Ja, natürlich«, bestätigt Fatima, »ist doch jeder.«

Alle anderen Syrer nicken.

Glücklicherweise haben wir aber auch ein paar Schüler im Kurs, die nicht aus Syrien kommen. Nachdem uns Beata von Frau Szydlo und der PiS erzählt hat und Igor der Parteienlandschaft in Russland mit den Worten »die chaben von Tuten und Blasen keine Ahnung« ein vernichtendes Zeugnis ausgestellt hat, kommt Sami an die Reihe:

»In Tunesien gibt es viele Parteien. Es gibt die Lampenpartei, die Traktorenpartei, die Blumenpartei, die Buchpartei oder die Vogelpartei. Manche sind kommunistisch, manche sehr religiös, es gibt alles.«

Lucy prustet los: »Die Lampenpartei? Du lügst doch, solche Parteien gibt es doch gar nicht!«

»Natürlich gibt es, was weißt du denn?«, kontert Sami.

Aber auch der Rest des Kurses nimmt Samis Ausführungen mit unverhohlener Skepsis auf.

»Frau Inga«, ich werde zur letzten Instanz in diesem Streit erklärt, »stimmt es, was Sami sagt? Gibt es in Tunesien die Traktorenpartei?«

Ich verspreche, das zu prüfen. Woher soll ich das auch wissen? So wirklich glaube ich Sami das allerdings auch nicht. Zu Hause findet Max, der erst ebenso schallend loslachte wie Lucy, per Wikipedia heraus, dass Sami recht hat. Zwar heißen die Parteien vollkommen anders, aber sie haben genau die Wappen, die Sami so bildreich beschrieben hat. Wir vermuten, dass es eventuell viele Analphabeten gibt und gab, dass sich etwa die Landwirtschaftspartei im Volksmund zur Traktorenpartei gewandelt hat oder die Fortschrittspartei aufgrund ihrer Glühbirne zur Lampenpartei. Das ist wirklich erstaunlich und irgendwie auch richtig niedlich. Als ich meine Erkenntnis am folgenden Tag in der Klasse verkünde, herrscht verblüfftes Schweigen. Nur Sami strahlt: »Ich habe doch gesagt!«

Als Nächstes erkläre ich, was Erst- und was Zweitstimme bedeutet und welche Parteien im Bundestag und im Abgeordnetenhaus von Berlin sitzen. Jeder Partei wird eine Farbe zugeordnet, damit man auch die Tortendiagramme, wie sie nach Wahlen in Fernsehen und Zeitungen abgebildet sind, verstehen kann. Das macht besonders Spaß, vor allem als wir zu den Koalitionen kommen.

»Wenn Sie mit dem Auto an eine Kreuzung kommen, worauf müssen Sie dann gucken?«, frage ich.

»Auf Ampel«, antwortet Fatima.

»Genau, und deshalb heißt eine Koalition aus SPD, FDP und Grünen auch Ampelkoalition: rot, gelb, grün.«

Das gefällt Fatima: »Ich wähle jetzt nur noch Ampel, das sieht am besten aus.«

Das kann ich nicht einfach so stehen lassen. Fatima kann, wie der Großteil der Klasse, natürlich nicht wählen. Und eine Koalition kann man auch nicht wählen, immer nur eine Partei. »Koalition« ist sowieso ein schwieriger Begriff. Schwierig deshalb, weil ich immer wieder die Unterschiede zwischen Koalition, Fraktion, Abgeordneten und Partei erklären muss. Dass Berlin ein Stadtstaat ist, macht die Sache noch zusätzlich schwer. Zunächst einmal gilt es zu klären, was genau wir unter

Staat, Land, Bundesland und Stadtstaat verstehen. Und das ist nicht ganz einfach, weil viele Begriffe mehrere Bedeutungen haben. Hat man begriffen, was Staat bedeutet, wird man mit dem Stadtstaat Berlin konfrontiert. Meint man zu verstehen, was ein Bundesland ist, kommt die Sprache im nächsten Satz auf die Bundespolitik, womit aber nicht die Politik eines Bundeslandes gemeint ist. Warum heißen in den Flächenstaaten die Parlamente Landesparlamente, in Berlin aber Abgeordnetenhaus? Und warum sind es hier Minister und dort Senatoren? Das muss alles sitzen, damit die Fragen im Test beantwortet werden können.

Besonderes Interesse erregt auch die Jamaikakoalition.

»Es wäre toll, wenn es diese Koalitionen auch bei uns geben würde«, findet Sami. »Ich glaube, dann wären viel mehr Menschen an Politik interessiert.«

»In Deutschland interessieren sich die meisten Menschen allerdings auch nicht besonders für Politik«, gebe ich zu bedenken. »Da hilft auch keine Jamaikakoalition.«

»Es gibt so viele verschieden Parteien, und jeder kann seine Meinung sagen und in seiner Partei sein«, bringt Hassan die Überraschung auf den Punkt. »Warum sind die Menschen so doof und wählen nicht?«

»Nur wer Krieg hat, interessiert sich mit Politik«, antwortet Hamed.

»Viele glauben, es würde sich eh nichts ändern, egal, wen sie wählen«, versuche ich zu erklären.

»Die chaben einen Dachschaden«, kommentiert Igor.

»Was soll sich ändern?«, fragt Sami. »Deutschland ist doch beste Land in der Welt? Alle wissen das, nur die Deutsche nicht.«

Alle lachen, ich auch. Irgendwie haben Igor und Sami recht.

Als nächste Fremdwörter sind Legislative, Judikative und Exekutive dran – die Gewaltenteilung. Um die Schüler an dieses Thema heranzuführen, beginne ich oft mit der Inselgeschichte: Ein Flugzeug stürzt ab, und die Insassen stranden auf einer einsamen Insel. So bald wird man sie hier nicht retten. Wie organisieren sie sich? Was tun sie, wenn jemand klaut oder schlägt? Meist wird ziemlich schnell klar, dass alle zusammen Regeln erstellen und es einen Anführer, ein unabhängiges Gericht und eine Art Polizei geben muss. Interessanterweise ist es aber so, dass die Schüler zwei Sachen meistens vergessen: Sie begrenzen die Amtszeit des Anführers nie. Ohne es zu wollen, heben sie in dem Gedankenspiel einen Führer auf Lebenszeit ins Amt. Und sie vergessen, einen Gesetzgeber einzusetzen, eine Volksvertretung. Wenn ich dann vorsichtig nachfrage, sind alle ganz betroffen, und es ist schnell von Revolution die Rede.

Natürlich kommen wir im Orientierungskurs oft auf die Situation in Syrien zu sprechen, sozusagen das Negativ einer funktionierenden Demokratie.

»In Syrien es gibt keine Gewaltenteilung«, erzählt Basima, »Assad macht alles. Ich verstehe nicht, bald er ist allein in Syrien. Sind alle Menschen weg. Warum geht er nicht? Sollen 20 Millionen weggehen oder soll einer gehen?«

Es ist durchaus bemerkenswert, dass gleich einige Fragen des Kataloges das Thema direkte Demokratie aufgreifen. Wenn man mit irgendetwas unzufrieden ist, etwa, weil die Buslinie eingestellt wird, die man jeden Tag genutzt hat, lautet die Lösung stets: »Gründe eine Bürgerinitiative.« Natürlich betone ich das auch immer wieder, und meine Schüler hören interessiert zu. Darüber, wie schwierig es mit den Bürgerinitiativen in Deutschland wirklich ist, schweige ich lieber.

Übrigens wird im Kurs auch angesprochen, dass Ausländer

in Deutschland nicht willenlos der Politik ausgeliefert sind. Sie haben die Möglichkeit, ihre Interessen über den Ausländerbeirat zu äußern. Wenn ich das in meinem Freundeskreis anspreche, erlebe ich meist erstaunte Blicke. Kaum einer kann glauben, dass es so etwas in jeder Kommune gibt. Vor allem aber hat das niemand den Ausländern gesagt. Der Ausländerbeirat setzt sich aus Ausländern und eingebürgerten Deutschen zusammen, wahlberechtigt sind alle Ausländer. Da er oft von der Öffentlichkeit und den Wählern unbemerkt bleibt und keinerlei wirkliche Rechte besitzt, bleibt noch viel Potenzial ungenutzt.

Viel von dem, was ich im Kurs erzähle, verkürze ich aber notgedrungen so sehr, dass es geradezu banal klingt. Wie ein Gesetz entsteht und verabschiedet wird, kann ich nicht in allen Einzelheiten erklären, schon gar nicht auf europäischer Ebene. Bei mir geht es etwas einfacher: Regierung entwirft, Bundestag und Bundesrat stimmen zu. Wen es wirklich interessiert, der bekommt von mir dann noch ein Merkblatt, auf dem alles ganz genau steht. Im Unterricht reicht es schon zu erklären, was der Bundesrat ist und wie er sich zusammensetzt.

»Wer ist wichtiger, Bundesrat oder Bundestag?«, fragt Sami.

»Das kann man so genau nicht sagen«, antworte ich. »Beide sind wichtig, damit ein Gesetz beschlossen werden kann.«

»Ah, ist wie Schischa-Arbeit«, erklärt Sami.

Ich gucke irritiert. »Wie was?«

»Ah, nein, ich meine Schichtarbeit. Einmal arbeitet der eine, einmal der andere. Aber immer einer arbeitet. Sie teilen die Arbeit.«

Ja, vielleicht kann man das so sagen. Und vielleicht würden die Abgeordneten ja tatsächlich auch manchmal lieber Schischa-Arbeit mit den Mitgliedern des Bundesrats machen.

Besonders viel Spaß macht auch immer der Bundespräsident.

»Wer ist der wichtigste Politiker in Deutschland?«, frage ich in die Runde.

»Merkel«, ist die einhellige Antwort.

»Stimmt nicht. An erster Stelle kommt der Bundespräsident, Joachim Gauck. An zweiter Stelle kommt der Bundestagspräsident, Norbert Lammert. Erst an dritter Stelle kommt die Bundeskanzlerin.«

»Aber Frau Merkel macht doch immer alles«, höre ich dann.

»Das ist richtig, Angela Merkel leitet die Regierung. Der Bundespräsident hat vornehmlich repräsentative Aufgaben. Er ist an keine Partei gebunden. Aber jedes Gesetz muss am Ende von ihm unterschrieben werden, damit es in Kraft treten kann.«

»Und was macht er so genau?«, will Igor wissen.

»Na ja, wie soll ich das erklären?«, antworte ich. »Er fährt in der ganzen Welt umher und trinkt Kaffee. Er sorgt für gute Beziehungen, für ein gutes Bild von Deutschland.«

Seitdem ist der Präsident in meinem Kurs nur noch »der Kaffeetrinker«. Das ist zwar ziemlich runtergebrochen, aber es trifft auch den Kern der Sache. Und die Schüler können sich das merken.

»Wird der Präsident vom Volk gewählt?«, fragt Hamed.

Das ist eine gute Frage. Manchmal denke ich, selbst viele Deutsche wissen nicht, wie der Präsident ins Amt kommt. Ich erzähle von der Bundesversammlung, die alle fünf Jahre zusammentritt, um diese Wahl abzuhalten. Sie besteht aus den Mitgliedern des Bundestags und aus Vertretern der Landesparlamente, manchmal entsenden die Parteien auch bekannte Schauspieler oder Sportler. Das finden alle immer höchst interessant.

In der nächsten Stunde muss ich dann feststellen, dass meine

Schüler ihr neu erworbenes Wissen freudig bei Partnern oder deutschen Freunden angewandt haben und ungläubig belächelt wurden.

»Frau Inga«, schluchzt Yasmin gleich zu Beginn des Unterrichts. »Ich habe meine Mann erzählt, dass der Präsident auch von Schauspielern und Sportlern gewählt wird, und er hat mich ausgelacht. Das glaube ich nicht, hat er gesagt.«

»Man kann ihm keinen Vorwurf machen, Yasmin. Das wissen viele nicht. Die Wahl ist nur alle fünf Jahre und für viele Menschen nicht interessant.«

Wir machen da weiter, wo wir aufgehört haben:

»Ich glaube, in den meisten Ländern gibt es einen Präsidenten und einen Kanzler. Nur heißen die manchmal anders. Regierungschef zum Beispiel. Wie ist das in euren Heimatländern?«

Geflissentlich schaue ich an den Syrern vorbei und konzentriere mich auf die anderen Nationalitäten im Kurs. Igor?

»Putin ist Präsident, und Medwedew ist Ministerpräsident. Das ist wie Kanzlerin. Bevor war andersrum, aber war kein Unterschied. Jetzt haben sie wieder getauscht.«

»Und in der Türkei?«, frage ich Yasmin.

»Erdogan ist unser Regierungschef«, antwortet sie.

»Ach ja?«, ich bin überrascht. »Ich habe letztens gelesen, er ist jetzt Präsident.«

»Ah, Frau Inga, nein, was denken Sie! Erdogan leitet die Politik. Gott schütze ihn. Seit er da ist, ist alles besser.«

»Wirklich?«, frage ich. Gut, Yasmin trägt zwar ein Kopftuch, aber sie ist eine kluge Frau und kommt aus Istanbul; irgendwie hatte ich angenommen, dass sie eine andere Meinung hätte. Auch in der Klasse regt sich Widerstand.

»Das stimmt nicht«, widerspricht Erkan. »Was er am Gezi-

Park gemacht hat, war falsch. Das war nur Gewalt. Er ist wie der Inselpilot, ein König.«

Sofort fährt ihm Yasmin über den Mund:

»Ach, hör auf! Im Gezi-Park waren nur Kinder, die Bier getrunken haben, und Hooligans, die sich mit Polizei geprügelt haben.« Dabei schlägt sie ihre Fäuste gegeneinander. »Ich finde es sehr gut, dass Religion in Türkei jetzt ist wieder wichtig. Früher, man konnte kein Kopftuch tragen. In Schule, in Parlament, war verboten. Sie haben gesagt, man ist eine Bauer. Jetzt ist es besser. Jetzt alle tragen Kopftuch.«

»Mit wie viele Jahren trägt eine Frau ein Kopftuch?«, will James wissen.

»Ab Frausein«, antwortet Yasmin knapp.

»Und wann ist Frausein?«

»Na, so acht Jahre.«

»Mit acht Jahre ist eine Frau?« James ist erschrocken, aber Yasmin beachtet seinen Einwand nicht.

»Erdogan ist gut. Wir brauchen Einigkeit. Es gibt so viele Probleme, mit Kurden, mit Syrien, mit Europa …«

»Und er macht alles noch schlimmer!«, regt sich Erkan auf.

»Das stimmt nicht. Ohne Erdogan Türkei wäre nichts.«

Sie sagt das in einem scharfen Ton, der mich überrascht.

»Und willst du zurück nach Türkei?«, fragt Erkan herausfordernd.

»Mein Mann lebt hier. Aber Istanbul ist schön, viel größer und schöner als Berlin. Natürlich, ich würde gerne zurück.«

All das sprudelt jetzt aus Yasmin heraus, ohne dass sie Widerspruch zulässt. Das bewegt Hassan dazu, etwas zynisch zu grinsen und zu mir zu sagen:

»In Arabisch, wenn jemand so viel redet, wie Yasmin, wir sagen: Sie hat ein Radio gegessen.«

Das finden alle lustig, natürlich bis auf Yasmin.

Als Hausaufgabe gebe ich auf, die neun Nachbarstaaten Deutschlands auswendig zu lernen und sich einzuprägen, dass die Wahlen in Deutschland *frei*, *gleich*, *geheim* und *direkt* sind.

Zu Hause angekommen, schaue ich als Erstes einmal nach, was Erdogan für ein Amt hat. Tatsächlich ist er seit einiger Zeit der Präsident und nicht mehr der Ministerpräsident der Türkei. Das scheint sich aber noch nicht überall in seiner Gefolgschaft herumgesprochen zu haben.

In der nächsten Stunde kommt ein neues Thema dran: Geschichte. Praktischerweise ist für den Test alles vor 1939 uninteressant, sodass wir direkt mit Hitler einsteigen.

»Niemand weiß, wo Hitlers Leiche ist«, eröffnet João gleich besonders geschmackvoll das Thema.

»Er ist verbrannt«, knurrt Igor. »Die Asche ist irgendwo vergraben.«

»Aber keiner in Deutschland weiß das, das ist doch komisch.«

»Vielleicht ist Hitler auch gar nicht tot«, ruft Yasmin.

»Ja, klar«, antworte ich, »genau wie Elvis Presley, Michael Jackson und Bob Marley.«

»Aber wissen Sie, dass Hitler gar kein Deutscher war?«, fragt mich gleich Sami mit einem breiten Grinsen. Er glaubt wirklich, mir etwas Neues zu erzählen. Diese Frage kommt mit ziemlicher Sicherheit in jedem Kurs. Aus irgendeinem Grund nehmen viele an, dass Hitler in Österreich geboren ist, sei ein gut gehütetes Geheimnis. Vielleicht ist es aber auch nur für viele Ausländer schlicht unglaublich, dass der Mensch, der Deutschlands Geschicke auf ewig verändert und der Nation unsagbare Schande bereitet hat, nicht einmal Deutscher war.

Während wir über den Holocaust, den Krieg und die gleichgeschaltete Gesellschaft sprechen, lacht Igor plötzlich:

»Ich habe gelesen, dass Deutsche haben eigenes Wort dafür, über eigene, schlimme Geschichte zu sprechen: Vergangenheitsbewältigung. Ist ein Wort, für das gibt es keine Übersetzung in andere Sprache.«

Die Klasse ist verblüfft. »Wie heißt das Wort?«, kräht Yasmin.

Vergangenheitsbewältigung

schreibe ich an die Tafel. »Das bedeutet, dass man über alles spricht, auch über das, was schlecht war und worauf man nicht stolz ist. So können dann hoffentlich die gleichen Fehler in der Gegenwart und Zukunft vermieden werden.«

»Magst du Hitler?«, fragt mich Basima allen Ernstes ganz unschuldig.

»Nein, ich mag Hitler nicht«, antworte ich. »Niemand in Deutschland mag Hitler. Er war einer der schrecklichsten Menschen, die jemals gelebt haben.«

Dann zeige ich Bilder von den Konzentrationslagern, und wir besprechen in aller Kürze den Zweiten Weltkrieg und Hitlers »Machtergreifung«. Wie konnte es überhaupt dazu kommen, dass der Mensch, den ich gerade noch als das größte Übel bezeichnet habe, demokratisch gewählt werden konnte? Weil der Lehrplan den ersten Weltkrieg und die Weimarer Republik eigentlich nicht vorsieht, kann ich die Bezüge nur andeuten.

»Hitler ist genauso wie Hafiz Al-Assad vor 50 Jahren. So heißt der Vater von Bashar«, bemerkt Hamed. »Er hat die schlechte wirtschaftliche Lage und die Unzufriedenheit in der Bevölkerung genutzt, um selbst an die Macht zu kommen. Er hatte einfache Antworten auf komplexe Fragen. Dann er hat gemacht Ermächtigungsgesetz und hat gesagt, wenn der und der ist tot, sind alle Probleme weg. Dann ist er in andere Länder gegangen und hat Krieg geführt. Damit die Menschen nicht merken, dass Probleme sind immer noch da. Und im eigenen Land er hat alle getötet, die gegen ihn waren, sodass keiner sich hat getraut mehr etwas zu sagen. Wirklich Assad wie Hitler!«

Die anderen Syrer nicken still.

»Und jetzt«, fügt Hamed hinzu, »Bashar arbeitet zusammen mit Daesh, damit er hat Macht. Alle in Syrien wissen das. Deshalb Daesh hat so viel Geld, und deshalb bombardiert Russland jetzt auch Freie Syrische Armee.«

Mit Daesh bezeichnen fast alle Araber, die ich kenne, den sogenannten Islamischen Staat (IS). Auch in Europa setzt sich diese Bezeichnung langsam durch, etwa in Frankreich. Im Grunde ist Daesh nur ein arabisches Akronym der Anfangsbuchstaben. Allerdings klingt Daesh in den Ohren eines Arabers sehr negativ, weil es vom Klang an die Wörter »zertreten« oder »zerstören« erinnert. Auch die »positive« Konnotation, dass man dem IS einen Staat zuerkennt, wenn man von ihm spricht, bricht so weg. All das sorgt dafür, dass die Islamisten die Bezeichnung Daesh als Beleidigung auffassen.

»Es wird lange dauern, bis ist Frieden«, schließt er. »Europa ist gegen Assad, aber für Türkei. Und Türkei ist für Assad, weil gegen die Kurden. Und Kurden sind gegen Assad. Wer soll da gewinnen? Und wenn Assad gewinnt, was dann? Was machen wir?«

»Es ist schlimm, dass die Menschen hier sich nicht interessieren über Politik«, meldet sich Hassan. »Sie demonstrieren gegen Flüchtlinge, aber was in Syrien passiert, über das interessiert sie nicht. Warum kämpfst du nicht in Syrien, hat mich ein Deutscher gesagt. Aber für wen soll ich kämpfen? Ich wäre sofort tot.«

»Weißt du, warum sich Menschen in Europa nicht interessieren für den Krieg?«, fragt Hamed. »Weil Krieg ist nicht hier. Krieg ist weit weg. Man kann das nicht glauben, wenn man nicht selbst sieht. Ist immer wieder so. Deshalb es gibt Krieg immer irgendwo. Deshalb ist nie zu Ende.«

Ich kann den Krieg auch nicht mit meinen eigenen Augen sehen, aber dass ich ihn durch die Augen meiner Schüler sehen muss, reicht mir schon. Oft werden mir auf den Handys Fotos von Kindern, Cousinen und Eltern gezeigt, die gestorben sind, auf deren Ankunft gewartet wird oder die in belagerten Städten ausharren müssen. Ich sehe Häuser, schön vor dem Krieg, völlig zerstört jetzt. Und das nun schon seit vielen Jahren immer wieder. Manchmal kann man kaum glauben, dass es überhaupt noch etwas in Syrien gibt, um das es sich zu kämpfen lohnt.

Den Frieden, den im Europa der Nachkriegszeit die EU gebracht hat, schätze ich daher umso mehr. Auch wenn die EU sicher nicht alles richtig macht, sie generell infrage zu stellen, wie es derzeit viele populistische Parteien in Europa fordern, kann nur falsch sein. Mir graut es davor, in einem Europa zu leben, in dem jedes Land ausschließlich nationale Interessen verfolgt. Wie machtlos man einem einmal entfesselten Konflikt auch hier gegenübersteht, hat man beim Zerfall Jugoslawiens gesehen.

Natürlich ist bei uns auch immer wieder Thema, warum die EU, die von außen oft als Einheit wahrgenommen wird, in der Flüchtlingsfrage so gespalten ist. Die »europäische Lösung«, eine Verteilung der Flüchtlinge, funktioniert nicht, stattdessen setzen viele Länder auf Abschreckung. Ich finde das furchtbar, auch weil Länder wie Polen, die sich sonst erzkatholisch geben, von Nächstenliebe und Barmherzigkeit in dem Moment nichts mehr wissen wollen, in dem Menschen, die vor dem Krieg flüchten, an ihre Tür klopfen. Meine Schüler sind da manchmal pragmatischer.

»Politik ist die Kunst zu tun, was möglich ist«, erklärt Hamed. »Hätte Assad gedacht an diese, wäre er heute noch Präsident, so ich denke. Aber dass er kleine Kinder von der Straße genehmt und getötet hat, weil sie Graffiti gemacht haben, das war nicht mehr möglich.«

Und zu Polens wenig christlicher Flüchtlingspolitik weiß er:

»Politik kennt keine Religion. Das überrascht mich nicht. Saudi-Arabien, Emirates, was ist mit der Umma, der Gemeinschaft aller Gläubigen, ich sehe keine Hilfe für die Brüder und Schwestern.«

Nach Berlin kamen schon immer viele Polen. Früher wollten sie in Deutschland vor allem arbeiten, aber inzwischen geht es einigen so wie Beata:

»Ich will machen die deutsche Staatsbürgerschaft. Ich will leben in EU. Was passiert jetzt in Polen, das ist nicht mein Land, da ist schrecklich. Ich will in freies Land leben!«

»Wann ist Polen denn in die EU gekommen?«, frage ich, um das Thema wieder auf den Unterricht zu lenken. Denn all die Erweiterungsschritte müssen ebenfalls gelernt werden. Auch dass 1957 mit der Unterzeichnung der Römischen Verträge die EWG gegründet wurde, wird im Test abgefragt, weshalb ich immer wieder mitten in Gesprächen die Frage danach stelle. Das klappt auch tatsächlich ganz gut, meine Schüler sollen diese Fragen im Schlaf beantworten können.

»2004«, antwortet Beata.

»Und wie viele Sterne hat die Flagge der EU?«, lege ich noch einmal nach, weil es gerade so gut läuft. Das ist schon etwas kniffliger.

»Zwölf Sterne«, antwortet Hassan.

»Aber warum sind es eigentlich zwölf?«, fragt Kelly.

Immer wenn die Schüler vom Faktenwissen überfordert sind oder gelangweilt oder überanstrengt, dann wollen sie solch romantische Dinge wissen. Manchmal ist es dann besonders wichtig zu wissen, warum die Flagge eigentlich blau ist.

»Weil es waren früher zwölf Länder«, antwortet Beata.

Diese Antwort höre ich leider fast immer. Dabei haben die zwölf Sterne rein gar nichts mit den Gründungsmitgliedern zu tun. Um das deutlich zu machen, lasse ich noch einmal alle Länder aufzählen, die die Römischen Verträge unterschrieben haben. Dabei kommt schnell raus: Es waren nur sechs Länder.

»Ah, dann es gab Flagge erst später, als es waren zwölf Länder, oder einfach doppelt«, vermutet Hassan.

Aber auch das ist falsch. Zwar hatte die EG für recht lange Zeit zwischen 1986 und 1995 genau zwölf Mitglieder, weshalb viele Bürger der EU vermuten, dass die zwölf Sterne für die Mitgliedsstaaten stehen, aber die Flagge gab es schon vorher. Die zwölf Sterne werden heute als symbolische Zahl der Vollkommenheit, Vollständigkeit und Einheit angesehen, etwa bei den zwölf Monaten, die zusammen ein Jahr bilden.

»Oder zwölf Stunden, das ist eine Uhr«, ruft Yasmin.

»Die zwölf Apostel«, wirft Lucy ein.

Tatsächlich findet die Klasse die mythologische Bedeutung der Zahl zwölf plötzlich total interessant. Immer neue Bedeutungen werden aus dem Gedächtnis gekramt, Hamed weiß sogar, dass die alten Griechen zwölf Götter im Olymp kannten. Dass die Flagge der EU zwölf Sterne hat, werden sie so schnell nicht vergessen.

Als Nächstes müssen meine Schüler eine Karte ausfüllen, auf der acht Pfeile von außen auf Deutschland zeigen, die verschiedene Migrationsbewegungen im Laufe der Geschichte verdeutlichen. Das geht von den Hugenotten über die Gastarbeiter bis zu den Spätaussiedlern. Im Test gibt es später die schöne Frage, welche Migranten hauptsächlich in der DDR gelebt haben. Warum muss man das wissen? Denn ganz ehrlich: Dass neben Vietnamesen und Polen vor allem Menschen aus Mosambik in die DDR einwanderten, erscheint mir ziemlich unerheblich.

Auch wenn das den Tatsachen entspricht, so hat es doch einen etwas faden Beigeschmack à la »Ihr seid nicht die Ersten, die wir aufnehmen und um die wir uns kümmern müssen«. Dabei hat Deutschland die bisherigen Zuzugswellen entgegen aller Ängste sehr gut verkraftet. Viele Ausländer sind inzwischen so gut angepasst, dass sie ins gleiche Horn stoßen wie die Rechtspopulisten und vor einer »Überfremdung« und dem Verfall unserer Werte warnen. Wäre das nicht so traurig, könnte man sie glatt zur gelungenen Integration beglückwünschen.

Die Auswanderungswellen aus Deutschland heraus werden im Lehrbuch nicht angesprochen, zumindest fast nicht: Nur den Geschehnissen um die Prager Botschaft im Zuge der Auflösung der DDR wird ein eigenes Kapitel gewidmet. Meine Schüler können es immer kaum glauben, wenn sie die Bilder sehen. Menschenmassen kampieren dicht gedrängt in provisorischen Zelten auf dem Grundstück der Botschaft, die überfüllten Züge, Angst und Hoffnung in den Gesichtern, jubelnde Menschen am Bahnsteig, ganz ähnlich den »Willkommensaktionen«.

»Waaas«, ruft Azad, »das sind wirklich Deutsche? Warum? Was machen sie in die Zelte?«

»Das sind Flüchtlinge«, kommentiere ich und bin mir um die Wirkung bewusst.

»Die Asylis!«, ruft Fatima.

Viele können es nicht glauben, wenn ich das Bild zeige, auf dem der österreichische Außenminister den Zaun zu Ungarn durchschneidet.

»Aber … das ist schon sehr lange her?«, fragt Azad.

»Siebenundzwanzig Jahre«, antworte ich, »das ist nicht so lange her. Ich war damals ein kleines Mädchen.«

Als letzter Block im Orientierungskurs bleibt uns jetzt noch das Thema *Gesellschaft*. Man könnte vermuten, dass dieses Thema beim Ziel der Integration besonders ausführlich besprochen wird. Wie ticken die Deutschen eigentlich? Aber das ist nicht so. Von den 310 im Test möglichen Fragen entfallen gerade einmal 19 auf das Thema Gesellschaft, die Mehrzahl davon behandelt das Schulsystem in Deutschland oder fragt nach Bräuchen wie Karneval oder Pfingsten. Ich brauche fast die gesamten drei Wochen, um die Themen Politik und Geschichte abzuarbeiten, für Gesellschaft bleibt da kaum Zeit.

Azad jammert jeden Tag, dass er vier Stunden für die Hausaufgaben braucht. Zwar hat er, nachdem er in Deutschland erst einmal einen Alphabetisierungskurs absolvieren musste, inzwischen B1-Niveau, aber das Lesen geht noch immer langsam. Weil er im Orientierungskurs aber so viel Text bewältigen muss, hat er sich eine App besorgt, die deutsche Schrift erkennt und gleich in seine Muttersprache übersetzt. Jetzt sitzt er über das Buch gebeugt da und scannt die Seiten. Das sieht immer etwas lustig aus. Ich hindere ihn nicht daran, das zu machen. Hauptsache, er versteht, worum es geht. Später im Test geht das dann aber natürlich nicht mehr.

Dabei gebe ich meist nur auf, zehn Fragen zu lesen und zu beantworten. Wenn allerdings Fragen dabei sind wie die fol-

gende, dann kann ich gut verstehen, dass sie für Nichtmutter-
sprachler mit enormem Aufwand verbunden sind:

»Was bedeutet in Deutschland der Grundsatz der Gleichbe-
handlung?

a) Niemand darf z. B. wegen einer Behinderung benachteiligt
werden.

b) Man darf andere Personen benachteiligen, wenn ausrei-
chende persönliche Gründe hierfür vorliegen.

c) Niemand darf gegen Personen klagen, wenn sie benachteiligt werden.

d) Es ist für alle Gesetz, benachteiligten Gruppen jährlich Geld
zu spenden.«

Wie gesagt, die absolute Mehrzahl meiner Schüler liest nicht
nur die Antwort a) und geht dann zur nächsten Frage über. Sie
lesen alles und wollen alles verstehen und vor allem auch begreifen, warum die anderen Möglichkeiten nicht richtig sind. Aber
das Übersetzen solcher Texte kostet viel Zeit. Sie strotzen nur so
vor Fachbegriffen. Im Rahmen-Curriculum des BAMF für den
Orientierungskurs ist festgehalten, dass die Schüler 100 dieser
Fachwörter am Ende des Kurses beherrschen sollen. Dabei ist
wissenschaftlich erwiesen, dass man nur 20 neue Wörter am Tag
behalten kann. Wenn man sich die 310 Fragen anguckt, wird
aber schnell klar, dass es mit 100 neuen Wörtern nicht getan ist.
Für die Schüler heißt es in den drei Wochen also wirklich: lernen, lernen, lernen.

Es gibt auch einige Fragen, die mir regelrecht peinlich
sind. So gibt es etwa eine, in der sich ein farbiger Mann um
einen Job bewirbt und nicht genommen wird. Jetzt müssen
die Schüler ankreuzen, warum er nicht genommen wurde.
Allerdings müssen sie dabei von Diskriminierung ausgehen.
Die richtige Antwort ist dann also nicht, dass er kein Deutsch

kann, keine Erfahrung im Beruf oder überzogene Gehalts-
vorstellungen hat, sondern dass er den Job nur wegen seiner
dunklen Haut nicht bekommt. Abgesehen davon, dass die
Frage äußerst kompliziert formuliert ist, ist sie natürlich auch
für die Farbigen in unserem Kurs, wie etwa James, äußerst unangenehm.

Eine weitere Aufgabe aus der Kategorie »erklärungsbedürf-
tige Fragen«: Welche Paarkonstellationen in Deutschland sind
nicht erlaubt? Hier wird auf geradezu geniale Art und Weise wie
nebenbei das Thema Homosexualität eingeführt, das aber nur
einen Köder darstellt: Kreuzt man es nämlich an, so muss man
sich gleichzeitig eingestehen, dass man sich die 13-jährige Anne
gut mit dem 25-jährigen Tim vorstellen kann.

Das Thema Homosexualität ist manchmal sehr emotionsge-
laden. Während ich noch in Bayern unterrichtete, kam es einmal fast zum Eklat, als wir auf das Thema Homosexualität zu
sprechen kamen. Es gab ein ukrainisches und ein russisches
Mädchen im Kurs, die sich komplett weigerten, die deutschen
Gesetze in diesem Punkt anzuerkennen oder auch nur darüber
zu diskutieren.

»Schwule sind krank«, sagte die eine. »Sie sind keine Menschen. Gott hat Mann und Frau gemacht, aber diese Perversen
machen es mit Kindern. Man muss sie alle einsperren und hei-
len.«

Heute würde ich professioneller auf solche Aussagen reagieren, aber damals kam ich frisch von der Uni und hatte nicht
damit gerechnet, im Deutschunterricht auf solch abstoßende
Meinungen zu treffen. Im Privatleben möchte ich mit solchen
Menschen nichts zu tun haben, und auch jetzt hätte ich die
Mädchen am liebsten aus der Klasse geschmissen. Aber das ging
nicht, ich musste etwas sagen, auch im Interesse der anderen

Schüler. Wir haben dann lange gesprochen, weil die Mädchen sehr uneinsichtig waren und von Menschenrechten und Vorurteilen nichts wissen wollten. Aber ich konnte das einfach nicht so stehen lassen.

Am besten wirkt aber sowieso der persönliche Kontakt. Und weil wir João im Kurs haben, gibt es auch überhaupt keine Probleme, als ich erzähle, dass Homosexualität in Deutschland ganz normal ist.

»In Brasilien, ich glaube, 20 Prozent Männer sind schwul oder bi«, ergänzt João stolz.

Das ist allerdings doch etwas zu viel für die anderen in der Klasse. Zumindest wollen sie es nicht glauben. Prinzipiell denke ich, dass es super ist, wenn etwa Syrer, die vielleicht noch nie jemanden getroffen haben, der sich öffentlich zu einer Homosexualität bekennt, gleich João kennenlernen als Freund und Mensch. So werden eventuelle Ressentiments schon im Keim erstickt.

Allerdings sollten wir nicht erwarten, dass Menschen, die aus der ganzen Welt hierherkommen, sofort der gleichen Meinung wie wir sind. In vielen Ländern ist Homosexualität absolut verteufelt, und es braucht oft eine Zeit, sich von diesen Vorstellungen zu lösen. Auch in Deutschland wurde der sogenannte Schwulenparagraph, der homosexuelle Handlungen unter Strafe stellte, erst 1994 komplett abgeschafft. Und auch heute hört man hierzulande noch oft Beleidigendes über Homosexuelle. Es zeugt daher auch von einer gewissen Hochnäsigkeit, andere Menschen gleich für Barbaren zu halten, weil sie sich noch nicht daran gewöhnt haben, dass Homosexuelle weitgehend gleiche Rechte haben.

Auch die Gleichberechtigung von Mann und Frau in Deutschland muss ich natürlich kurz ansprechen. Dazu gibt es eine spezifische Frage: Wählt der Ehemann für seine Frau mit? Das finden alle in der Klasse absurd. Ich kann mich allerdings nicht zurückhalten und will meinen Schülern noch ein paar Fakten über die Gleichberechtigung in Deutschland mit auf den Weg geben:

»Bis 1977 durfte der Mann entscheiden, ob seine Frau arbeiten gehen darf.«

»Paah«, Lucy stöhnt auf. »In Afrika ist andersrum. Frauen müssen immer arbeiten. Ich wünsche, es gibt ein Gesetz, das Frauen verbietet zu arbeiten.«

Alle lachen.

»Das ist ein Scherz«, fügt sie hinzu, als sie meinen Blick sieht.

»Und bis 1980 mussten Männer in Deutschland Strafe zahlen, wenn sie mit einer Frau Sex hatten und sie danach nicht geheiratet hatten.«

»Waas?«, Sami ist entsetzt. »Das ist ja wie Tunesien!«

Ich finde es nicht falsch, ab und zu auch zu erwähnen, dass die fortschrittlichen Gesetze auch in Deutschland noch nicht so alt sind. Vielleicht verkleinert das den Kulturschock ein bisschen, wenn man sich vorstellen kann, dass viele der älteren Menschen, die man auf der Straße sieht, selbst noch zu anderen Zeiten aufgewachsen sind. Deshalb zeige ich manchmal auch ältere Bilder von deutschen Frauen mit Kopftüchern, etwa die Fotos der Trümmerfrauen. Das sorgt meist für einige Lacher und ungläubiges Staunen.

»Ich habe gehört, dass es gibt eine Frauenquote«, fragt Yasmin. »Was bedeutet das?«

»Na ja«, antworte ich, »auch in Deutschland gibt es noch keine perfekte Gleichberechtigung. Die Frauenquote soll dafür sorgen, dass genauso viele Frauen wie Männer Chef sind. Das bedeutet dann, dass eine Frau eher den Job bekommt als ein Mann.«

»Ja, das habe ich auch gehört«, meldet sich Kelly. »Bei den Chefs besitzen Männer oft ein größeres Teil!«

Kelly schaut mich erwartungsvoll an, und an den Blicken der anderen kann ich sehen, dass viele sie bewundern: Sie hat etwas Kompliziertes und Schlaues gesagt. Nur Lucy kichert ein bisschen. Ich entscheide mich dafür, Kelly zu loben und schnell mit dem nächsten Thema weiterzumachen. Aber bevor ich dazu komme, sehe ich, dass zögernd der Arm von Basima in die Höhe geht.

»Wenn es gibt Gleichberechtigung in Deutschland, ich habe eine Frage. Hier im Haus gibt es ja Frauenladen. Kann man da kaufen Frauen?«

»Basima, nein, natürlich nicht!«, rufe ich entsetzt. »Das ist ein Laden, zu dem Frauen gehen können, wenn sie Probleme haben.«

Sie atmet beruhigt durch: »Dann ist ja alles gut.«

Das ist nur ein kleines Beispiel, wie Dinge, die für uns ganz normal sind, bei den Flüchtlingen Angst auslösen.

Am Tag vor dem LiD-Test ist noch eine Exkursion durch Berlin geplant, deshalb ist heute unser letzter Tag in der Schule. Wir wiederholen alles noch einmal ein bisschen, was im Grunde bedeutet, dass ich dem Kurs ein paar Fragen aus dem Fragenkatalog stelle. Dazu gibt es Kuchen, denn Aaliyah hat Geburtstag. Das ist zwar ein Grund zum Feiern, aber Aaliyah drückt die Stimmung gleich, indem sie unter Tränen verkündet, dass sie außerhalb des Kurses keine Freunde habe und daher unbedingt hier ihren 18. Geburtstag feiern müsse. Das sei doch der wichtigste Geburtstag überhaupt. Ein bisschen verwundert bin ich schon, dass Aaliyah als Muslima ihren Geburtstag feiern will. Aber auf Nachfrage stellt sich heraus, dass fast die Hälfte der Muslime in der Klasse es ganz normal findet, den Geburtstag zu feiern.

»Jedem Tierchen sein Pläsierchen«, fasst Igor die Situation treffend zusammen.

Dann packt Aaliyah eine riesige, mehrstöckige Konditortorte aus, die mit Marzipan überzogen ist. Die eine Seite ist rot-schwarz-grün, »die Farbe von Libyen«, wie Aaliyah erklärt, die andere schwarz-rot-gold. Es ist fast eine richtige Hochzeitstorte und muss ein Vermögen gekostet haben. Dafür schmeckt sie auch himmlisch.

Wie es sich für ein Fest gehört, steht Aaliyah auf und hält eine kurze Rede. Dieses Selbstvertrauen muss sie von ihrem Vater haben, der Diplomat ist:

»Ich freue mich, dass ich mit Ihnen hier bin und meinen Geburtstag feiern kann«, erklärt sie. »Der Kurs hat mir sehr viel Spaß gemacht. Es war nicht immer einfach, aber das Leben ist auch nicht immer einfach. Für mich zum Beispiel ist sehr wichtig, dass ich den Kurs mache. Dann kann ich bald hier studieren und muss nicht zurück nach Libyen. Lasst es euch schmecken!«

Wenn jemand im Kurs Geburtstag hat, singen wir immer »Zum Geburtstag viel Glück«. Das wiederholen wir dann auf so vielen Sprachen wie möglich, zum Beispiel *Cumpleaños feliz* oder *Happy birthday to you*. Das hebt die Stimmung gleich wieder. Dann kommt es zu den üblichen Männertänzen, aber zu meiner Überraschung stehen dieses Mal auch die Frauen auf. Basima, Fatima und Yasmin bilden einen Kreis um Aaliyah, und die tanzt darin kurz eine Art Geburtstagstanz. Danach lachen die vier ausgiebig und sind stolz.

Aber der Unterricht muss weitergehen. Als ich frage, was einen Rechtsstaat auszeichnet, meldet sich Azad:

»Frau Inga, was bedeutet eigentlich ›Staat‹?«

»Azad«, antworte ich, »ich glaube, ich werde wahnsinnig! Sie fragen in der letzten Stunde, was ein Staat ist? Wir sprechen doch die ganze Zeit über nichts anderes.«

»Doch, doch«, wirft Hassan ein, »wir sprechen immer davon, dass Hitler so schlecht ist. Aber ich verstehe nicht, was ihr habt. Hitler war doch toll. Er hat sich durchgesetzt. Und es war doch alles Demokratie damals.«

Ich glaube, mich trifft der Schlag! Es kann doch nicht sein, dass ich diese Diskussion in der letzten Stunde vor der Prüfung führen muss.

»Hassan«, zische ich, »Sie können so etwas nicht sagen! Sie dürfen so etwas in Deutschland nicht sagen. Hitler war ein Diktator, ein Massenmörder und Kriegstreiber. Deutschland schämt sich noch immer für ihn.« Dabei halte ich meine Hände vor die Augen, um die Scham zu verdeutlichen.

»Aber warum?«, fragt Hassan. »Erster Weltkrieg, Köln weg, er hat Köln zurückgenommen. Das ist normal. Und Juden schlecht, kein Problem. Er ist guter Mann, er hat sich seinen Platz genommen.«

»Hassan, bitte verstehen Sie doch«, ich spüre, wie ich ungehalten werde.

»Hitler hat Gott gespielt: Du bist Jude – tot«, dabei zeige ich auf ihn und mache die Halsabschneider-Geste. »Du bist Kommunist – tot, homosexuell – tot«, dabei wird mir schmerzlich bewusst, dass Hassan all diese Argumente wahrscheinlich nicht besonders stichhaltig findet. »Du hast eine andere Meinung – tot! Findest du das gut?«

Hassan schweigt, guckt aber nicht so, als wäre er überzeugt.

Um die Auseinandersetzung mit Hassan zu beenden, helfe ich mir mit einem Trick: »Hassan, Hitler hat von sich gesagt, er sei Allah! Er – wichtiger als Allah!«

Hassans Augen weiten sich in Erstaunen: »Nein, das geht nicht!«

Damit ist die Diskussion vorbei. Ihren Ausgang empfinde ich dennoch als Niederlage. Vielleicht konnte ich Hassans Bewunderung für Hitler ein bisschen mindern – aber mit welchen Argumenten? Hassan läuft weiterhin durch die Gegend und erzählt jedem, der ihn lässt, dass die Juden böse und die Taten der Nazis gut seien. Gegen sein Denken helfen auch keine 310 LiD-Testfragen.

Ich schwitze und bin völlig am Ende. Der Rest der Klasse scheint hingegen von all dem nichts mitbekommen zu haben. Kelly cremt sich die Hände ein, Beata scheint draußen vor dem Fenster nach irgendetwas zu suchen, Dina kritzelt etwas in ihr Notizbuch, Igor tippt auf seinem Handy herum, Hamed und Basima tuscheln miteinander.

»Ich habe eine Frage«, meldet sich Sami. »Wenn wir morgen gehen auf Exkursion, wo bekommen wir dann Frühstück?«

»Ich weiß nicht«, gebe ich etwas genervt zurück, »bin ich Ihre Mutter? Kümmern Sie sich gefälligst selbst um Ihr Frühstück!«

Lucy lacht und stößt Sami mit dem Ellenbogen in die Rippen.

»Das war es für heute«, rufe ich. »Ich hoffe, ihr werdet *inschallah* alle die Prüfung bestehen und nie wieder zur Schule müssen.«

Als ich *inschallah* sage, horchen alle Araber auf, sind erst überrascht und lachen dann los. Basima bekommt sich gar nicht wieder ein: »Sie hat *inschallah* gesagt, Frau Inga hat *inschallah* gesagt!«

So habe ich zum Abschluss des Kurses doch noch einmal für gute Laune gesorgt. *Inschallah* bedeutet »so Gott will« und wird von allen Arabern, die ich kenne, geradezu inflationär benutzt. Inzwischen rutscht es auch mir ab und zu raus. Es klingt einfach schön. Daneben gibt es noch *maschallah*, dass sich grob vielleicht mit »ach, wie schön« übersetzen ließe. *Maschallah* wird etwa genauso häufig benutzt und dann gebraucht, wenn gerade etwas Schönes passiert ist. Generell fliegen also viele *Allahs* durch den Klassenraum, ich habe es aber auch schon erlebt, dass Araber, die schon länger in Deutschland sind, ganz selbstverständlich »Gott sei Dank« gesagt haben. Viele Muslime verwenden »Allah« und »Gott« synonym. Die maltesischen Christen wiederum nennen Gott Allah, weil ihre Landessprache mit dem Arabischen verwandt ist, lerne ich von Hamed. Den Gedanken, dass Christen und Muslime gar nicht so viel trennt, wie man auf den ersten Blick annehmen mag, finde ich irgendwie versöhnlich.

Am nächsten Tag treffen wir uns alle am Bahnhof Zoologischer Garten. Ich bin überrascht, dass fast alle gekommen sind. Nur Sami kommt etwas zu spät, dafür hat er eine riesige Brötchentüte in der Hand, aus der er freimütig diverse Backwaren an die Gruppe verteilt. Das fängt doch gut an. Gestern habe ich einen Zeitplan verteilt, auf dem steht, was wir angucken und wer dazu jeweils ein kurzes Referat hält. Außerdem habe ich zur Sicherheit daruntergeschrieben: »Nicht vergessen: Handschuhe, Schal, Mütze, Stift, BVG-Ticket und feste Schuhe!« Das hat einen guten Grund: Ich will mir nicht die ganze Zeit anhören müssen, dass es so kalt ist, und außerdem wollte ich vermeiden, dass Beata oder Kelly Pumps anziehen, was sie öfter mal machen. Es hat alles geklappt. Dick eingemummelt und mit flachen Schuhen begeben wir uns bei leichtem Nieselregen zur Bushaltestelle, um zum Großen Stern mit seiner Siegessäule zu fahren.

Exkursionen halte ich für immens wichtig, denn immer wieder bin ich schockiert zu erfahren, dass viele meiner Schüler nie aus ihrem Viertel rausgekommen sind, oft nicht einmal das Brandenburger Tor gesehen haben. Deshalb auch die kleinen Referate, die zwar im Grunde nur zusammengefasste Wikipedia-Artikel sind, die aber trotzdem großen Eindruck machen.

Im Doppeldeckerbus – der berühmten Linie 100 – setzen wir uns natürlich nach oben, nach ganz vorne. Basima ist ganz begeistert:

»Ich kenne die 100! Habe ich in Syrien schon Kurs gemacht für deutsche Buchstaben, und im Buch sind alle Touristen immer mit der 100 durch Berlin gefahren und haben alles gesehen. Und jetzt bin ich das!« Freudentränen kullern aus ihren Augen, Hamed nimmt sie in den Arm.

Ich setze mich in die Mitte meiner Schüler und zeige auf ein Gebäude:

»Was ist das?«, will ich wissen.

»Das Schloss Bellevue«, schreien alle enthusiastisch.

»Und wer wohnt da?«

»Der Bundespräsident.«

»Genau, und was macht er?«

»Er trinkt Kaffee«, ruft Azad, lacht und macht dabei eine Trinkgeste mit abgespreiztem kleinen Finger.

»Man kann sehen, ob der Präsident da ist, wenn Flagge ist oben«, erklärt Hamed fachmännisch.

»Und dort wohnen die Abgeordneten«, erkläre ich beim Anblick der Schlangenhäuser.

»Wie viele Abgeordnete hat der Bundestag?«, will ich wissen.

»Sechshundertdreißig«, rufen alle zurück.

Die anderen Fahrgäste im Bus gucken inzwischen belustigt zu, und zwei Männer sprechen mich an: »Machen Sie mit den Asylanten einen Ausflug?« Sofort stellen sich bei mir alle Nackenhaare auf. Ich erinnere mich an die Situation in der S-Bahn mit dem pöbelnden Glatzkopf.

»Das sind meine Schüler«, antworte ich. »Wir machen einen Integrationskurs, und ich möchte Sie bitten, das Wort Asylant nicht zu benutzen.«

»Warum denn nicht?«, fragt der eine.

»Na, weil es ein Schimpfwort ist.«

»Oh, das tut mir leid, das wusste ich nicht«, entschuldigt er sich. »Nicht dass wir uns falsch verstehen. Wir setzen uns für diese Menschen ein … wie nenne ich sie denn nun?«

»Sie können Flüchtlinge sagen oder auch Geflüchtete. Von Amtswegen müsste man eigentlich Asylsuchende sagen, solange sie noch keinen anerkannten Asylstatus haben.«

»Ja, also wir haben nämlich einen kleinen Laden aufgemacht, in dem Flüchtlinge und Obdachlose sich kostenlos alle möglichen Dinge besorgen können. Von Kleidung bis zu Kochgeschirr. Aber wir haben gar nicht gedacht, dass es so schwer ist. Es kommt kaum jemand, niemand kennt unseren Laden. Wir müssen jetzt richtig Werbung machen.«

»Wo ist denn Ihr Laden«, erkundige ich mich.

»Im Wedding.«

»Das passt ja gut! Meine Schule ist auch im Wedding. Geben Sie mir doch ein paar Flyer, und ich lege sie in der Schule aus.«

Nach dieser doch ganz freundlichen Unterhaltung steigen wir beim Reichstag aus, gehen danach zum Brandenburger Tor und gucken uns das Holocaust-Mahnmal an. Danach flüchten wir vor dem einsetzenden Regen in die Cafeteria der Unibibliothek an der Friedrichstraße, die sich als heimliches Highlight der Tour entpuppt: Kaffee und Essen sind günstig, und es gibt eine kostenlose Toilette – mitten in der Stadt.

»Das ist ein Wunder«, ruft Yasmin. »Hier gehe ich jetzt immer hin.«

»Das freut mich«, antworte ich.

»Nein, Sie verstehen nicht, Frau Inga. Ich habe mich entscheidet zu studieren, zusammen mit Aaliyah. Ich will Ernährungsberaterin werden. Das macht sicher Spaß und ist nicht so langweilig wie Hausfrau sein. Außerdem, dann ich muss vielleicht die Weißweinsauce probieren«, fügt sie mit einem Augenzwinkern hinzu.

Eigentlich habe ich noch vorgehabt, schnell zur East Side Gallery zu fahren, um einen Blick auf die reale Mauer zu werfen. Als ich das in der Klasse erzählte, reichten die Reaktionen von Staunen bis Entsetzen:

»Es gibt noch Mauer in Berlin?«

»Die Mauer?«

»Warum?«

Tatsächlich stellt sich heraus, dass noch niemand die Mauer gesehen hat und nur wenige überhaupt wissen, dass noch Teile der Mauer stehen. Aber, beschließe ich, die Mauer können sie auch von oben sehen, wenn wir aufs Park Inn gehen, das Hochhaus am Alexanderplatz. Das habe ich gewählt, weil der Fernsehturm so teuer ist und man beim Park Inn nicht ewig anstehen muss. Und es ist eine gute Wahl. Schon bei der Fahrstuhlfahrt nach oben gerät Azad in Ekstase:

»Frau Inga, schauen Sie mal, wie schnell wir nach oben fahren! Zehn, elf, zwölf, dreizehn … so schnell kann ich gar nicht die Stockwerke zählen. Und unser Fahrstuhl in Schule ist so langsam.«

Die Aussicht vom Dach des Hotels ist atemberaubend. Wir

versuchen zu bestimmen, in welcher Himmelsrichtung was liegt, vieles können wir auch erkennen. Plötzlich greift Lucy nach meiner Hand.

»Frau Inga, es ist so schön hier oben«, flüstert sie, »vielen Dank, dass wir hier sind. Ich habe Berlin noch nie vorher so gesehen. Ich dachte immer, ist eine hässliche Stadt. Aber manchmal, man muss öfter hingucken, damit man sieht, wie schön etwas ist.«

Literaturverzeichnis

An die folgenden Lehrwerke haben wir uns im Text angelehnt. Wir haben die Aufgaben jedoch verändert:

Buhlmann, Rosemarie et al., *Rahmencurriculum für Integrationskurse. Deutsch als Zweitsprache*, München: Goethe Institut 2007.

Bundesamt für Migration und Flüchtlinge, *Einbürgerungstest. Fragenkatalog zur Testvorbereitung*, http://oet.bamf.de/pls/oetut/f?p=514:1 (zuletzt aufgerufen am 19.05.2016).

Gaidosch, Ulrike et al., *Zur Orientierung. Basiswissen Deutschland*, 6. Auflage, Ismaning: Hueber 2014.

Niebisch, Daniela et al., *Schritte plus*, Ismaning: Hueber 2009.

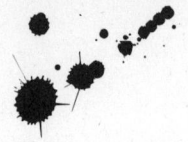

Danke

Filiz, Gabi, Thorsten, meinen Schülerinnen und Schülern, meinen Kolleginnen und Kollegen und der Agentur Rauchzeichen

Willst du Abi? Vallah, kriegst du!

Yigit Muk
MUKSMÄUSCHENSCHLAU
Wie ich als
Hauptschulproll ein
Abi mit 1+ hinlegte
256 Seiten
ISBN 978-3-404-60855-3

Er hatte die besten Voraussetzungen für ein Leben als Krimineller: aufgewachsen in Neukölln, meistens bekleidet mit Trainingshose und Rippenshirt, zwei Mal sitzengeblieben, und Mitglied einer Straßengang war Yigit Muk auch noch. Mit der Hauptschulempfehlung sollte es direkt an eine Brennpunktschule gehen. Eine gute Adresse für alle, die ihre berufliche Zukunft in der Schutzgelderpressung sehen. Und trotzdem hat Yigit Muk 2012 Berlins bestes Abitur geschrieben! Wie ein Kanake zum Einserschüler wird, was an Deutschlands Problemschulen wirklich los ist, und welche Rolle Lehrer und Gesellschaft dabei spielen, erzählt dieses Buch - ehrlich, ungeschönt und sehr lustig.

Bastei Lübbe

„Herr Mülla er's Babo, er helft misch karass nach, ja?!"

Philipp Möller
ISCH HAB
GEISTERBLITZ
Neue Wortschätze
vom Schulhof
304 Seiten
ISBN 978-3-404-60782-2

„Nie wieder unterrichten!", denkt Ex-Lehrer Philipp Möller - bis er gebeten wird, dem 16-jährigen Khalim Nachhilfe zu geben. Dessen Schulabschluss steht auf der Kippe und schnell wird klar, warum: Der Junge bringt keinen geraden deutschen Satz zustande. Kein Wunder also, dass er auch außerhalb der Schule nie den richtigen Ton trifft. Wenn er sich etwa mit „Sch'eiße Khalim" vorstellt oder meint, „Na ihr Huren, s'los?" sei eine freundliche Begrüßung für seine Mitschülerinnen, kommt Philipp Möller ins Grübeln: Sprechen wir noch dieselbe Sprache, oder längst aneinander vorbei?

Bastei Lübbe